Coleção
TEMAS DE DIREITO ADMINISTRATIVO

DA TERCEIRIZAÇÃO NA ADMINISTRAÇÃO PÚBLICA

CB047583

Coleção
TEMAS DE DIREITO ADMINISTRATIVO

Publicada sob os auspícios do
INSTITUTO DE DIREITO ADMINISTRATIVO PAULISTA
e sob a Direção de
CELSO ANTÔNIO BANDEIRA DE MELLO

1. *Da Convalidação e da Invalidação dos Atos Administrativos* – WEIDA ZANCANER (3ª ed.)
2. *Concessão de Serviço Público no Regime da Lei 8.987/1995* – BENEDICTO PORTO NETO
3. *Obrigações do Estado Derivadas de Contratos Inválidos* – JACINTHO ARRUDA CÂMARA
4. *Sanções Administrativas* – DANIEL FERREIRA
5. *Revogação do Ato Administrativo* – DANIELE COUTINHO TALAMINI
6. *O Serviço Público e a Constituição Brasileira de 1988* – DINORÁ ADELAIDE MUSETTI GROTTI
7. *Terceiro Setor* – SÍLVIO LUÍS FERREIRA DA ROCHA (2ª ed.)
8. *A Sanção no Direito Administrativo* – HERALDO GARCIA VITTA
9. *Licitação na Modalidade de Pregão* – VERA MONTEIRO (2ª ed.)
10. *O Processo Administrativo e a Invalidação de Atos Viciados* – MÔNICA MARTINS TOSCANO SIMÕES
11. *Remuneração dos Serviços Públicos* – JOANA PAULA BATISTA
12. *As Agências Reguladoras* – MARCELO FIGUEIREDO
13. *Agências Reguladoras* – ALEXANDRE MAZZA
14. *Função Social da Propriedade Pública* – SÍLVIO LUÍS FERREIRA DA ROCHA
15. *Desapropriação de Bens Públicos (à Luz do Princípio Federativo)* – LETÍCIA QUEIROZ DE ANDRADE
16. *Os Princípios da Razoabilidade e da Proporcionalidade no Direito Administrativo Brasileiro* – JOSÉ ROBERTO PIMENTA OLIVEIRA
17. *Princípios Constitucionais de Direito Administrativo Sancionador* – RAFAEL MUNHOZ DE MELLO
18. *Estrutura e Motivação do Ato Administrativo* – VLADIMIR DA ROCHA FRANÇA
19. *Efeitos dos Vícios do Ato Administrativo* – RICARDO MARCONDES MARTINS
20. *Manutenção e Retirada dos Contratos Administrativos Inválidos* – ANDRÉ LUIZ FREIRE
21. *Da Intervenção do Estado no Domínio Social* – CAROLINA ZANCANER ZOCKUN
22. *As Competências do Poder Legislativo e as Comissões Parlamentares* – GABRIELA ZANCANER
23. *O Princípio da Segurança Jurídica no Direito Administrativo Brasileiro* – RAFAEL VALIM
24. *Poder de Polícia* – HERALDO GARCIA VITTA
25. *Responsabilidade Patrimonial do Estado* – MAURÍCIO ZOCKUN
26. *Regime Jurídico dos Processos Administrativos Ampliativos e Restritivos de Direito* – ANGÉLICA PETIAN
27. *Atos Administrativos Ampliativos de Direitos – Revogação e Invalidação* – BRUNO AURÉLIO
28. *Soberania do Estado e Poder de Polícia* – HERALDO GARCIA VITTA
29. *Regulação Administrativa à Luz da Constituição Federal* – RICARDO MARCONDES MARTINS
30. *O Tombamento à Luz da Constituição Federal de 1988* – ADRIANA ZANZONADE
31. *A Revisão na Concessão Comum de Serviço Público* – KARINA HOUAT HARB
32. *Aspectos Fundamentais do Serviço Público no Direito Brasileiro* – AUGUSTO NEVES DAL POZZO
33. *Da Terceirização na Administração Pública* – CAROLINA ZANCANER ZOCUN
34. *O regime de Direito Público na Prestação de Serviços Públicos por Pessoa Privada* – ANDRÉ LUIZ FREIRE

CAROLINA ZANCANER ZOCKUN

DA TERCEIRIZAÇÃO NA ADMINISTRAÇÃO PÚBLICA

DA TERCEIRIZAÇÃO NA ADMINISTRAÇÃO PÚBLICA

© CAROLINA ZANCANER ZOCKUN

ISBN: 978-85-392-0249-2

Direitos reservados desta edição por
MALHEIROS EDITORES LTDA.
Rua Paes de Araújo, 29, conjunto 171
CEP 04531-940 — São Paulo — SP
Tel.: (11) 3078-7205
Fax: (11) 3168-5495
URL: www.malheiroseditores.com.br
e-mail: malheiroseditores@terra.com.br

Composição
Acqua Estúdio Gráfico Ltda.

Capa
Criação: Nadia Basso
Arte: PC Editorial Ltda.

Impresso no Brasil
Printed in Brazil
08.2014

Dedico este trabalho:

Ao IVAN e à AURORA, por demonstrarem que a felicidade é infinita quando estamos juntos, por serem muito mais do que eu poderia imaginar e merecer, por me ensinarem que o amor é algo sempre exponencialmente crescente, que não cabe no peito...

Para CELSO ANTÔNIO BANDEIRA DE MELLO, verdadeiro Mestre, porque ensina a pensar e não a seguir; verdadeiro cidadão, porque coloca o interesse público no lugar em que ele deve estar – acima de todos os outros; verdadeiro pai, porque, com todo amor, ensinou-me que na vida o que importa é ser feliz. E você, excepcional figura humana, me faz muito, mas muito feliz.

À WEIDA ZANCANER, pelo seu legado acadêmico de indiscutível valor para a defesa da cidadania, da democracia e do interesse público, mas, sobretudo, pela sua maior qualidade: a de ter sido uma mãe muito além do que as melhores mães costumam ser...

À minha irmã, GABRIELA, minha melhor amiga, madrinha dos meus dois filhos, a pessoa com quem posso contar sempre e tanto, com todo o meu carinho, amor e admiração.

Por derradeiro, mas não por último, ao MAURÍCIO. Um dia disse que te dedicaria *minha* vida; hoje digo que isto não é mais possível, pois esta, há tempos, não pertence a mim: ela é só *tua*. Teu sorriso ilumina meu dia, teu olhar aquece minha alma e teu toque me dá a certeza de que existe amor infinito e eterno.

PREFÁCIO

Dentre as questões que sempre ensejaram debates na seara do Direito Administrativo, alinha-se a concernente a recursos humanos que instrumentalizam e dão suporte à atuação da Administração Pública.

Com efeito, necessitando da atuação de pessoas físicas para a consecução de suas finalidades institucionais, o Poder Público não pode prescindir de quadro de pessoal compreensivo de agentes públicos de variadas categorias, aos quais são confiadas funções.

E funções há que implicam exercício de autoridade ou de atividades materiais, que se circunscrevem ou não ao âmbito interno das entidades governamentais, muitas de caráter permanente e outras transitórias.

Por outro lado, tem sido frequente a utilização da contratação de serviços de terceiros, sob o regime da Lei 8.666, de 21 de junho de 1993, de sorte que a Administração Pública vale-se também da força de trabalho daqueles que as empresas contratadas admitem como empregados seus, e não apenas de seus próprios servidores, via de regra admitidos, como determina a Constituição da República, mediante concurso público.

Segue-se que se faz imperioso investigar a admissibilidade da contratação de serviços de terceiros, mais especificamente daqueles que em tese deveriam ou poderiam ser prestados por servidores da própria Administração Pública, assim como, em caso afirmativo, dos limites dessa modalidade de terceirização, sob pena de burla ao princípio da igual acessibilidade de todos aos cargos e empregos públicos.

Trata-se, como se vê, de um tema inçado de dificuldades, merecedor de uma aprofundada revisão crítica, desafio esse enfrentado com proficiência invulgar pela jovem e talentosa Professora Carolina Zancaner Zockun, de quem tivemos a honra de ser orientador, e que nos prestou inestimável assistência em cursos por nós ministrados, revelando-se profissional e pessoalmente dotada de muitas virtudes.

Pois bem. O que se verifica ao longo da tese de doutorado agora consubstanciada neste livro que estamos a prefaciar, é que sua Autora, revelando, como convém, conhecimentos multidisciplinares, transita com muita facilidade não apenas pelo Direito Constitucional e pelo Direito Administrativo, mas também, e com grande acuidade, pelo Direito do Trabalho, não se furtando de apreciar, criticamente, Enunciado e Súmula da Justiça do Trabalho pertinentes, à luz inclusive do princípio jurídico da dignidade da pessoa humana.

Digna de nota, dentre outras perspectivas adotadas pela ilustre autora, é aquela que empresta especial relevo, para efeito da investigação que desenvolve, do fator de *discrimen* estabelecido constitucionalmente, que aparta as atividades da Administração Pública em permanentes e transitórias, e que já havíamos adotado para sustentar que as permanentes só podem ensejar a criação de cargos públicos, no sentido estrito do termo, cujos titulares ficam submetidos a regime jurídico de natureza estatutária.

A autora, todavia, vai além, e acaba por extrair, da conjugação dos fatores, atividades de caráter **permanente** e **interno** – ambas com fundamento constitucional – o critério decisivo para identificar o que se apresenta vedado, em se tratando de terceirização, sob pena de "burla a mandamentos constitucionais, em especial ao princípio do concurso público", passível de configurar improbidade administrativa.

Propõe, assim, a autora, o abandono da classificação que aparta as atividades administrativas em atividades–fim e atividades-meio, e propugna pela relevância dos fatores *permanência* e *natureza interna* das atividades a serem exercidas, estes sim que, conjugadamente, preservam, para fins de admissibilidade da terceirização, a lógica constitucional.

Nem todos os estudiosos dessa matéria necessariamente concordarão com a tese da Autora. Mas é certo que não haverá quem, em sã consciência, deixará de reconhecer a relevância dos fundamentos das conclusões a final formuladas por Carolina Zancaner Zockun.

A autora da obra em questão já integra, e com destaque, a nova geração de juristas, de grande valor, que compõem a renovada expressão da Escola de Direito Administrativo da Pontifícia Universidade

Católica de São Paulo, plasmada pelo brilho intelectual de uma constelação de notáveis, quais sejam Oswaldo Aranha Bandeira de Mello, Celso Antônio Bandeira de Mello e Geraldo Ataliba, e uma plêiade de seguidores.

Desfrutemos, pois, desta obra indispensável de Carolina Zancaner Zockun, que, com ela, obteve, merecidamente, e com a nota máxima, o título de doutora em Direito do Estado pela PUC/SP.

MÁRCIO CAMMAROSANO
Professor de Direito Administrativo
Pontifícia Universidade Católica de São Paulo

AGRADECIMENTOS

A conclusão deste trabalho seria impossível sem a colaboração de muitas pessoas que, de diversas formas, deram sua contribuição em diferentes etapas. De todos serei eterna devedora. Desta forma, manifesto um agradecimento verdadeiramente especial, correndo o sério risco de esquecer alguém, já que minha memória é muito mais limitada que meu coração.

Ao meu orientador, professor Dr. MÁRCIO CAMMAROSANO, pelo incentivo, pelo apoio, por estar ao meu lado, guiando, estimulando e problematizando minha tese, por ter aberto as portas da vida acadêmica para mim, chamando-me para ser sua assistente há mais de uma década, sendo que neste tempo minha admiração e meu respeito científico e pessoal só fizeram crescer, vertiginosamente.

Ao meu pai, professor Dr. CELSO ANTÔNIO BANDEIRA DE MELLO, pelo amor, pelo apoio, pelo exame crítico e pelos preciosos ensinamentos que foram essenciais para a edificação dos conhecimentos jurídicos vertidos neste trabalho.

Ao meu querido padrinho, professor Dr. SÉRGIO FERRAZ, paradigma de advogado, professor e jurista, pela amizade, pelo incentivo, pelo incalculável trabalho de leitura minuciosa desta tese, pelas correções e sugestões que permitiram que eu chegasse ao fim desta jornada.

Ao professor Dr. MAURÍCIO ZOCKUN, exemplo de marido, pai e amigo, pelo amor infinito, pela dedicação, pela inesgotável paciência comigo, pela leitura e correção deste trabalho. Seu brilhantismo, sua perspicácia, sua argúcia, foram fundamentais para corrigir os desvios e ditar o norte desta tese. Minha admiração por você não conhece limites. Viver ao seu lado é o maior presente que Deus poderia ter me dado.

À minha irmã GABRIELA e à minha sogra MARIA HELENA, pelo auxílio com os meus filhos para que eu pudesse terminar esta importante etapa dos meus estudos. Mas, sobretudo, e acima de todos, à minha mãe, WEIDA ZANCANER, maior incentivadora que pode existir, que, afora ter me auxiliado com as questões jurídicas, lendo a tese e fazendo lúcidas ponderações, substituiu-me quase que completamente nos afazeres com as crianças, para a alegria incondicional do Ivan.

Aos professores Drs. DINORÁ MUSETTI GROTTI, SÍLVIO LUÍS FERREIRA DA ROCHA e VIDAL SERRANO NUNES JR., pela seriedade, por serem exemplos de dedicação e amor à academia, por me incentivarem ontem, hoje e sempre. À professora Dra. MARIA GARCIA, pelo estímulo e pela sugestão do tema.

Aos meus examinadores, juristas de escol, professores inigualáveis e arguidores extremamente perspicazes: professor Dr. FERNANDO DIAS MENEZES DE ALMEIDA, professor Dr. RÉGIS FERNANDES DE OLIVEIRA, professor Dr. SÍLVIO LUÍS FERREIRA DA ROCHA, professora Dra. DINORÁ MUSETTI GROTTI e meu orientador, professor Dr. MÁRCIO CAMMAROSANO.

Aos professores que tornaram o País, de Norte a Sul, um centro de excelência em Direito Público, a quem tenho a honra de ter como amigos fraternais, ROMEU FELIPE BACELLAR FILHO, CARLOS AYRES BRITTO, DANIEL WUNDER HACHEM, EMERSON GABARDO, PAULO MODESTO, ADILSON ABREU DALLARI e VALMIR PONTES FILHO, pelas lições "de perto" e "à distância".

Aos meus avós "verdadeiros" e "postiços", por terem me proporcionado momentos únicos de aprendizagem e amor: MISSINA (*in memoriam*) e ORLANDO ZANCANER (*in memoriam*), HENNY LIPPE (*in memoriam*) e ERIKA TABAKOV.

Aos meus amigos de toda a vida e para toda a vida: SANDRA e TIM JOHNSON, FÁBIO e FÊ FRITOLI, BRASA e MEL, DRI KAZAN, MARI SIMARDI e ZÉ ANTÔNIO, ANDRÉ e CAMILA FREIRE, MÁRCIO ALBERS e minha querida madrinha VANIA GUERREIRO.

Aos amigos que a profissão aproximou e o coração fez questão de não afastar: JAMES SIQUEIRA, BIA PEREIRA DA SILVA, DÉBORA LOUSANO, INÊS e CHICO ALMEIDA PRADO, ZÉ ROBERTO e NILMA, GUTO e GABI DAL POZZO, SÍLVIO e ELIANE, MARIANA MENCIO, LUCIANA BRAYNER, FLAVINHA CAMMAROSANO e RENATA PORTO.

Aos meus ex-chefes, com quem tanto aprendi, e só cheguei até aqui pelos ensinamentos que recebi: professor Dr. PEDRO ESTEVAM

SERRANO e professor LUÍS TARCÍSIO TEIXEIRA FERREIRA, professor JUAREZ FÉLIX, Dr. RICARDO CÉSAR SAMPAIO e meu estimadíssimo colega de Doutorado, professor Dr. FÁBIO MAURO DE MEDEIROS.

Aos meus queridos amigos da DIJLC/PRFN-3ª Região, pelas conversas, pelo convívio prazeroso, pelo incentivo, pela amizade e por me permitirem chefiar uma equipe tão brilhante e preparada. Dr. RICSON MOREIRA COELHO DA SILVA e Dra. CARLOTA VARGAS BURANELLO (Bonita!!!), muito obrigada! Dra. Priscila Prado Garcia, o seu incentivo, no tocante à proposição da tese, foi fundamental para a conclusão deste trabalho!

À Dra. TELMA BERTÃO CORREIA LEAL, Dra. ALICE VITÓRIA FAZENDEIRO O. LEITE e Dr. RODRIGO PIRAJÁ WIENSKOSKI, por acreditarem em mim quando nem eu mesma acreditava, por confiarem no meu trabalho e no meu potencial, por abrirem não somente as portas das suas salas, mas também as de seus enormes corações.

Ao estagiário RENATO TONELLI JR., pelo auxílio na obtenção dos textos utilizados neste trabalho.

Ao DR. WILLIAM GRAPELLA, por tornar minhas tardes mais alegres, cedendo-me a sala ao lado da sua para a concretização deste trabalho.

Aos meus queridos amigos e colegas de Banca do exame oral do Concurso para Procurador da Fazenda Nacional 2013/ESAF, Drs. BRUNA BENEVIDES, VANDRÉ AUGUSTO BÚRIGO, GUSTAVO JUST DA COSTA E SILVA, IVO TIMBÓ, FÁBIO BENSOUSSAN, ALDEMÁRIO ARAUJO CASTRO e RONALDO "MENINO DO RIO" CAMPOS E SILVA, por tornarem os meus dias na ESAF momentos de alegria, de aprendizado e de companheirismo. Ao Dr. RICARDO SORIANO DE ALENCAR, exemplo máximo de profissionalismo, por me "aturar" por 11 dias seguidos, com paciência e bom humor. Ao professor Dr. JOSÉ LEVI MELLO DO AMARAL JR., pela amizade e também pelos valiosíssimos ensinamentos para a confecção desta obra. Ao Dr. GUSTAVO "PÊSSEGO EM" CALDAS, pela amizade que transcende à Procuradoria, pelo carinho e pelas risadas sem fim. À Dra. RHAINA ELLERY, por sua dedicação, pela amizade e pela competência. Ao Dr. ALDO "MASTER QUERIDO" CÉSAR BRAIDO, pelo apoio, pelo carinho, pelo ombro amigo e pelos ensinamentos de vida. Ao Dr. PAULO "MOÇO BONITO" MENDES DE OLIVEIRA, por tudo; sempre.

Aos meus assistentes e ex-assistentes, por todo o auxílio, pela incessante dedicação e pela amizade sempre crescente, FLAVINHA CAMMAROSANO, FÊ FRITOLI, MARIA CRISTINA BARBOZA, MARCELLINHA MANGULLO, FELIPE FAIWICHOW ESTEFAM, RICARDO LAGE e, em especial, PAT BUENO NETTO, que, ao assistir à minha qualificação, fez todas as anotações possíveis, destacadas pela Banca, para a melhoria do trabalho.

Finalmente, às crianças que me fazem esquecer que já cresci, pelos momentos mágicos de diversão: minha afilhada LUIZA, meus sobrinhos ESTELA, GU, CACÁ, LUCCA, TORIN, KEELAN, PIPE e BIEL, e também ao JIMMY, OLÍVIA e ALICE, NANDO e LUCIANO, KIKE, VALENTINA e VITÓRIA, TOMÁS e RAFINHA, DAVI, LORENA, ISABEL e MARIA.

SUMÁRIO

PREFÁCIO 7
AGRADECIMENTOS 11
INTRODUÇÃO 19

CAPÍTULO 1 – DA TERCEIRIZAÇÃO
1.1 Conceitos preliminares 21
1.2 Evolução histórica 23
    1.2.1 Do fordismo 25
    1.2.2 Do volvismo 27
    1.2.3 Do toyotismo 27
    1.2.4 A terceirização no Brasil 29
1.3 **Da terceirização na Administração Pública: surgimento** 32
1.4 **Afinal: qual o conceito de terceirização na Administração Pública?** 36

CAPÍTULO 2 – DAS ATIVIDADES ADMINISTRATIVAS E DA TERCEIRIZAÇÃO
2.1 As funções do Estado no ordenamento jurídico brasileiro 43
2.2 A função administrativa e as atividades a ela atreladas ... 47
2.3 Do poder de polícia e a terceirização 49
2.4 **Do fomento e auxílio no desenvolvimento e expansão de atividades privadas de interesse coletivo e a terceirização** 53

2.5 Da intervenção em atos e fatos da vida particular para lhes conferir certeza e segurança jurídicas e da terceirização 57

2.6 Dos serviços públicos e da terceirização 59

2.7 Da instrumentalização através de recursos humanos e materiais para a prestação de atividades da Administração e da terceirização

2.7.1 Da instrumentalização através de recursos materiais 65

2.7.2 Da instrumentalização da Administração Pública através de recursos humanos 66

CAPÍTULO 3 – DA LEGISLAÇÃO APLICÁVEL À TERCEIRIZAÇÃO

3.1 Da Constituição de 1988 68

3.2 Da legislação infraconstitucional 72

3.3 Do Enunciado 256 e da Súmula 331, ambos do TST 77

3.4 Da ADC 16 – A declaração de constitucionalidade do § 1º do art. 71 da Lei 8.666/1993 pelo STF 86

3.5 Das alterações na Instrução Normativa MPOG-2/2008 ... 97

3.6 Da Lei de Responsabilidade Fiscal/LRF 101

CAPÍTULO 4 – DA FORMA DE CONTRATAÇÃO DE PESSOAL PELA ADMINISTRAÇÃO PÚBLICA – ASPECTOS CONSTITUCIONAIS

4.1 Cargo, emprego, função e contratação temporária 105

4.1.1 Cargo público 105

4.1.2 Emprego público 108

4.1.3 Função pública 110

4.1.4 Contratação temporária 111

4.2 Do princípio do concurso público 116

4.3 Dos regimes jurídicos e do Regime Jurídico Único 121

4.4 Da terceirização de atividades administrativas 126

SUMÁRIO

CAPÍTULO 5 – DA INSTRUMENTALIZAÇÃO ATRAVÉS DE RECURSOS HUMANOS PARA AS ATIVIDADES ESTATAIS E A TERCEIRIZAÇÃO 128

5.1 Do art. 37, XXI, da CF de 1988: a contratação de serviços 128

5.2 Do fator de discrímen constitucionalmente assegurado 132

5.3 Das atividades permanentes, temporárias, internas e externas 136

5.4 Da diferença entre atividades internas e permanentes e serviços 140

5.5 Das atividades externas e permanentes 144

5.6 Das atividades externas e temporárias 145

CAPÍTULO 6 – DO PRINCÍPIO DA EFICIÊNCIA, DA TERCEIRIZAÇÃO E DOS DIREITOS DOS TRABALHADORES

6.1 Do princípio da eficiência 153

6.2 Da terceirização de atividades internas e permanentes como instrumento de concretização do princípio da eficiência (?) 160

    6.2.1 Da redução do custo de mão de obra 161

    6.2.2 Da especialização das empresas em atividades que lhes são próprias 170

6.3 Das consequências da terceirização de atividades internas e permanentes da Administração Pública 176

CONCLUSÕES 181
REFERÊNCIAS BIBLIOGRÁFICAS 190
ÍNDICE REMISSIVO 204

INTRODUÇÃO

O presente estudo tem por finalidade analisar as formas de terceirização na Administração Pública direta, autárquica e fundacional, fornecendo um panorama geral sobre essa matéria.

Iniciaremos nosso estudo com breve síntese sobre a evolução histórica da terceirização, até chegarmos ao atual estágio doutrinário sobre o tema, propondo, inclusive, nosso conceito sobre terceirização.

Após, apartando as funções do Estado, buscaremos definir a função administrativa, identificando, com base na doutrina de Celso Antônio Bandeira de Mello, quais são as atividades administrativas que compõem a função administrativa. Ainda, analisaremos, dentre as atividades administrativas, quais são passíveis de terceirização e quais não o são.

Desta forma, examinaremos, ainda que brevemente, as atividades de poder de polícia, fomento, intervenção em atos e fatos da vida particular para lhes conferir certeza e segurança jurídicas, serviços públicos e instrumentalização através de recursos humanos e materiais para a prestação de quaisquer de suas atividades.

No que tange à instrumentalização através de recursos humanos, este será o tópico principal de nosso trabalho.

Partindo-se, pois, da legislação de regência, verificaremos sob qual condição é possível a efetivação da terceirização de recursos humanos para a Administração Pública direta, autárquica e fundacional. Neste momento apresentaremos a posição doutrinária e jurisprudencial a respeito da terceirização, bem como sua consagrada distinção entre atividade-fim e atividade-meio. Após, analisaremos a questão da responsabilidade da Administração pelos débitos trabalhistas oriundos de contratos de terceirização em que a prestadora de serviços não arca com os valores devidos aos seus empregados.

Em seguida abordaremos a forma de contratação de pessoal pela Administração Pública, discorrendo sobre os cargos públicos, os empregos públicos e as funções públicas. Analisaremos os respectivos regimes jurídicos, visando a demonstrar qual o tratamento constitucional dado à matéria. Debruçar-nos-emos sobre a questão do Regime Jurídico Único e sobre a inafastabilidade do concurso público para o provimento de cargos efetivos e de empregos públicos. Trataremos do princípio do concurso público, buscando identificar seu sentido, seu conteúdo e seu alcance.

Igualmente, analisaremos a existência, ou não, de fundamento constitucional para a terceirização de recursos humanos, bem como buscaremos um critério constitucional para apartar as atividades terceirizáveis das atividades não terceirizáveis.

Após, examinaremos a relação existente entre o princípio da eficiência e o instituto da terceirização, verificando as consequências da utilização deste instituto para a Administração Pública, para o administrador, para o trabalhador e para a sociedade.

Não há pretensão de esgotar a matéria em questão, mesmo porque este tema ainda carece de estudos aprofundados na doutrina pátria sob a ótica da Constituição de 1988 e nossa intenção, como de início averbamos, foi a de oferecer um panorama geral sobre a terceirização na Administração direta, autárquica e fundacional.

Os textos estrangeiros citados foram traduzidos para o Português pela autora, respeitado seu sentido original, sujeito, no entanto, às limitações inerentes às traduções desta natureza.

Capítulo 1
DA TERCEIRIZAÇÃO

1.1 Conceitos preliminares. 1.2 Evolução histórica: 1.2.1 Do fordismo – 1.2.2 Do volvismo – 1.2.3 Do toyotismo – 1.2.4 A terceirização no Brasil. 1.3 Da terceirização na Administração Pública: surgimento. 1.4 Afinal: qual o conceito de terceirização na Administração Pública?.

1.1 Conceitos preliminares

1. A terceirização é um instituto oriundo da Ciência da Administração que visa à redução de custos bem como à especialização das atividades empresariais, na medida em que permite a maior concentração da empresa em sua atividade-fim, para a qual foi estabelecida, trespassando a outras empresas normalmente as atividades-meio, que não constituem o foco principal de sua existência. É certo que pode haver trespasse também de algumas atividades-fim.

As implicações práticas da implementação desse instituto acabaram repercutindo no mundo fenomênico, diante das relações reais surgidas, que, tratadas pelo Direito, reconheceram os efeitos jurídicos do desiderato perseguido pela terceirização.

Assim, com relação às atividades terceirizadas, a jurisprudência e a doutrina costumam diferenciá-las em atividades-meio e atividades-fim. Costuma-se entender por atividades-fim aquelas relacionadas com o objetivo final da empresa, e atividades-meio aquelas referentes ao suporte ou apoio necessário para o processo produtivo.[1]

---

1. Esta distinção possui alguma relação com a referida pela legislação do imposto sobre a renda (RIR/1999) no que tange a "atividade operacional" e "atividade não operacional". De fato, vê-se que a *atividade operacional* é aquela que está relaciona-

Logo, a essência da terceirização, à luz da Ciência da Administração, é repassar para outro(s) algumas ou todas as atividades acessórias da empresa, de modo que ela possa se dedicar integralmente ao escopo de sua criação.

2. Na mesma seara da Ciência da Administração, o processo de terceirização ocorre sempre entre duas empresas;[2] uma é denominada de "empresa-mãe" (a contratante), e a outra de "empresa-terceira" (a contratada).

A terceirização realiza-se de duas formas não excludentes. Na primeira, a empresa abandona a produção de bens ou serviços empregados em sua atividade-fim e passa a adquiri-los de outra(s) empresa(s), gerando, desta forma, a desativação – parcial ou total – de seções que dantes funcionavam no interior da empresa. A outra forma é a contratação de uma ou mais empresas para realizar, dentro da "empresa-mãe", atividades anteriormente executadas por trabalhadores contratados diretamente. Essa segunda forma de terceirização pode referir-se tanto a atividades-fim como a atividades-meio.

Sob o enfoque da tomadora de serviços, a prestação de serviços terceirizados pode ocorrer dentro ou fora do seu espaço físico. Na terceirização interna, atividades terceirizadas são realizadas no ambiente[3] da tomadora de serviços, utilizando a mão de obra da prestadora de serviços. Esse tipo de configuração ocorre, por exemplo, na prestação de serviços de limpeza. Na terceirização externa a prestação de serviços ocorre fora do âmbito da tomadora de serviços. Há, nesse último caso, uma descentralização das atividades, e cada uma das empresas realizará parte do processo produtivo. É isso o que acontece, por exemplo, com a terceirização dos serviços de Contabilidade.[4]

---

da diretamente com o objetivo pelo qual a pessoa jurídica foi criada, ao passo que as *atividades não operacionais* correspondem às demais atividades acessórias da empresa. Assim, em essência, trata-se de uma consequência jurídica da diferença entre atividade-meio e atividade-fim, mudando-se apenas o rótulo.

    2. É possível que a terceirização também seja feita a uma EIRELI. A EIRELI é empresa individual de responsabilidade limitada constituída por uma única pessoa titular da totalidade do capital social, devidamente integralizado, que não poderá ser inferior a 100 vezes o maior salário-mínimo vigente no País. O titular não responderá com seus bens pessoais pelas dívidas da empresa.

    3. Entenda-se, aqui, "ambiente" no sentido de "espaço físico sob responsabilidade da tomadora de serviços".

    4. Euclides Tonino Di Dário, *A Terceirização e o Respeito aos Direitos Fundamentais*, dissertação de Mestrado em Direito do Trabalho, São Paulo, PUC/SP, p. 26.

1.2 Evolução histórica

3. A ideia de terceirização surgiu após a Revolução Industrial. No começo do século XX os Estados Unidos e a Alemanha despontaram como grandes potências industriais. O setor metalúrgico era o que continha o maior número de trabalhadores, e a indústria automobilística foi pioneira na criação do processo de produção.

A situação do trabalhador à época era extremamente precária. O Estado, conhecido como Liberal ou Mínimo, não intervinha nos negócios particulares, senão na medida indispensável para impedir que a liberdade de uns interferisse com a de outros.

A atuação estatal no Estado Liberal é notadamente negativa, pois a preocupação primordial era a de criar barreiras que impedissem a intervenção estatal, para que o Estado não constituísse óbice às atividades dos particulares, mantendo-se quase sempre alheio às relações de natureza privada.

A famosa indagação de Proudhon resume a drástica situação vivida pelo trabalhador da época: "Où est la liberté du non propriétaire?".[5]

O Estado Liberal, tendo em vista seu papel de mero espectador da vida social, não assegurava um mínimo de dignidade à maioria da população. Assim, com o passar dos anos restou inevitável a necessidade de mudança da conjuntura política e social.

Ademais, as mudanças geradas pela Revolução Industrial acentuaram as disparidades sociais, ocasionando um contingente de pessoas desempregadas, doentes e desamparadas, que não tinha a quem recorrer para assegurar sua sobrevivência.

Diante disto, "a exploração capitalista de atividades privadas e a competição predatória entre grupos se extremou em abusos lesivos a interesses indefesos e sem representação eficaz, sensibilizando a opinião pública e inspirando o legislador, o juiz e o administrador na proteção ao economicamente fraco".[6]

Assim, houve uma mobilização pela reivindicação de melhores condições de trabalho, notadamente no final do século XIX e início

---

5. Pierre Joseph Proudhon, *A Propriedade é um Roubo e Outros Escritos Anarquistas*, L&PM Editores, Coleção L&PM Pocket, 1998.
6. Caio Tácito, *Temas de Direito Público (Estudos e Pareceres) 1º Volume*, Rio de Janeiro, Renovar, 1997, pp. 378-379.

do século XX, passando-se a exigir do Estado uma intervenção direta na sociedade, para a garantia de condições mínimas de existência digna do cidadão.

Desta forma nasceu uma nova classe de direitos, os denominados *direitos sociais*. Dentre esses direitos merecem destaque para o presente estudo os direitos à *greve*, à *sindicalização*, a *melhores condições de trabalho*, à *educação*, à *saúde* e à *habitação*.

Esse Estado intervencionista foi denominado de Estado do Bem--Estar Social (Estado Social, *Welfare State*, *Wohlfahrstaat*, Estado--Providência ou de Prestações).

4. O Estado do Bem-Estar Social é aquele em que se instituem obrigações positivas para que o Estado opere em prol de seus cidadãos, corrigindo os naturais desvios do individualismo clássico liberal, para que se possa alcançar a verdadeira justiça social.

Nesta seara, Fábio Konder Comparato explana que:

> A verdade é que a orientação finalística da ação governamental, em que pese às proclamações ideológicas dos defensores do mercado livre, existe até mesmo nos Estados mais fundamente marcados pelo neoliberalismo triunfante. Basta lembrar que hoje é unânime o reconhecimento, entre os economistas liberais, de que toda política econômica estatal deve orientar-se para a realização das quatro metas constitutivas do "quadrilátero mágico": a estabilidade monetária, o equilíbrio cambial, o crescimento constante da produção nacional e o pleno emprego.[7]

É certo que transformar um Estado Liberal em Estado Social é tarefa de extrema dificuldade.

Fato é que, embora estejamos transmitindo uma ideia de continuidade uniforme, a História não ocorre desta forma, e o Estado Social presente no papel era (e ainda é) algo afastado da realidade.

5. Pois bem, a terceirização, como dantes mencionado, surgiu após a Revolução Industrial, momento em que a indústria automobilística se desenvolvia a largos passos.

---

7. Fábio Konder Comparato, "Ensaio sobre o juízo de constitucionalidade de políticas públicas", in Celso Antônio Bandeira de Mello (org.), *Estudos em Homenagem a Geraldo Ataliba Direito 2 – Direito Administrativo e Constitucional*, São Paulo, Malheiros Editores, 1997, p. 350. Esclareça-se, contudo, que, segundo o próprio jurista, o neoliberalismo contemporâneo teria perdido as esperanças de alcançar a realização do pleno emprego.

1 - DA TERCEIRIZAÇÃO

Para melhor compreensão do surgimento das relações terceirizadas, necessário se faz analisar, ainda que brevemente, os modelos de gerenciamento de produção automobilística, já que estes foram, por assim dizer, o berço da terceirização.

1.2.1 Do fordismo

6. O início do século XX foi nos Estados Unidos da América do Norte um ambiente de extrema dificuldade para o trabalhador. Nessa inóspita atmosfera, Henry Ford (1863-1947), notável empreendedor norte-americano, criou a *Ford Motors Company*, empresa automobilística que revolucionou o transporte em todo o mundo.

O modelo de gerenciamento adotado por Henry Ford foi criado por Frederic Wislow Taylor (1856-1915), engenheiro norte-americano, considerado o pai da administração científica, cujo objeto de estudo foi a criação de métodos científicos para aumentar a eficiência da produção industrial.

Em suma síntese, o método de Taylor consistia em executar uma linha de produção em série, em que todo o trabalho era segmentado em diversas funções, a serem desempenhadas por trabalhadores de forma sequencial e repetitiva.

Em outubro/1908 Ford inaugurou sua linha de produção automotiva, em larga escala. O trabalho de cada indivíduo consistia em realizar milhares de vezes o mesmo movimento específico durante toda a jornada de trabalho. Os componentes de todas as peças até o produto final eram manufaturados pelo fabricante. Assim, os veículos eram produzidos de forma integral: dos parafusos até a pintura final. Tudo ocorria no mesmo local, em uma grande linha de produção, com tempo racionalizado, de modo a evitar desperdícios.

Flávia Moraes Barros Michele Fabre resumiu o regime de trabalho na indústria fordista através das seguintes características:

> (...): (1) pelo estudo dos tempos e movimentos, objetivando-se a isenção de movimentos inúteis, para que o operário executasse de forma mais simples e rápida a sua função, estabelecendo um tempo médio, a fim de que as atividades fossem feitas em um tempo menor e com qualidade, aumentando a produção de forma eficiente; (2) estu-

do da fadiga humana, na medida em que esta predispõe o trabalhador à diminuição da produtividade e perda de qualidade, acidentes, doenças e aumento da rotatividade de pessoal; (3) divisão do trabalho e especialização do operário nas atividades em que tivesse maior aptidão; (4) especificação de cargos e tarefas; (5) padronização da produção, como forma de redução de custos; (6) supervisão funcional dos empregados por funcionários especializados, e não por uma autoridade centralizada.[8]

O trabalho na *Ford Company* era extremamente maçante e repetitivo. Entretanto, para contrabalancear estes aspectos negativos, Henry Ford criou uma forma de incentivo: dobrou os salários de 2,5 para 5 Dólares por 8 horas de trabalho diário e mediante determinadas condições. Esse aumento de remuneração provocou grande afluência de trabalhadores, e com o novo método de produção a *Ford Company* alcançou a liderança nacional e mundial na produção de automóveis.

7. Por várias décadas o sistema criado por Ford (*fordismo*) funcionou com perfeição. Entretanto, a partir da década de 1970 chegou-se a um esgotamento, em função dos limites da expansão econômica. O mercado interno dos Países industrializados ficou próximo da saturação em relação à comercialização de automóveis. Houve uma desaceleração nos ganhos com a produtividade. Ademais, os investimentos no desenvolvimento de máquinas para aumentar a produtividade e o crescente custo da mão de obra restringiram as margens de lucro das indústrias. O fordismo, então, entrou em crise.

Sobre a crise do fordismo, André Gorz averbou:

> O capital precisava de uma revolução técnica para suplantar a crise do fordismo, desincumbir-se das obrigações social-estatais, diminuir os custos salariais unitários e acelerar o crescimento da produtividade. Mas uma tal revolução técnica só podia ser posta em prática caso as relações de forças sociais e a relação de forças entre o capital e o Estado fossem ao mesmo tempo e irresistivelmente modificados em prol do primeiro.[9]

---

8. Flávia Moraes Barros Michele Fabre, *Terceirização na Administração Pública*, dissertação de Mestrado, São Paulo, PUC/SP, p. 21.
9. André Gorz, *Misérias do Presente, Riqueza do Possível*, trad. de Ana Montoia, São Paulo, Annablume, 2004, p. 21.

Fato é que a padronização intensa do modelo fordista, com gigantesca estrutura estanque, dificultava qualquer alteração, tanto no que tange aos avanços tecnológicos quanto no que se refere às adaptações dos veículos para acompanhar o gosto popular.

Ademais, o produto final era caro, justamente por conta da admirável estrutura que estava por trás de cada veículo.

Em contraposição ao fordismo surgiram dois novos métodos de produção, ambos combinando automação com estruturação fabril enxuta.

1.2.2 Do volvismo

8. O primeiro método foi criado na Suécia, na década de 1960, pelo engenheiro da Volvo, Emti Chavanmco, e ficou conhecido como volvismo. O volvismo é caracterizado pela produção de bens exclusivos, em pequena escala mas com alto valor agregado. Sua estratégia combina os seguintes elementos: os requisitos e demandas do mercado, os aspectos tecnológicos, os imperativos do dinâmico processo de transformação da organização do trabalho e as instáveis condições da reestruturação da indústria. Operando num mercado de trabalho complexo, a Volvo internacionalizou a produção e democratizou a vida no trabalho.[10]

Conforme explana Wood, "na Volvo, o caminho em direção à automação e ao aumento da flexibilidade ocorreu num cenário de compromisso com os conceitos de grupo autônomo de trabalho e enriquecimento das funções".[11] "Flexibilidade", aqui, foi usada no sentido de tecnologia flexível, adaptável.

Passadas várias décadas, o volvismo continua funcionando basicamente do mesmo modo e sobre os mesmos preceitos.

1.2.3 Do toyotismo

9. No mesmo período do volvismo surge um modelo produtivo inovador, originário do Japão. O toyotismo foi implantado pelo espe-

---

10. T. Wood Jr., "Fordismo, toyotismo e volvismo: os caminhos da indústria em busca do tempo perdido", *Revista de Administração de Empresas/RAE* 32/15-17, São Paulo, 1992.
11. Idem, p. 17.

cialista em produção Taiichi Ohno, na fábrica da Toyota, e, com os avanços da globalização, rapidamente tornou-se o parâmetro mundial de sistema de produção flexível.

Inicialmente os trabalhadores da Toyota eram agricultores, mas com as ideias de Onho os empregados foram realizando cursos e se especializando em produção veicular, tendo conhecimento de todas as etapas do sistema de produção.

Outra estratégia inovadora de Ohno foi possibilitar a qualquer operário parar a linha de produção caso detectasse algum problema. Isto diferenciava o toyotismo do fordismo, uma vez que neste último a descoberta de problemas ocorria apenas no final da linha, o que, evidentemente, ocasionava grandes quantidades de retrabalho e aumentava os custos. Cumpre lembrar que no fordismo o trabalhador não tinha conhecimento da linha de produção, sendo responsável apenas pela realização repetidas vezes do mesmo movimento.

Pois bem, obviamente, no início a linha de produção da Toyota parava a todo instante; mas com o tempo os problemas foram sendo corrigidos, e não só a quantidade de defeitos caiu, como a qualidade geral dos produtos melhorou sensivelmente.[12]

Conforme ensina Gounet,[13] o toyotismo extingue o trabalho repetitivo, ultrassimplificado, desmotivante, embrutecedor.

A outra difícil tarefa com o qual Ohno se deparou foi a falta de suprimentos. Assim, ao contrário da Ford, que possuía um sistema totalmente centralizado de produção, a Toyota possuía vários fornecedores principais, em grupos funcionais, que, por sua vez, seguiam igual critério com seus respectivos subfornecedores, compondo, desta forma, uma estrutura piramidal.

Vê-se, pois, que a cadeia produtiva era dividida entre diversos fornecedores. O resultado final era um produto competitivo, com custo e preço inferiores aos realizados por Ford e maior adaptabilidade ao gosto do consumidor.

Esse sistema de contratação de empresas fornecedoras de peças e realizadoras de etapas da cadeia produtiva é denominado de *tercei-*

---

12. Idem, p. 13.
13. Thomas Gounet, *Fordismo e Toyotismo na Civilização do Automóvel*, São Paulo, Boitempo Editorial, 2002, p. 33.

rização material, terceirização da cadeia produtiva ou *terceirização externa*.

Ante o sucesso do toyotismo, esse modelo foi replicado por todos os cantos do mundo, pela possibilidade de "gerenciar do País 'A' a produção que se realizará no País 'B' a partir da matéria prima trabalhada no País 'C' para negociar no País 'D' a entrega de produtos no País 'E'".[14]

1.2.4 A terceirização no Brasil

10. O Brasil, acompanhando a tendência mundial, deu início à terceirização material, na década de 1970, também por meio do setor automobilístico.

O modelo, entretanto, sofreu, nos anos 1980, forte resistência sindical e das próprias administrações das empresas, habituadas com planos centralizados de organização e gerência do trabalho. Contudo, nos anos 1990 a terceirização material espraiou-se para todos os setores produtivos.

A intensificação do fenômeno da globalização impulsionou a abertura da economia ao Exterior, realizada de forma abrupta e dissociada de políticas industrial e agrícola.

Esse processo ocorreu em um ambiente de intensa retração econômica, durante o governo Fernando Collor, e se prolongou até o final da década. Desta forma, a terceirização foi alavancada (i) pela necessidade imperativa de uma reestruturação produtiva para alcançar patamares de produtividade que garantissem a competitividade e (ii) pela longa recessão da economia brasileira.

Nessa época foram tomadas medidas que tinham por objetivo estimular a competitividade dos produtos brasileiros para enfrentar as novas condições impostas pelos mercados nacional e internacional. Destacam-se, entre várias outras: o incentivo à reestruturação produtiva; a privatização de várias empresas públicas; a desregulamentação das relações de trabalho; a legislação antitruste e as novas leis de

---

14. Flávia Moraes Barros Michele Fabre, *Terceirização na Administração Pública*, cit., p. 24.

proteção ao consumidor; a liberalização comercial e as novas regras para investimentos diretos.[15]

No cenário de crise e de desafios fixados pela abertura da economia brasileira e pela globalização, as empresas pretendiam, antes de tudo, garantir seu lugar nos mercados nacional e internacional. Assim, as empresas brasileiras delimitaram estratégias para alcançar ganhos de produtividade e diferenciais de competitividade. Algumas delas optaram pela redução de custos por meio da demissão de empregados e da precarização das relações de trabalho. Outras optaram por envidar seus esforços no produto final, terceirizando as denominadas atividades-meio. Outras, ainda, combinaram essas duas estratégias. Em todos esses casos o resultado para os trabalhadores foi o agravamento das condições de vida e de trabalho.

11. Não se pode esquecer que o Estado Brasileiro é, por determinação constitucional, um Estado Social, em virtude do disposto, dentre outros, nos arts. 1º, III; 3º, I, III e IV; 5º, LV, LXIX, LXXIII, LXXIV e LXXVI; 6º; 7º, I, II, III, IV, VI, X, XI e XII; 23; e 170, II, III, VII e VIII,[16] da Constituição da República.

O art. 7º da CF estabelece as condições para exercício do direito ao trabalho em uma relação de emprego. Em seus incisos prescreve os direitos para que o trabalhador tenha preservada sua dignidade, bem como receba a justa remuneração pela sua mais-valia. Dentre estes direitos, destaquem-se: (i) a proteção contra despedida arbitrária ou sem justa causa; (ii) FGTS; (iii) 13º salário; (iv) irredutibilidade dos salários; (v) férias – dentre outros.

12. Ocorre que esse Estado Social, especialmente preocupado com os direitos trabalhistas, vem sendo erodido pelo fenômeno da terceirização, que, embora possa acarretar uma redução de custos ou a transformação de custos fixos em custos variáveis, gera, inevitavelmente, um declínio na qualidade de vida do trabalhador.

15. Departamento Intersindical de Estatísticas e Estudos Socioeconômicos/ DIEESE, *O Processo de Terceirização e seus Efeitos sobre os Trabalhadores no Brasil. Sistema de Acompanhamento de Contratações Coletivas/SACC-DIEESE*, disponível em *http://portal.mte.gov.br/data/files/FF8080812BA5F4B7012BAAF91A9E060F/ Prod03_2007.pdf*.
16. Weida Zancaner, "Razoabilidade e moralidade", in Celso Antônio Bandeira de Mello (org.), *Estudos em Homenagem a Geraldo Ataliba 2 – Direito Administrativo e Constitucional*, São Paulo, Malheiros Editores, 1997, p. 621.

Em estudo elaborado pelo DIEESE constatou-se que a piora na qualidade de vida do trabalhador terceirizado é significativa. Assim, o salário pago a um trabalhador contratado por uma empresa-terceira é expressivamente menor do que o salário de um trabalhador contratado diretamente pela empresa-mãe.

Como esta precarização é um fenômeno mundial, o DIEESE, a título de exemplo, estimou que os trabalhadores indianos terceirizados por uma empresa norte-americana da área de Computação recebem entre 1/5 e 1/10 do que é pago a um americano pela mesma função. De acordo com dados publicados pelo *Computer Professionals for Social Responsability*/CPSR ("Profissionais de Computação com Responsabilidade Social"), os trabalhadores americanos da área de TI recebem cerca de 80 mil Dólares por ano, enquanto os indianos terceirizados recebem 8.500 Dólares.[17]

Pois bem, a terceirização pode ser considerada um retrocesso nas garantias fornecidas pelo Estado Social, já que, por via transversa, se acaba por elidir as lentas conquistas dos trabalhadores quanto a seus tão almejados direitos.

13. As empresas privadas no Brasil utilizam em larga escala a terceirização, tendo em vista a redução de custos ou a transformação de custos fixos em custos variáveis, bem como a denominada focalização (concentração das atividades da empresa em sua atividade principal, sem dispersão e com maior qualidade).

14. Com efeito, o fenômeno da terceirização tem dois escopos específicos: a redução do custo da mão de obra e a especialização das empresas em atividades que lhes são próprias.[18]

Resta saber se é possível, e em que medida seria possível, a terceirização para atividades da Administração Pública.

---

17. Departamento Intersindical de Estatísticas e Estudos Socioeconômicos/ DIEESE, *O Processo de Terceirização e seus Efeitos sobre os Trabalhadores no Brasil. Sistema de Acompanhamento de Contratações Coletivas/SACC-DIEESE*, cit., disponível em *http://portal.mte.gov.br/data/files/FF8080812BA5F4B7012BAAF91A9E060F/Prod03_2007.pdf.*

18. Leonardo de Mello Caffaro, "O pós-Positivismo, o direito do trabalho e a noção de interesse público – A terceirização na Administração Pública e a Súmula 331 do TST em questão". *Revista LTr* 74/1.477, n. 12, São Paulo, LTr, dezembro/2010.

1.3 Da terceirização na Administração Pública: surgimento

15. Que as empresas privadas visem à redução de custos, isto é plenamente compreensível, pois que, com isto, seu lucro poderá ser maior – e este é justamente o objetivo do empresário em um sistema capitalista de produção. Nada há de errado nisso.

16. A questão que se coloca é saber qual a razão de a Administração Pública se utilizar desse instituto.

17. Antes de adentrarmos este árduo tema, passemos à análise do surgimento da terceirização na Administração Pública.

Inicialmente, destaque-se que o Decreto-lei 200/1967, em seu art. 10, § 7º, estabelece:

> Art. 10. A execução das atividades da Administração Federal *deverá ser amplamente descentralizada*.
> (...).
> § 7º. Para melhor desincumbir-se das tarefas de planejamento, coordenação, supervisão e controle e com o objetivo de impedir o crescimento desmesurado da máquina administrativa, *a Administração procurará desobrigar-se da realização material de tarefas executivas, recorrendo, sempre que possível, à execução indireta, mediante contrato, desde que exista, na área, iniciativa privada suficientemente desenvolvida e capacitada a desempenhar os encargos de execução*. [Grifos nossos]

O Decreto-lei 200/1967 é, pois, o nascedouro da legislação sobre terceirização no Brasil, embora ainda não utilizasse essa nomenclatura.

Prosseguindo com a ideia de descentralização das atividades da alçada da Administração, em 1970 foi editada a Lei 5.645, que fixou diretrizes para a classificação de cargos do Serviço Civil da União e das autarquias federais e, em seu art. 3º, parágrafo único,[19] estabeleceu que "as atividades relacionadas com transporte, conservação, custódia, operação de elevadores, limpeza e outras assemelhadas serão, de preferência, objeto de execução indireta, mediante contrato, de acordo com o art. 10, § 7º, do Decreto-lei n. 200, de 25 de fevereiro de 1967".

Assim, embora houvesse previsão para o trespasse de atividades administrativas para os particulares, esse movimento não era expressivo. Somente anos depois é que as privatizações efetivamente iniciaram.

---

19. Tal dispositivo foi posteriormente revogado pela Lei 9.257/1997.

18. Com efeito, Almiro do Couto e Silva[20] esclarece que no Brasil os primeiros ensaios privatizantes apareceram no governo do General João Figueiredo (1981-1984), com a edição do Decreto 86.215, de 15.7.1981, que privatizou 20 empresas que estavam sob o controle da União (entre elas Riocel, América Fabril, Cia. Química Recôncavo). No governo do Presidente José Sarney (1985-1989) as privatizações recaíram sobre cerca de 18 empresas (entre elas a Cia. Brasileira de Cobre, a Caraíba Metais, a Aracruz e a Celulose Bahia). Nesse mesmo período foi editado o Decreto 95.886, de 29.3.1988, que dispunha sobre o Programa Federal de Desestatização.

Foi, entretanto, com o advento do governo Collor que as privatizações ganharam notável impulso. Assim, foi criado o Programa Nacional de Desestatização, por meio da Medida Provisória 155/1990, convertida na Lei 8.031/1990, várias vezes modificada, até ser revogada e substituída pela Lei 9.491/1997, alterada pelas Leis 9.700/1998 e 11.483/2007 e pela Medida Provisória 2.161-35/2001 e regulamentada pelo Decreto 2.594/1998, alterado pelo Decreto 7.380/2010, tendo como uma de suas metas reordenar a posição estratégica do Estado na economia, transferindo à iniciativa privada todas as atividades que por ela possam ser bem executadas.[21]

De qualquer forma, o ápice da privatização deu-se nos dois mandatos de Fernando Henrique Cardoso, que introduziu reformas para "desafogar" o Estado de atividades que, supostamente, poderiam ser realizadas de modo mais eficiente por particulares, adotando, desta forma, uma ideologia neoliberal.

Com efeito, a ideia de "enxugamento" do Estado foi defendida com grande entusiasmo, devendo o Estado estar restrito a atividades mínimas – o que fez com que a terceirização ganhasse força e fosse utilizada em larga escala pela Administração Pública.

Acerca da reforma promovida no governo FHC, Luciano Ferraz explana:

---

20. Almiro do Couto e Silva, "Privatização no Brasil e o novo exercício de funções públicas por particulares: serviço público 'à brasileira'"?, *Revista da Procuradoria-Geral do Estado* (do Rio Grande do Sul) 27/219, n. 57, Porto Alegre, Procuradoria-Geral do Estado do Rio Grande do Sul, 2003.

21. Dinorá Adelaide Musetti Grotti, "Parcerias na Administração Pública", *Revista de Direito do Terceiro Setor/RDTS* 11/32-33, Ano 6, Belo Horizonte, Fórum, janeiro-junho/2012.

Entre nós, a "Reforma Gerencial" tem início no primeiro mandato do Presidente Fernando Henrique Cardoso com a elaboração do Plano Diretor da Reforma do Aparelho do Estado (1995), culminando na promulgação de sucessivas emendas à Constituição, especialmente as de Reforma Administrativa e Previdenciária, bem como uma séria de normas infraconstitucionais tendentes a regulamentá-las e a implementar a política do *downsizing*: redução e enxugamento da máquina estatal e equilíbrio das contas públicas. No seu segundo mandato as preocupações voltam-se quase que exclusivamente para a manutenção dos baixos níveis de inflação, para o reequilíbrio do balanço de pagamento e, sobretudo, para o combate ao déficit público.[22]

Ademais, a filosofia neoliberal abriu as portas do País para que o capital privado internacional participasse dos processos de privatizações das empresas estatais. A título de exemplo tem-se o Sistema TELEBRAS, que teve suas operadoras vendidas para empresas espanholas, portuguesas e italianas.

Assim, o grande marco da terceirização no Brasil, no que tange à Administração Pública, é o Plano de Reforma do Aparelho Estatal, que de forma desmedida passou a retirar da alçada da Administração setores de suma importância para a cidadania e a segurança do País.[23]

A proposição adotada foi no sentido de que "menos é mais" – ou seja: quanto menor for o Estado, mais eficiente e melhor ele será.

19. Nossa posição, entretanto, é aquela que foi proclamada pela Constituição de 1988, ou seja: o Estado Brasileiro é um Estado Social de Direito, com caráter intervencionista, posto que estão insculpidos entre seus fundamentos, princípios e objetivos: a cidadania (art. 2º, II), a dignidade da pessoa humana (art. 2º, III), a construção de uma *sociedade livre, justa e solidária* (art. 3º, I), a *erradicação da pobreza* e da marginalização e a redução das desigualdades sociais e regionais

---

22. Luciano Ferraz, "Lei de Responsabilidade Fiscal e a terceirização de mão de obra no serviço público", *Revista Eletrônica de Direito Administrativo Econômico/ REDAE* 8, Salvador, Instituto Brasileiro de Direito Público, novembro-dezembro/2006-janeiro/2007 (disponível em *http://www.direitodoestado.com.br*, acesso em 30.12.2012).

23. Apenas para exemplificar, pense-se no antigo Sistema TELEBRAS, que consistia em monopólio estatal. Com sua aquisição por empresas estrangeiras, o País ficou completamente desguarnecido. Assim, no caso de um "apagão" (propositai ou não) do sistema de telecomunicações, as Forças Armadas ficariam completamente descobertas, não podendo se comunicar entre si, com o chefe do governo e com a população para alertar de um ataque externo ou coisa assim.

(art. 3º, III), a promoção do bem de todos, sem distinção (art. 3º, IV), a função social da propriedade (arts. 5º, XXIII, e 170, III), a existência digna, conforme os ditames da justiça social (art. 170, *caput*); *a busca do pleno emprego* – dentre outros inúmeros dispositivos.[24]

Assim, deve o Estado Brasileiro cumprir seus misteres constitucionais, não podendo se despedir das atividades que lhe são inerentes; e, para isso, necessita de pessoal qualificado para seu desempenho.

Vê-se, pois, que a tentativa de "enxugamento" estatal a qualquer custo esbarra na necessidade de implementação das atividades administrativas e dos serviços públicos previstos na Constituição de 1988.

20. De toda sorte, a terceirização foi utilizada em larga escala. Dados do Ministério do Planejamento, Orçamento e Gestão/MPOG[25] indicam a redução do quadro de servidores públicos civis da União. Com efeito, em 1991 os servidores civis ativos da União somavam 661.996, ao passo que até o mês de outubro/2012 (último levantamento oficial) constam 586.887.

Isto significa que, passados mais de 20 anos desde a coleta de dados, o número de servidores, que normalmente deveria ter aumentado, por conta do crescimento populacional, que demanda a prestação de inúmeros serviços por parte da Administração, foi reduzido em mais de 75 mil servidores.

Como isto foi possível? A resposta é o "enxugamento" do Estado por meio da terceirização.

A terceirização atingiu tamanha proporção, que o Ministério Público do Trabalho propôs a Ação Civil Pública 00810-2006-017-10-00-7, perante a 17ª Vara Trabalhista de Brasília, por considerar irregular parte das terceirizações realizadas pela União. Nos autos desse processo foi firmado entre a União e o Ministério Público do Trabalho um Termo de Conciliação em que a União se comprometeu a substituir os terceirizados irregulares por servidores concursados até 31.12.2010. Esse Termo de Conciliação foi prorrogado até 31.12.2012, tendo em

---

24. Para maior aprofundamento acerca da necessidade de intervenção estatal conforme proclama a Constituição de 1988, v. o nosso *Da Intervenção do Estado no Domínio Social*, São Paulo, Malheiros Editores, 2009.
25. V. *Boletim Estatístico de Pessoal* 199, novembro/2012, pp. 41-43, disponível em *http://www.servidor.gov.br/publicacao/boletim_estatistico/bol_estatistico_12/Bol199_Nov2012.pdf* (acesso em 8.1.2013).

vista a não concretização de todos os concursos públicos necessários ao provimento dos cargos para substituição dos terceirizados.[26]

Fato é que a Administração Pública tem se utilizado da terceirização de modo tão intenso, que acaba desvirtuando o sistema preconizado pela Constituição de 1988 – a via do concurso público, como veremos ao longo deste trabalho.

De qualquer forma, antes de avançarmos em nosso estudo, faz-se necessária a explanação do que entendemos por *terceirização na Administração Pública*.

1.4 Afinal: qual o conceito[27] de terceirização na Administração Pública?

21. Como não há uma conceito legal de terceirização, uma vez que este é oriundo da Ciência da Administração, cada doutrinador apresenta uma definição diferente para esse fenômeno.

Aliás, terceirização é um neologismo, proveniente da palavra "terceiro", entendido como "intermediário", "interveniente". Não se

---

26. Cumpre ressaltar que o aludido Termo de Conciliação imputa severas penalidades a quem obstar à regularização da intermediação de mão de obra. Assim dispõe, em sua Cláusula Quinta:
"**Cláusula Quinta.** O descumprimento das obrigações assumidas no presente Termo de Conciliação sujeitará a União à multa (*astreinte*) correspondente a R$ 1.000,00 (um mil Reais), por obrigação descumprida (cláusulas e/ou seus parágrafos, incisos ou alíneas), trabalhador encontrado em situação jurídica irregular, reversível ao Fundo de Amparo ao Trabalhador/FAT, nos termos dos arts. 5º, § 6º, e 13 da Lei n. 7.347, 24 de julho de 1985, *com obrigatório regresso em desfavor do agente público responsável*, independentemente das demais cominações e providências que poderão vir a ser requeridas pelo Ministério Público do Trabalho.
"§ 1º. A cobrança da multa não desobriga a União do cumprimento das obrigações contidas no presente Termo de Conciliação.
"§ 2º. Independentemente das autoridades indicadas como diretamente responsáveis pelo cumprimento do presente Termo de Conciliação, *o agente público que, em nome da Administração Pública Federal, firmar ou permitir que terceiros, estranhos à Administração, firmem contrato de prestação de serviços em contrariedade às disposições estabelecidas no presente Termo de Conciliação, será responsável solidário por qualquer contratação irregular, respondendo pela multa prevista no caput desta cláusula, além de outras sanções administrativas e penais cabíveis*" (grifamos).
27. Neste trabalho os vocábulos "definição" e "conceito" serão usados de maneira distinta. Por "definição" entende-se, aqui, a indicação do *significado* de uma palavra ou expressão. "Significado" é a relação entre um símbolo e o fenômeno cuja representação vem à mente. "Significado" é, pois, o que se entende aqui por *conceito*.

1 - DA TERCEIRIZAÇÃO

refere, pois, ao sentido jurídico de "terceiro", ou seja, aquele que é estranho a uma relação jurídica. Ao contrário, aqui o "terceiro" é parte na relação jurídica obrigacional instaurada, na medida em que ele será o prestador do serviço, sendo remunerado pelo tomador do serviço, pela atividade realizada.

Assim, Diogo de Figueiredo Moreira Neto conceitua *terceirização* como "modalidade de transferência de atividades materiais da Administração a terceiros, sempre que estas não demandem o exercício de poder estatal".[28]

Maria Sylvia Zanella Di Pietro[29] entende que "a terceirização constitui uma das formas de privatização (em sentido amplo) de que vem se socorrendo a Administração Pública". Acresce a doutrinadora:

> A privatização, em sentido amplo, abrange todas as formas pelas quais se busca uma diminuição do tamanho do Estado, podendo abranger a *desregulação* (diminuição da intervenção do Estado no domínio econômico), a *desmonopolização* de atividades econômicas, a *privatização de serviços públicos* (quando a atividade deixa de ser serviço público e volta à iniciativa privada), a *concessão de serviços públicos* (dada a empresa privada e não mais a empresa estatal, como vinha ocorrendo) e as *contratações de terceiros* (*contracting out*), em que a Administração Pública celebra ajustes de variados tipos para buscar a colaboração do setor privado, *como os contratos de obras e prestação de serviços (a título de **terceirização**)*, os convênios, os contratos de gestão, os termos de parceria. [*Nossos os últimos grifos*]

Edmir Netto de Araújo,[30] relembrando que "terceirização" não é um termo jurídico, informa que esta pode também ser considerada

---

Assim, o sujeito do conhecimento, ao definir, estipula qual o conceito do termo *definiendum*. Ressalte-se, ainda, que, aqui, "conceito" e "noção" terão o mesmo significado, isto é, serão utilizados de igual modo, como sinônimos. Sobre o tema, cf. Ricardo Guibourg, Alejandro M. Ghigliani, e Ricardo V. Guarinoni, *Introducción al Conocimiento Científico*, 11ª ed. Buenos Aires, Eudeba, 1994, pp. 19-54.

28. Diogo de Figueiredo Moreira Neto, *Mutações do Direito Administrativo*, Rio de Janeiro, Renovar, 2000, p. 138.

29. Maria Sylvia Zanella Di Pietro, *Parcerias na Administração Pública – Concessão, Permissão, Franquia, Terceirização, Parceria Público-Privada e Outras Formas*, 9ª ed., São Paulo, Atlas, 2012, p. 215.

30. Edmir Netto de Araújo, *Curso de Direito Administrativo*, 5ª ed., São Paulo, Saraiva, 2010, pp. 142-143.

uma forma de privatização, sendo definida pela doutrina trabalhista como contratação, por determinada empresa, de serviços de terceiros para o desempenho de atividades-meio; mas no direito administrativo, como no civil, tem o sentido mais usual de empreitada.

Para Dinorá Grotti[31] a terceirização é a contratação, por dada empresa, de serviços de terceiros para a execução de atividades-meio da empresa tomadora. Este fenômeno pode dar-se nas empresas privadas e na Administração Pública.

Logo, estar-se-ia diante de uma relação trilateral, composta pelo trabalhador, o intermediador[32] de mão de obra e o tomador de serviços: o trabalhador presta serviços que serão aproveitados pelo tomador, mas quem o dirige e assalaria é o intermediador de mão de obra, com o qual contrata, e recebe a remuneração do tomador.[33-34]

31. Dinorá Adelaide Musetti Grotti, "Parcerias na Administração Pública", cit., *Revista de Direito do Terceiro Setor/RDTS* 11/68.
32. Destaque-se que não será uma relação trilateral no caso de a terceirização, quando possível, ser realizada por meio de cooperativas. As sociedades cooperativas estão reguladas pela Lei 5.764, de 16.12.1971, que definiu a Política Nacional de Cooperativismo e instituiu o regime jurídico das cooperativas.
São sociedades de pessoas de natureza civil, com forma jurídica própria, não sujeitas a falência, constituídas para prestar serviços aos associados, e que se distinguem das demais sociedades pelas seguintes características (art. 4º da Lei 5.764/1971): (a) adesão voluntária, com número ilimitado de associados, salvo impossibilidade técnica de prestação de serviços; (b) variabilidade do capital social, representado por cotas-partes; (c) limitação do número de cotas-partes para cada associado, facultado, porém, o estabelecimento de critérios de proporcionalidade; (d) inacessibilidade das quotas-partes do capital a terceiros estranhos à sociedade; (e) retorno das sobras líquidas do exercício proporcionalmente às operações realizadas pelo associado, salvo deliberação em contrário da Assembleia-Geral; (f) quórum para funcionamento e deliberação da Assembleia-Geral baseado no número de associados, e não no capital; (g) indivisibilidade dos fundos de reserva e de assistência técnica educacional e social; (h) neutralidade política e indiscriminação religiosa, racial e social; (i) prestação de assistência aos associados e, quando previsto nos estatutos, aos empregados da cooperativa; (j) área de admissão de associados limitada às possibilidades de reunião, controle, operações e prestação de serviços.
33. Lívia Deprá Camargo Sulzbach, "A responsabilização subsidiária da Administração Pública na terceirização de serviços – Princípio da supremacia do interesse público *x* dignidade da pessoa humana? – Repercussões do julgamento da ADC 16 pelo STF na Súmula 331 do TST", *Revista LTr* 76/719, n. 06, São Paulo, LTr, junho/2012.
34. No mesmo sentido: José Roberto Freire Pimenta, "A responsabilidade da Administração Pública nas terceirizações, a decisão do STF na ADC 16-DF e a nova

Para Denise Holanda Costa Lima[35] não se aplica a terceirização em relação à atividade-fim de cada órgão, salvo no que tange às hipóteses constitucionais e legais de concessão e permissão, dentre outros institutos específicos. Nesses casos a Administração transfere ao particular a gestão operacional e material do serviço público, ao passo que na terceirização o repasse é apenas da gestão material.

Dora Maria de Oliveira Ramos[36] destaca que o que se terceiriza é a prestação de serviços de atividade-meio, e não a disponibilização de mão de obra.

Por tal razão, Tarso Cabral Violin[37] afirma ser possível a terceirização tanto no âmbito privado quanto na Administração Pública, desde que a contratação de serviços esteja relacionada à atividade-meio do tomador de serviços, sendo ilícita simples locação de mão de obra, com a existência de pessoalidade e subordinação direta, assim como também é contrária ao ordenamento jurídico a terceirização de atividades-fim.

Jorge Ulisses Jacoby Fernandes[38] pondera que a terceirização compõe, ao lado de outros instrumentos bastante em voga, uma possibilidade, no campo legal, constituída para a diminuição da participação do Estado em tarefas inadequadas.

Com a mesma linha de raciocínio, Luciana Neves Bohnert[39] afirma que o termo "terceirização" indica a contratação de intermediários

---

redação dos itens IV e V da Súmula 331 do TST", *Revista LTr* 75/777, n. 07, São Paulo, LTr, julho/2011.

35. Denise Hollanda Costa Lima, "As cooperativas de trabalho e a terceirização na Administração Pública", *Fórum de Contratação e Gestão Pública/FCGP* 62, Ano 6, Belo Horizonte, fevereiro/2007 (disponível em *http://www.bidforum.com.br/bid/PDI0006.aspx?pdiCntd=39274*, acesso em 1.6.2012).

36. Dora Maria de Oliveira Ramos, *Terceirização na Administração Pública*, São Paulo, LTr, 2001, p. 55.

37. Tarso Cabral Violin, "Estado, ordem social e privatização: as terceirizações ilícitas da Administração Pública por meio das Organizações Sociais, OSCIPs e demais entidades do 'Terceiro Setor'", in Cristiana Fortini (coord.), *Terceirização na Administração Pública – Estudos em Homenagem ao Professor Pedro Paulo de Almeida Dutra*, 2ª ed., Belo Horizonte, Fórum, 2012, p. 118).

38. Jorge Ulisses Jacoby Fernandes, "Terceirização: restrições e cautelas na aplicação no serviço público", *Fórum de Contratação e Gestão Pública/FCGP* 58, Ano 5, Belo Horizonte, outubro/2006 (disponível em *http://www.bidforum.com.br/bid/PDI0006.aspx?pdiCntd=37804*, acesso em 1.6.2012).

39. Luciana Neves Bohnert, "Ação Declaratória de Constitucionalidade 16: nova visão para a responsabilização da Administração Pública nos encargos trabalhistas de contratos de terceirização", *Interesse Público/IP* 69/291-292, Ano 13, Belo Horizonte, Fórum, setembro-outubro/2011.

para a realização de trabalhos secundários, também intitulados "de suporte", ficando a empresa contratante voltada apenas à sua atividade principal. Deste modo, a empresa tomadora dos serviços concentra-se na sua atividade-fim, transferindo as atividades-meio. O conceito é o mesmo para a Administração Pública, que constantemente firma contratos de empreitada (de obra e de serviço), de fornecimento e de prestação de serviços, com fulcro no art. 37, XXI, da CF de 1988, e em observância às normas da Lei de Licitações, n. 8.666/1993.[40]

Cristiana Fortini e Virginia Kirchmeyer Vieira[41] destacam que a terceirização habitualmente é definida como processo de gestão empresarial de transferência para terceiros de serviços que, originalmente, seriam realizados dentro da própria empresa. As autoras aduzem que a terceirização aparece como fórmula para a prestação indireta de atividades, antes desenvolvidas diretamente pela Administração Pública. Mas advertem que "a febre da terceirização precisa ser controlada, já que seu emprego não pode se operar indistintamente. Alguns administradores públicos, seduzidos pela agilidade e pela informalidade do setor privado, têm se valido da terceirização em descompasso com o ordenamento jurídico".

No mesmo sentido, Carmen Lúcia Antunes Rocha[42] relembra que a terceirização tem limites claros na Constituição, que seu uso vem carreando burlas e vícios a direitos sociais dos empregados que desenvolvem as tarefas, chegando a aproximar-se dos comportamentos administrativos como uma forma de desencargo da máquina burocrática quanto a tarefas que não lhe compõem os fins de atendimento direto de um interesse público específico.

40. Igualmente, Reane Viana Macedo assevera que "a terceirização nada mais é do que o repasse de uma instituição privada ou pública de serviços ligados à atividade-meio para segunda empresa, que ficará responsável por sua prestação na forma contratada" ("A responsabilidade da Administração Pública pelos créditos trabalhistas na terceirização de serviços públicos", *LTr – Suplemento Trabalhista* 156/747, Ano 46, São Paulo, LTr, 2010.
41. Cristiana Fortini e Virginia Kirchmeyer Vieira, "A terceirização pela Administração Pública no direito administrativo: considerações sobre o Decreto 2.271/1997, a Instrução Normativa 2/2008 e suas alterações, a ADC 16 e a nova Súmula 331 do TST", *Revista da Procuradoria-Geral do Município de Belo Horizonte/RPGMBH*, 8/41, Ano 4, Belo Horizonte, julho-dezembro/2011.
42. Carmen Lúcia Antunes Rocha, *Princípios Constitucionais dos Servidores Públicos*, São Paulo, Saraiva, 1999, p. 518.

22. Ademais, não há negar que a terceirização traz consequências socialmente nefastas, como a precarização das relações de trabalho, a redução do valor gasto no pagamento de salário, a fragmentação das relações trabalhistas e a utilização abusiva, pois não raro o emprego deste expediente se dá com o único propósito de reduzir o custo da mão de obra.[43]

23. Em sentido diverso, José dos Santos Carvalho Filho,[44] ao tratar da terceirização nas contratações públicas, esclarece que a Administração tem firmado inúmeros contratos administrativos para a execução terceirizada de atividades-meio, como os serviços de conservação e limpeza, de vigilância, de transporte, de garçons e outros congêneres. Neste caso, trata-se de terceirização de mão de obra, mas vê-se, pois, que o objeto da contratação exprime a realização de atividades simplesmente instrumentais da Administração, o que consiste em técnica de melhor gestão administrativa das atividades públicas.

Para Sérgio Honorato dos Santos[45] a terceirização na Administração Pública é a descentralização da efetivação de algumas atividades, cuja matéria está condicionada, em qualquer caso, aos ditames do interesse público e às conveniências da segurança nacional. É uma modalidade de contratação restrita, e se encontra regulamentada há mais de 40 anos, no Decreto-lei 200/1967.

Celso Antônio Bandeira de Mello foi, a nosso ver, quem melhor definiu terceirização. Confira-se a lição do Mestre:

> *Terceirização* significa, pura e simplesmente, passar para particulares tarefas que vinham sendo desempenhadas pelo Estado. Daí, que este rótulo abriga os mais distintos instrumentos jurídicos, já que se pode repassar a particulares atividades públicas por meio de concessão, permissão, delegação, contrato administrativo de obras, de prestação de

---

43. Ilse Marcelina Bernardi Lora, "Direitos fundamentais e responsabilidade da Administração Pública na terceirização de serviços – Inconstitucionalidade do § 1º do art. 71 da Lei 8.666/'993", *Revista LTr* 72/936, n. 08, São Paulo, LTr, agosto/2008.
44. José dos Santos Carvalho Filho, "Terceirização no setor público: encontros e desencontros", *Revista da Procuradoria-Geral do Município de Belo Horizonte/RPGMBH* 8/187, Ano 4, Belo Horizonte, julho-dezembro/2011.
45. Sérgio Honorato dos Santos, "Reflexões sobre a terceirização legal na Administração Pública", *Boletim de Direito Administrativo/BDA* setembro/2008, São Paulo, NDJ, p. 1.036.

serviços etc. Com isto, é bem de ver, falar em *terceirização* não transmite ao interlocutor a mínima ideia sobre aquilo que está de direito a ocorrer. Isto é, não se lhe faculta noção alguma sobre a única coisa que interessa a quem trata com o Direito: a identificação de um regime jurídico incidente sobre a espécie cogitada.[46]

Esta definição amplíssima parece ser aquela que melhor se amolda a uma palavra cuja origem não é jurídica e que tem sido utilizada para a realização de toda sorte de objetos, sem que haja critério algum em sua utilização.

24. Pois bem, como não há – repita-se – um conceito legal de terceirização, para os fins deste trabalho entendemos por terceirização na Administração Pública o trespasse do exercício – não da titularidade – de atividades jurídicas ou materiais, realizadas no exercício de função administrativa, ou seja, sob a égide de um regime de direito público, a pessoas físicas ou jurídicas que, de algum modo, estejam habilitadas a desempenhá-las, em consonância com o disposto na Constituição da República.

Inicialmente estudaremos esta forma ampla de terceirização, para depois analisarmos o objeto central de nosso estudo, a saber, a terceirização de serviços para a Administração Pública autárquica e fundacional, ou seja, a terceirização que a doutrina chama de terceirização de atividades-meio.

Passemos, pois, à análise das funções administrativas, analisando quais são passíveis de terceirização.

---

46. Celso Antônio Bandeira de Mello, *Curso de Direito Administrativo*, 31ª ed., São Paulo, Malheiros Editores, 2014, p. 228.

Capítulo 2
DAS ATIVIDADES ADMINISTRATIVAS E DA TERCEIRIZAÇÃO

> 2.1 As funções do Estado no ordenamento jurídico brasileiro. 2.2 A função administrativa e as atividades a ela atreladas. 2.3 Do poder de polícia e a terceirização. 2.4 Do fomento e auxílio no desenvolvimento e expansão de atividades privadas de interesse coletivo e a terceirização. 2.5 Da intervenção em atos e fatos da vida particular para lhes conferir certeza e segurança jurídicas e da terceirização. 2.6 Dos serviços públicos e da terceirização. 2.7 Da instrumentalização através de recursos humanos e materiais para a prestação de quaisquer atividades da Administração e da terceirização: 2.7.1 Da instrumentalização através de recursos materiais – 2.7.2 Da instrumentalização da Administração Pública através de recursos humanos.

2.1 As funções do Estado no ordenamento jurídico brasileiro

1. Consoante o art. 2º da Constituição da República: "São Poderes da União, independentes e harmônicos entre si, o Legislativo, o Executivo e o Judiciário".

Vê-se, pois, que o ordenamento pátrio abraçou a tripartição de funções estatais, conforme a teoria proposta pelo Barão de Montesquieu, para quem a preservação da liberdade dos homens contra abusos e tiranias dos governantes dependia da quebra da concentração dos poderes concebíveis, pois todo homem que detém o poder tende a dele abusar.[1]

---

1. Nas palavras do filósofo (no original): "(...) c'est une expérience eternelle que toute homme qui a du pouvoir est porté à en abuser; il va jusqu'à ce qu'il trouve des limites. Qui le dirait! La vertu même a besoin de limites. Pour qu'on ne puisse abuser du pouvoir il faut que, par la disposition des choses, le pouvoir arrête le pouvoir". E, pouco adiante: "Lorsque dans la même personne ou dans le même corps de magistra-

Segundo o saudoso professor Geraldo Ataliba, a tripartição dos Poderes "encerra fórmula de contenção e disciplina do exercício do poder estatal e aparece como expressão funcional do princípio republicano, cujos postulados básicos encontram eficácia nessa formulação".[2]

Esta separação de Poderes possui um desígnio visivelmente determinado: controlar o poder, pois só o poder controla o poder. Com isso, surge a tripartição de funções, onde quem faz as leis não as executa nem as julga, quem julga não faz leis nem as executa, e quem executa não faz as leis, nem as julga.

Esclareça-se, todavia, que a tripartição de funções estatais:

(...) não reflete uma verdade, uma essência, algo inexorável proveniente da natureza das coisas. É pura e simplesmente uma construção *política* invulgarmente notável e muito bem-sucedida, pois recebeu amplíssima *consagração jurídica*. Foi composta em vista de um claro propósito ideológico do Barão de Montesquieu, pensador ilustre que deu forma explícita à ideia da tripartição. A saber: impedir a concentração de poderes para preservar a liberdade dos homens contra abusos e tiranias dos governantes.[3]

Sem nos estendermos sobre o assunto, vez que não é esse o propósito de nosso estudo, repise-se que são funções estatais, conforme a Constituição de 1988, a executiva (ou administrativa), a legislativa e a judiciária.

2. *Função legislativa* é, em suma síntese, a função do Estado de produção de lei formal.

---

ture la Puissance Législative est réunie à la Puissance Exécutrice, il n'y a point de liberté, parce qu'on peut craindre que le même monarque ou le même sénat ne fasse des lois tyranniques por les exécuter tyranniquement. Il n'y a point de liberté si la puissance de juger n'est pas séparée de la puissance législative et de l'exécutrice. Si elle était jointe à la puissance législative, le pouvoir sur la vie et la liberté des citoyens serait arbitraire; car le juge serait législateur. Si elle était jointe à la puissance exécutrice, le juge pour dit avoir la force d'un opresseur" (*L'Esprit des Lois*, Paris, Garnier Frères, Libraires-Éditeurs, 1869, avec des notes de Voltaire, de Crevier, de Mably, de La Harpe etc., Livro XI, Capítulo IV, p. 142).

2. Geraldo Ataliba, *República e Constituição*, 3ª ed., atualizada por Rosolea Miranda Folgosi, São Paulo, Malheiros Editores, 2011, p. 123.

3. Celso Antônio Bandeira de Mello, *Curso de Direito Administrativo*, 31ª ed., São Paulo, Malheiros Editores, 2014, p. 31.

2 - DAS ATIVIDADES ADMINISTRATIVAS E DA TERCEIRIZAÇÃO

Lei formal é aquela advinda do devido processo legislativo, e, portanto, somente é produzida pelo Poder Legislativo, conforme os arts. 44, 48, 59 e 61, todos do texto constitucional.

3. Por *função jurisdicional* entendemos a função do Estado, exercida pelo Poder Judiciário, para resolução de conflitos com força de definitividade.

4. A *função administrativa*, consoante ensinamentos do professor Celso Antônio[4] – que reproduzimos, por ser fielmente aquilo que pensamos –, é a função do Estado, ou de quem lhe faça as vezes, no exercício de prerrogativas públicas e dentro de uma estrutura hierárquica, para fiel aplicação da lei, mediante comandos complementares dela; comandos, esses, plenamente contrastáveis, no tocante à legalidade, pelo Poder Judiciário.[5]

Vê-se, então, que a função administrativa é aquela que descende diretamente da lei, obediente, pois, ao princípio da legalidade.

Pois bem, cumpre destacar que o art. 5º, II, da CF, dispõe: "ninguém será obrigado a fazer ou deixar de fazer alguma coisa senão em virtude de lei".

Deste dispositivo podem ser extraídas três conclusões imediatas, a saber: (i) os cidadãos somente serão obrigados a agir ou a se omitir se houver prescrição legal; (ii) a inexistência de lei sobre determinada conduta implica permissão aos particulares; e (iii) não pode a autoridade se valer de outro meio normativo para compelir a atuação de particular,[6] porque somente a lei obriga, ou atos nela fundados. E lei, consoante expusemos linhas atrás, é o ato normativo oriundo de atividade típica do Poder Legislativo, órgão do Estado e titular da representação popular por excelência, que inova de modo inaugural o ordenamento jurídico, após regular processo legislativo.[7]

---

4. Idem, p. 36.
5. Com o mesmo entendimento, Renato Alessi: "Ora, funzione amministrativa, sul piano giuridico, è la funzione di emanare statuizioni (o quanto meno atti preparatori od integrativi delle medesime) aventi valore complementare nel senso sopradetto, rispetto ad un precetto normativo astratto mancante di concreta ed immediata operatività, al fine appunto di permettere siffatta operatività concreta" (*Principi di Diritto Amministrativo*, 4ª ed., Milão, Giuffrè Editore, 1978, p. 10).
6. Ressalvadas as hipóteses de sujeição especial, que abordaremos brevemente, no tópico sobre poder de polícia.
7. Oswaldo Aranha Bandeira de Mello, *Princípios Gerais de Direito Administrativo*, 3ª ed., 2ª tir., vol. I, São Paulo, Malheiros Editores, 2010, pp. 254 e ss.

5. Com base nestas parcas considerações, destacamos que a atuação administrativa possui um *plus* em relação a atividades dos particulares, por ser pautada pelo princípio da legalidade administrativa,[8] cujo fundamento constitucional é o art. 37, *caput*.

Referido artigo estabelece que a Administração Pública deve obediência à legalidade; legalidade, esta, diversa daquela disposta no art. 5º, II, pois a submissão do Estado à lei enseja que este só aja em exata concordância com o que nela está prescrito.

Ainda, esclarece Valmir Pontes Filho que "a Administração está, exatamente, por só possuir o poder-dever de atuar no campo do estritamente legal, obrigada ao cumprimento das decisões judiciais".[9]

É dizer: se os particulares podem fazer tudo o que não está proibido em lei, à Administração só é permitido atuar dentro dos precisos limites legais.

Hely Lopes Meirelles brilhantemente resumiu:

> Na Administração Pública não há liberdade nem vontade pessoal. Enquanto na administração particular é lícito fazer tudo que a lei não proíbe, na Administração Pública só é permitido fazer o que a lei autoriza. (...).[10]

Com isso, quer-se demonstrar que a função administrativa é função que se exerce estritamente debaixo da lei.[11]

Sua atividade, portanto, tem que ser *sub lege*, ou seja, tem que decorrer dos precisos termos traçados pela lei.

No mesmo sentido, a saudosa Lúcia Valle Figueiredo afirma que "há de se entender como regime de estrita legalidade não apenas a

---

8. Também conhecido como princípio da legalidade restrita ou princípio da restritividade, conforme Edmir Netto de Araújo, *Curso de Direito Administrativo*, São Paulo, Saraiva, 2005, p. 51.
9. Valmir Pontes Filho, *Poder, Direito e Constituição*, Belo Horizonte, Fórum, 2010, p. 242.
10. Hely Lopes Meirelles, *Direito Administrativo Brasileiro*, 40ª ed., São Paulo, Malheiros Editores, 2014, p. 91.
11. No mesmo sentido, Santi Romano: "É princípio fundamental do direito público moderno que esta função deva ser exercida dentro dos limites da ordenação jurídica e segundo os escopos traçados pela lei, que é a sua fonte principal" (*Princípios de Direito Constitucional Geral*, trad. de Maria Helena Diniz, São Paulo, Ed. RT, 1977, p. 255). Igualmente: Marcello Caetano, *Princípios Fundamentais de Direito Administrativo*, Rio de Janeiro, Forense, 1977, p. 95.

proibição da prática de atos vedados pela lei, mas, sobretudo, a prática, tão somente, dos expressamente por ela permitidos".[12]

A função administrativa só existe validamente se produzida debaixo da lei; ou seja: a função administrativa dá-se, na visão de Michel Stassinopoulos,[13] *secundum legem*, nunca *ultra* ou *contra legem*.

De fato, conforme ensinamentos de Ruy Cirne Lima, "jaz consequentemente a Administração Pública debaixo da legislação, que deve enunciar e determinar a regra de Direito".[14]

6. É por isso que a função administrativa está inexoravelmente atrelada ao princípio da legalidade.

Em resumo, o princípio da legalidade expressa-se na proposição imperativa "suporta a lei que fizeste".[15]

A função administrativa, como exercício de um *munus* público, é indelegável. Entretanto, algumas atividades relacionadas à função administrativa podem ser transferidas aos particulares.

Vejamos quais são as atividades inerentes à função administrativa.

2.2 A função administrativa e as atividades a ela atreladas

7. Consoante explana Celso Antônio Bandeira de Mello,[16] embasado na sistematização de Oswaldo Aranha Bandeira de Mello, o Estado, no exercício de sua função administrativa – ou seja, sob a égide de um regime de direito público –, desempenha as seguintes atividades:

8. (i) *Poder de polícia* – que é a atividade de condicionamento da liberdade e da propriedade dos indivíduos, com fundamento na supremacia geral da Administração sobre os administrados e na forma da lei, a fim de compatibilizá-las com o bem-estar social.

---

12. Lúcia Valle Figueiredo, *Curso de Direito Administrativo*, 9ª ed., São Paulo, Malheiros Editores, 2008, p. 66.
13. Michel Stassinopoulos, *Traité des Actes Administratifs*, Atenas, Librairie Sirey, 1954, p. 69.
14. Ruy Cirne Lima, *Princípios de Direito Administrativo*, 3ª ed., Porto Alegre, Sulina, 1954, p. 22.
15. Sérgio Ferraz e Adilson Abreu Dallari, *Processo Administrativo*, 3ª ed., São Paulo, Malheiros Editores, 2012, p. 89.
16. Celso Antônio Bandeira de Mello, *Prestação de Serviços Públicos e Administração Indireta*, 2ª ed., São Paulo, Ed. RT, 1983, pp. 16-18.

9. (ii) *Fomento e auxílio no desenvolvimento e expansão de atividades privadas de interesse coletivo* – Fernando Garrido Falla ensina que a atividade de fomento é:

(...) aquella actividad administrativa que se dirige a satisfacer indirectamente ciertas necesidades consideradas de carácter público protegiendo o promoviendo, sin emplear la coacción, las actividades de los particulares o de otros entes públicos que directamente las satisfacen.[17]

10. (iii) *Intervenção em atos e fatos da vida particular para lhes conferir certeza e segurança jurídica* – realizada diretamente ou por meio de delegação desta atividade a particulares, que, com o reconhecimento do Poder Público, praticam certos atos dotados de força jurídica oficial.

11. (iv) *Serviços públicos* – são "certas atividades (consistentes na prestação de utilidade ou comodidade *material*) destinadas a satisfazer a *coletividade em geral*".[18] O serviço público é prestado pelo Estado, ou por quem lhe faça as vezes, sob um regime jurídico de direito público.

12. (v) *Instrumentalização através de recursos humanos e materiais para a prestação de quaisquer de suas atividades* – com isto, o Estado aprovisiona-se, voluntária ou compulsoriamente, dos agentes e dos recursos materiais necessários ao implemento de todos os seus cometimentos. São institutos que concretizam esta atividade: a tributação, a desapropriação, a requisição etc.

13. Todas as atividades administrativas se inserem em um dos cinco tópicos acima mencionados. Veja-se, pois, que a atividade de regulação é uma atividade de poder de polícia, e, por tal razão, não será tratada isoladamente.

Destacadas, brevemente, as atividades administrativas, analisemos quais delas são passíveis de terceirização.

---

17. Fernando Garrido Falla, *Tratado de Derecho Administrativo – Volumen II*, 11ª ed., Madri, Editorial Tecnos, 2002, p. 359.
18. Celso Antônio Bandeira de Mello, *Curso de Direito Administrativo*, cit., 31ª ed., p. 688.

2.3 Do poder de polícia e a terceirização

14. A locução "poder de polícia" refere-se tanto às leis condicionadoras da liberdade e da propriedade quanto aos atos administrativos que as concretizam.

O poder de polícia em sentido amplo abrange as leis e os atos administrativos, ao passo que o poder de polícia em sentido estrito, também denominado de polícia administrativa, relaciona-se apenas aos atos administrativos.

Interessa-nos, tão somente, o poder de polícia em sentido estrito, que ora denominaremos apenas poder de polícia.

15. O poder de polícia é, como visto, uma das formas de exercício da função administrativa. Celso Antônio Bandeira da Mello define o poder de polícia como:

> (...) *a atividade da Administração Pública, expressa em atos normativos ou concretos, de condicionar, com fundamento em sua supremacia geral*[19] *e na forma da lei, a liberdade e a propriedade dos indivíduos, mediante ação ora fiscalizadora, ora preventiva, ora repressiva, impondo coercitivamente aos particulares um dever de abstenção ("non facere") a fim de conformar-lhes os comportamentos aos interesses sociais consagrados no sistema normativo.*[20]

Com relação ao dever de abstenção por parte do particular, ressalte-se hipótese que excepciona esta característica do poder de polícia, a saber, a imposição ao proprietário de imóvel urbano que ajuste sua propriedade ao atendimento da função social, nos termos do art. 5º, XXIII, combinado com o art. 182, § 4º, ambos da CF de 1988.

---

19. Adotamos a distinção entre *supremacia especial* e *supremacia geral*. Para nós, a relação de sujeição especial existe quando um dos polos da relação não seja a generalidade dos cidadãos, mas indivíduos específicos que entretêm relações diferenciadas, voluntárias ou involuntárias, com o Estado. Assim, a intensidade do liame que une o indivíduo à Administração é tamanha, que sua relação permite uma mitigação do princípio da legalidade (Carolina Zancaner Zockun, "Sujeição especial e regime jurídico da função pública no Estado de Direito Democrático e Social", in Martha Lucía Bautista Cely e Raquel Dias da Silveira (coords.), *Direito Disciplinário Internacional/Derecho Disciplinario Internacional* – Vol. *1*, Belo Horizonte, Fórum, 2011, pp. 271-283).

20. Celso Antônio Bandeira de Mello, *Curso de Direito Administrativo*, cit., 31ª ed., p. 855.

Neste caso há um dever de ação, e não de abstenção, por parte do administrado-proprietário.[21]

Hely Lopes Meirelles afirma que o poder de polícia "é o mecanismo de frenagem de que dispõe a Administração Pública para conter os abusos do direito individual".[22]

Maria Sylvia Zanella Di Pietro entende que "o poder de polícia é a atividade do Estado consistente em *limitar o exercício dos direitos* individuais em benefício do interesse público"[23] (grifamos).

Estamos com Celso Antônio ao afirmar que não há limitações administrativas a direitos, seja direito de propriedade ou de liberdade, pois estas simplesmente integram o desenho do próprio perfil do direito. "São elas, na verdade, a fisionomia normativa dele. Há, isto, sim, limitações à liberdade e à propriedade".[24]

Clóvis Beznos ensina que:

Polícia administrativa é a atividade administrativa exercida sob previsão legal, com fundamento numa supremacia geral da Administração, e que tem por objeto ou reconhecer os confins dos direitos, através de um processo meramente interpretativo, quando derivada de uma competência vinculada, ou delinear os contornos dos direitos, assegurados no sistema normativo, quando resultante de uma competência discricionária, a fim de adequá-los aos demais valores albergados no mesmo sistema, impondo aos administrados uma obrigação de não fazer.[25]

Diógenes Gasparini entende que o poder de polícia é o instrumento de que "dispõe a Administração Pública para condicionar o uso, o gozo e a disposição da propriedade e o exercício da liberdade dos administrados no interesse público ou social".[26]

16. O CTN traz a definição legal de poder de polícia em seu art. 78:

---

21. Idem, p. 849.
22. Hely Lopes Meirelles, *Direito Municipal Brasileiro*, 17ª ed., 2ª tir. (coord. de Adilson Abreu Dallari), São Paulo, Malheiros Editores, 2014, p. 487.
23. Maria Sylvia Zanella Di Pietro, *Direito Administrativo*, 25ª ed., São Paulo, Atlas, 2012, p. 123.
24. Celso Antônio Bandeira de Mello, *Curso de Direito Administrativo*, cit., 31ª ed., p. 836.
25. Clóvis Beznos, *Poder de Polícia*, São Paulo, Ed. RT, 1979, p. 76.
26. Diógenes Gasparini, *Direito Administrativo*, 9ª ed., São Paulo, Saraiva, 2004, pp. 118-119.

2 - DAS ATIVIDADES ADMINISTRATIVAS E DA TERCEIRIZAÇÃO

Art. 78. Considera-se poder de polícia a atividade da Administração Pública que, limitando ou disciplinando direito, interesse ou liberdade, regula a prática de ato ou abstenção de fato, em razão de interesse público concernente à segurança, à higiene, à ordem, aos costumes, à disciplina da produção e do mercado, ao exercício de atividades econômicas dependentes de concessão ou autorização do Poder Público, à tranquilidade pública ou ao respeito à propriedade e aos direitos individuais ou coletivos.

O dispositivo legal padece de tecnicidade, pois, além de enfatizar que a atividade de poder de polícia limita direito, o que – como vimos – não é correto, visa a regular a abstenção de fato, o que também não é possível, uma vez que o fato é um evento que simplesmente ocorre,[27] não sendo algo a ser regulado. Ainda, traz um rol de atividades a serem disciplinadas. Pela redação deste dispositivo, o rol seria taxativo; entretanto, considerando as diversas atividades da vida em sociedade, tem-se que o rol é exemplificativo, cabendo nele outras disciplinas que necessitem da atuação da polícia administrativa.

Logo, vê-se que a definição legal não é prestante para os fins do estudo do direito administrativo.

17. Assim, o poder de polícia consiste em atividade típica da Administração Pública, e que só por ela pode ser exercida.

De fato, os atos jurídicos que expressam poder público, autoridade pública, não podem ser delegados a particulares, nem ser por eles cometidos. Os atos de poder de polícia, portanto, não são passíveis de terceirização.[28]

O fundamento para não se permitir o trespasse dos atos de poder de polícia aos particulares é a impossibilidade de estes praticarem atos que concernem ao exercício de misteres tipicamente públicos relacio-

---

27. Celso Antônio Bandeira de Mello explica: "(...). Atos jurídicos são *declarações*, vale dizer, são enunciados; são 'falas' prescritivas. O ato jurídico é uma *pronúncia* sobre certa coisa ou situação, dizendo como ela *deverá ser*. Fatos jurídicos não são declarações; portanto, não são prescrições. Não são falas, não pronunciam coisa alguma. O fato não diz nada. Apenas ocorre. A lei é que fala sobre ele. (...)" (*Curso de Direito Administrativo*, cit., 31ª ed., p. 378).
28. Salvo em circunstâncias excepcionais ou hipóteses muito específicas, como no exemplo citado por Celso Antônio Bandeira de Mello, a saber, os poderes reconhecidos aos capitães de navio (*Curso de Direito Administrativo*, cit., 31ª ed., p. 857).

nados à liberdade e à propriedade, tendo em vista o princípio da isonomia, ou seja: particular algum pode exercer oficialmente supremacia sobre outro(s).

Com efeito, as relações entre os particulares são horizontais, e, portanto, para manutenção do princípio da igualdade, devem continuar desta forma, inexistindo, pois, hierarquia entre iguais.

Vale ressaltar, contudo, que apenas o ato de poder de polícia que intrinsecamente manifesta a "estatalidade que o justifica" é indelegável.[29]

18. Deveras, atos que não constituem a essência da autoridade estatal podem ser terceirizados. Logo, são passíveis de terceirização os atos materiais precedentes ou posteriores aos atos decisórios de polícia, pois estes se restringem à própria constatação do suporte fático, não ferindo, assim, o princípio da impessoalidade.

Celso Antônio Bandeira de Mello[30] esclarece que até mesmo máquinas podem auxiliar na expedição de atos preparatórios ao exercício do poder de polícia. É o que ocorre na fiscalização do cumprimento de normas de trânsito mediante equipamentos fotossensores, pertencentes e operados por empresas privadas contratadas pelo Poder Público, que indicam a velocidade do veículo, captando, de modo automático, sua imagem, para registro de eventual infração de trânsito.

Dinorá Grotti[31] elucida não ser passível de delegação apenas o "núcleo em si da atividade de limitação administrativa", sendo que os atos que não expressam coerção, por não se atrelarem à essência da polícia administrativa, podem ser praticados por particulares.

Assim, o núcleo decisório da atividade de polícia é indelegável, e, desta forma, não é passível de terceirização. Entretanto, as atividades acessórias, instrumentais, posteriores ou antecedentes, podem ser terceirizadas.

---

29. Juarez Freitas, "Poder de polícia administrativa – Novas reflexões", *Boletim de Direito Administrativo/BDA* 6/664, São Paulo, Nova Dimensão, junho/2006, p. 664.
30. Celso Antônio Bandeira de Mello, *Curso de Direito Administrativo*, cit., 31ª ed., p. 857.
31. Dinorá Adelaide Musetti Grotti, "Poder de polícia", palestra proferida no Seminário Nacional de Direito Administrativo, Edição Comemorativa dos 20 Anos da NDJ, *Boletim de Direito Administrativo/BDA* 7/757, São Paulo, Nova Dimensão, junho/2006.

2 - DAS ATIVIDADES ADMINISTRATIVAS E DA TERCEIRIZAÇÃO

2.4 Do fomento e auxílio no desenvolvimento e expansão de atividades privadas de interesse coletivo e a terceirização

19. O Estado pode incentivar a atuação do particular na consecução de um interesse social ou econômico.[32] Isto é: o Estado pode fomentar um particular que atue tanto na ordem social quanto na ordem econômica.

Marçal Justen Filho explana:

> Contratos de fomento são acordos de vontade que disciplinam a conduta empresarial de um ou mais agentes econômicos, visando a promover práticas reputadas relevantes para o desenvolvimento econômico e social, e a que correspondem benefícios ou vantagens outorgadas pelo Poder Público.[33]

20. O art. 174 da Constituição da República regula o fomento econômico, ao estabelecer que o Estado exercerá, "como agente normativo e regulador da atividade econômica", "na forma da lei, as funções de fiscalização, *incentivo* e planejamento, sendo este determinante para o setor público e indicativo para o setor privado" (grifamos).

21. Ademais, o Estado também pode incentivar[34] as atividades de particulares que agem desinteressadamente em prol de um interesse social, ou seja, daqueles que compõem o denominado Terceiro Setor.[35]

---

32. *Interesse social* diz respeito às atividades prestadas por entidades do Terceiro Setor, que são aquelas que não possuem finalidade lucrativa e cuja atuação *sponte propria* é voltada para a consecução de objetivos sociais. Por *interesse econômico* se entende a atuação voltada à atividade empresarial, com finalidade lucrativa e proveito próprio.
33. Marçal Justen Filho, *Curso de Direito Administrativo*, 8ª ed., Belo Horizonte, Fórum, 2012, p. 424.
34. Em alguns casos há o dever de fornecer o incentivo, e não mera faculdade. Por exemplo, preenchidos os requisitos legais, o Estado deverá conceder determinada isenção tributária. Entretanto, dada a amplitude da matéria, não nos aprofundaremos sobre o tema. Para melhor compreensão, v. as seguintes obras específicas: Leandro Marins de Souza, *A Tributação do Terceiro Setor no Brasil*, São Paulo, Dialética, 2004; Regina Andrea Accorsi Lunardelli, *Tributação do Terceiro Setor*, São Paulo, Quartier Latin, 2006.
35. Sobre a atividade de fomento ao Terceiro Setor, v.: Sílvio Luís Ferreira da Rocha, *Terceiro Setor*, 2ª ed., São Paulo, Malheiros Editores, 2006, e também o nosso *Da Intervenção do Estado no Domínio Social*, São Paulo, Malheiros Editores, 2009, pp. 186-222.

Assim, a atividade de fomento visa a incentivar ou preservar uma atividade privada que atenda necessariamente a um interesse geral. A atividade de fomento dissonante de um fim de interesse geral é ilícita.[36]

22. O incentivo a que alude o texto constitucional pode ser dado de forma direta ou indireta.[37] De modo indireto, o Estado utiliza-se de interposta pessoa para realizar atividade que lhe é inerente.

Assim, por exemplo, pode o Estado criar linhas de crédito destinadas a microempresas, de modo a incentivar a geração de empregos e o aumento da sua produção. Essas linhas de créditos serão oferecidas por instituições financeiras que receberão as diretrizes do governo para fornecer os recursos aos particulares. Desta forma, pode-se dizer que há uma terceirização da atividade de fomento, na medida em que instituições financeiras recebem os recursos do governo para repassar às microempresas.

Do mesmo modo, o fomento ao Terceiro Setor também pode ser passível de terceirização quando, *e.g.*, o Estado firma convênio com uma organização não governamental para que ela auxilie na ressocialização do ex-presidiário. Aqui há trespasse de uma atividade social a uma organização não governamental/ONG, para que ela possa realizar uma atividade de caráter público.

Outro exemplo bastante interessante de "terceirização" de fomento diz respeito à possibilidade conferida ao particular de destinar parte do valor devido a título de imposto sobre a renda/IR para atividades educacionais, culturais, sociais etc.

Não se trata de doação, mas do direcionamento de uma parcela do IR devido para o fomento de ações de caráter público. A destinação

---

36. Sílvio Luís Ferreira da Rocha, *Manual de Direito Administrativo*, São Paulo, Malheiros Editores, 2013, p. 583.
37. Esclarecemos que não estamos utilizando o termo "indireta" no mesmo sentido a que alude Sílvio Luís Ferreira da Rocha. Para o autor o alcance das finalidades administrativas pode ser feito "de modo direto e imediato, caso em que o agir da Administração produz o fim almejado; ou de modo indireto e mediato, caso em que o agir da Administração se manifesta por meio de fatos, atos e procedimentos que em si mesmos não tendem a obter a satisfação das necessidades coletivas, que são satisfeitas pela Administração de maneira indireta e mediata, pela promoção de certas atividades dos particulares" (*Manual de Direito Administrativo*, cit., p. 579). Na acepção que estamos utilizando, o Estado pode diretamente fomentar o particular ou fazê-lo por interposta pessoa, transferindo a atividade de fomento. Neste caso, estamos diante de fomento indireto.

2 - DAS ATIVIDADES ADMINISTRATIVAS E DA TERCEIRIZAÇÃO

através da dedução do imposto não traz qualquer custo adicional para o contribuinte.

Exemplos desta forma de "trespasse" de fomento estão previstos nos arts. 260 do Estatuto da Criança e do Adolescente/ECA[38] (Lei 8.069/1990), 1º da Lei 8.685/1993[39] (Lei do Audiovisual), 18 da Lei de Incentivo à Cultura[40] (Lei 8.313/1991, também conhecida como "Lei Rouanet") – entre outros.

Nestes exemplos, o Estado, destinatário do IR, confere ao particular a faculdade de "escolher" outro particular, preenchidos os requisitos legais, para receber determinada parcela do IR que lhe seria própria (do Estado), para que o particular "fomente" determinada atividade de cunho social.

38. Lei 8.069/1990: "Art. 260. Os contribuintes poderão efetuar doações aos Fundos dos Direitos da Criança e do Adolescente Nacional, Distrital, Estaduais ou Municipais, devidamente comprovadas, sendo essas integralmente deduzidas do imposto de renda, obedecidos os seguintes limites: I – 1% (um por cento) do imposto sobre a renda devido apurado pelas pessoas jurídicas tributadas com base no lucro real; e II – 6% (seis por cento) do imposto sobre a renda apurado pelas pessoas físicas na Declaração de Ajuste Anual, observado o disposto no art. 22 da Lei n. 9.532, de 10 de dezembro de 1997".
39. Lei 8.686/1993: "Art. 1º. Até o exercício fiscal de 2016, inclusive, os contribuintes poderão deduzir do imposto de renda devido as quantias referentes a investimentos feitos na produção de obras audiovisuais cinematográficas brasileiras de produção independente, mediante a aquisição de quotas representativas de direitos de comercialização sobre as referidas obras, desde que esses investimentos sejam realizados no mercado de capitais, em ativos previstos em lei e autorizados pela Comissão de Valores Mobiliários – CVM, e os projetos de produção tenham sido previamente aprovados pela Agência Nacional do Cinema – ANCINE".
40. Lei 8.313/1991:
"Art. 18. Com o objetivo de incentivar as atividades culturais, a União facultará às pessoas físicas ou jurídicas a opção pela aplicação de parcelas do imposto sobre a renda, a título de doações ou patrocínios, tanto no apoio direto a projetos culturais apresentados por pessoas físicas ou por pessoas jurídicas de natureza cultural, como através de contribuições ao FNC, nos termos do art. 5º, inciso II, desta Lei, desde que os projetos atendam aos critérios estabelecidos no art. 1º desta Lei.

"§ 1º. Os contribuintes poderão deduzir do imposto de renda devido as quantias efetivamente despendidas nos projetos elencados no § 3º, previamente aprovados pelo Ministério da Cultura, nos limites e nas condições estabelecidos na legislação do imposto de renda vigente, na forma de: a) doações; e b) patrocínios.

"§ 2º. As pessoas jurídicas tributadas com base no lucro real não poderão deduzir o valor da doação ou do patrocínio referido no parágrafo anterior como despesa operacional."

Assim, o fomento (econômico ou social), se realizado indiretamente (por interposta pessoa), pode ser considerado atividade terceirizável.

23. Certamente, pode o Estado incentivar diretamente o particular, tanto por meio de auxílios, contribuições, subvenções, isenções ou quaisquer outras formas de fomento, sem necessidade de se utilizar de terceiros para tanto.

Entretanto, nos moldes como foi delineado pela Constituição de 1988, o fomento estatal é atividade passível de terceirização.[41]

24. Fazemos, aqui, uma ressalva à possibilidade de fomento. Celso Antônio Bandeira de Mello,[42] ao definir as atividades de fomento, destaca também a atividade monopolística. Assim, se a Constituição de 1988 albergou o monopólio estatal, este não poderá ser terceirizado, sob pena de afronta à dicção expressa dos arts. 21, XXIII, e 177, ambos do Texto Maior, salvo no que tange às exceções previstas nos próprios dispositivos. Vejamos:

Art. 21. Compete à União: (...); XXIII – explorar os serviços e instalações nucleares de qualquer natureza e exercer monopólio estatal sobre a pesquisa, a lavra, o enriquecimento e reprocessamento, a industrialização e o comércio de minérios nucleares e seus derivados, atendidos os seguintes princípios e condições: a) toda atividade nuclear em território nacional somente será admitida para fins pacíficos e mediante aprovação do Congresso Nacional; b) sob regime de permissão, são autorizadas a comercialização e a utilização de radioisótopos para a pesquisa e usos

---

41. Cabe aqui um rápido esclarecimento: não admitimos que o Estado, no que tange aos serviços públicos concretizadores dos direitos sociais previstos no art. 6º da CF, realize apenas a atividade de fomento, abandonando seu dever público de prestação direta da atividade. Com efeito, conforme já averbamos em nosso *Da Intervenção do Estado no Domínio Social*, o Estado, "apesar de ter a faculdade de fomentar as atividades do Terceiro Setor referentes a educação, saúde, assistência, trabalho, moradia, lazer e proteção à maternidade e à infância, não poderá se eximir de oferecer os serviços públicos correspondentes, tendo em vista a missão que lhe foi constitucionalmente imposta. A este propósito, cumpre destacar que não há um dever constitucionalmente atribuído ao Estado de fomentar as atividades privadas. Trata-se, pois, de política legislativa, que permite ao Estado optar pelas atividades de relevância social que receberão ou não incentivo estatal" (Carolina Zancaner Zockun, *Da Intervenção do Estado no Domínio Social*, cit., p. 188).

42. Celso Antônio Bandeira de Mello, *Prestação de Serviços Públicos e Administração Indireta*, cit., 2ª ed., p. 17.

2 - DAS ATIVIDADES ADMINISTRATIVAS E DA TERCEIRIZAÇÃO

médicos, agrícolas e industriais; [*redação dada pela Emenda Constitucional 49/2006*] c) sob regime de permissão, são autorizadas a produção, comercialização e utilização de radioisótopos de meia-vida igual ou inferior a duas horas; [*redação dada pela Emenda Constitucional 49/2006*] d) a responsabilidade civil por danos nucleares independe da existência de culpa; [*alínea incluída pela Emenda Constitucional 49/2006*] (...).

Art. 177. Constituem monopólio da União: I – a pesquisa e a lavra das jazidas de petróleo e gás natural e outros hidrocarbonetos fluidos; [*v. Emenda Constitucional 9/1995*] II – a refinação do petróleo nacional ou estrangeiro; III – a importação e exportação dos produtos e derivados básicos resultantes das atividades previstas nos incisos anteriores; IV – o transporte marítimo do petróleo bruto de origem nacional ou de derivados básicos de petróleo produzidos no País, bem assim o transporte, por meio de conduto, de petróleo bruto, seus derivados e gás natural de qualquer origem; V – a pesquisa, a lavra, o enriquecimento, o reprocessamento, a industrialização e o comércio de minérios e minerais nucleares e seus derivados, com exceção dos radioisótopos cuja produção, comercialização e utilização poderão ser autorizadas sob regime de permissão, conforme as alíneas "b" e "c" do inciso XXIII do *caput* do art. 21 desta Constituição Federal. (*Redação dada pela Emenda Constitucional 49/2006*]

§ 1º. A União poderá contratar com empresas estatais ou privadas a realização das atividades previstas nos incisos I a IV deste artigo observadas as condições estabelecidas em lei. [*Redação dada pela Emenda Constitucional 9/1995*] [*V. Emenda Constitucional 9/1995*]

Desta forma, verifica-se a possibilidade de permissão de parcela do monopólio estatal, advinda por meio da Emenda Constitucional 49/2006. Esta permissão engloba-se no amplo conceito de terceirização que adotamos no primeiro capítulo.

Logo, em regra, a atividade de fomento é terceirizável, ressalvado o que sobrou do monopólio estatal constitucionalmente estabelecido.

2.5 Da intervenção em atos e fatos da vida particular para lhes conferir certeza e segurança jurídicas e da terceirização

25. Inicialmente, destaque-se ser a atividade certificadora (para conferir certeza e segurança jurídicas) uma atribuição que, nos termos da Constituição de 1988, é de delegação obrigatória do Estado.

Com efeito, o art. 236 da Carta Magna dispõe que:

Art. 236. *Os serviços notariais e de registro são exercidos em caráter privado, por delegação do Poder Público.*

§ 1º. Lei regulará as atividades, disciplinará a responsabilidade civil e criminal dos notários, dos oficiais de registro e de seus prepostos, e definirá a fiscalização de seus atos pelo Poder Judiciário.

§ 2º. Lei federal estabelecerá normas gerais para fixação de emolumentos relativos aos atos praticados pelos serviços notariais e de registro.

§ 3º. O ingresso na atividade notarial e de registro depende de concurso público de provas e títulos, não se permitindo que qualquer serventia fique vaga, sem abertura de concurso de provimento ou de remoção, por mais de 6 (seis) meses. [*Grifamos*]

Assim, esta função destinada a *garantir a publicidade, autenticidade, segurança e eficácia dos atos jurídicos* (art. 1º da Lei 8.935/1994) é, por mandamento constitucional, trespassada a particulares.

Com efeito, consoante ensina Luís Paulo Aliende Ribeiro:

A função pública notarial e de registro é, por imperativo constitucional, exercida por meio de descentralização administrativa por colaboração: o Poder Público conserva a titularidade do serviço e transfere sua execução a particulares (pessoas físicas com qualificação específica e que foram aprovadas em concurso público de provas e títulos) em unidades (ou feixes de competências) definidas, pela Administração, em função das necessidades dos usuários e da adequação do serviço, mediante critérios relativos ao número de atos praticados, receita, aspectos populacionais e conformidade com a organização judiciária de cada Estado da Federação.[43]

26. Para Maurício Zockun o art. 236 não deixa margem a dúvida, pois prescreve que essas atividades serão exercidas em caráter privado, por *delegação do Poder Publico*. "E só se pode *delegar* uma atividade de que se é senhor. Vale dizer, só se *delega* algo cuja titularidade lhe pertence."[44]

---

43. Luís Paulo Aliende Ribeiro, *Regulação da Função Pública Notarial e de Registro*, São Paulo, Saraiva, 2009, p. 56.

44. Maurício Zockun, "Carreira notarial e registral: possibilidade, conveniência ou necessidade?", *Revista Trimestral de Direito Público/RTDP* 54/108, São Paulo, Malheiros Editores, 2011.

2 - DAS ATIVIDADES ADMINISTRATIVAS E DA TERCEIRIZAÇÃO

27. Repita-se que a atividade notarial e registral é eminentemente jurídica,[45] já que visa à prestação de uma utilidade jurídica – a saber: a de intervenção estatal em atos e fatos da vida privada para lhes conferir certeza e segurança jurídicas.

Justamente por conta de a atividade notarial e registral consistir em utilidade jurídica é que adotamos a possibilidade de terceirização de atividade jurídica. Aliás, trata-se da única hipótese de terceirização de atividade jurídica, em razão de expresso mandamento constitucional.

28. Assim, bem se vê que a atividade notarial e registral é atividade cuja terceirização (no sentido amplo que adotamos) é imprescindível,[46] nos termos constitucionalmente assegurados.

2.6 Dos serviços públicos e da terceirização

29. Inicialmente, cumpre destacar a distinção entre serviços públicos *uti singuli* e serviços públicos *uti universi*.

Serviços *uti singuli* são aqueles individual e singularmente fruíveis pelos administrados, em contraposição ao conceito de serviço público em sentido amplo, que albergaria também os serviços *uti universi*, cujo gozo não é particularizado – como ocorre, por exemplo, com o serviço de iluminação pública.

30. Celso Antônio restringe a noção de serviço público aos serviços *uti singuli*, nos seguintes termos:

> Serviço público é toda atividade de oferecimento de utilidade ou comodidade material destinada à satisfação da coletividade em geral, mas fruível singularmente[47] pelos administrados, (...).[48]

---

45. No mesmo sentido: Maurício Zockun, "Carreira notarial e registral: possibilidade, conveniência ou necessidade?", cit., *Revista Trimestral de Direito Público/ RTDP* 54/110.
46. Ressalve-se a hipótese de serviços notariais e registrais no Exterior, que são exercidos diretamente pelos membros da Embaixada nacional, consoante o art. 32 da Lei 6.015/1973.
47. César A. Guimarães Pereira, em excelente trabalho sobre o tema, põe em destaque a posição do usuário na definição de serviço público, afirmando: "Só haverá serviço público na medida em que seja possível identificar um usuário que possa fruí-lo de modo singular e individual. Além disso, ao mesmo tempo em que se afirma o caráter coletivo do serviço público (que torna 'instrumental' a posição do usuário), destaca-se o papel individual do usuário na relação concreta de serviço. Essa afirma-

31. No que tange aos serviços públicos, a Constituição de 1988 possibilitou de forma expressa a terceirização.

Nosso Texto Maior erigiu algumas atividades à condição de serviço público. O rol, contudo, não é exaustivo, pois, dentro de sua área de atuação, isto é, sem adentrar indevidamente a esfera econômica,[49] que é reservada à livre iniciativa, União, Estados, Distrito Federal e Municípios poderão avocar para si determinada atividade, passando a qualificá-la como serviço público.

32. Na esfera federal a Constituição já indica expressamente os seguintes serviços públicos: o serviço postal e o correio aéreo nacional (art. 21, X); os serviços de telecomunicações (art. 21, XI); os serviços de radiodifusão sonora, e de sons e imagens (art. 21, XII, "a"); os serviços e instalações de energia elétrica e o aproveitamento energético dos cursos de água, em articulação com os Estados onde se situam os potenciais hidroenergéticos (art. 21, XII, "b"); a navegação aérea, aeroespacial e a infraestrutura aeroportuária (art. 21, XII, "c"); os serviços de transporte ferroviário e aquaviário entre portos brasileiros e fronteiras nacionais, ou que transponham os limites de Estado ou Território (art. 21, XII, "d"); os serviços de transporte rodoviário interestadual e internacional de passageiros (art. 21, XII, "e"); os portos marítimos, fluviais e lacustres (art. 21, XII, "f"); seguridade social (art. 194); serviços de saúde (art. 196); previdência social (art. 201); assistência social (art. 203); educação (arts. 295 e 208); e serviços notariais e registrais (art. 236).

Consoante o art. 23 da CF, "é competência comum da União, dos Estados, do Distrito Federal e dos Municípios", dentre outras: cuidar da saúde e assistência pública, da proteção e garantia das pessoas portadoras de deficiência (inciso II); e proporcionar os meios de acesso à cultura, à educação e à ciência (inciso V).

ção não nega que o serviço público seja dirigido ao público em geral, a uma pluralidade indeterminada de usuários em potencial. Mas se baseia em que o 'usuário efetivo' é determinado e integra uma relação jurídica concreta. Por isso é que somente os serviços fruíveis singularmente é que podem ser caracterizados como serviços públicos" (*Usuários de Serviços Públicos*, São Paulo, Saraiva, 2006, p. 34).

48. Celso Antônio Bandeira de Mello, *Curso de Direito Administrativo*, cit., 31ª ed., p. 689.

49. Para melhor compreensão da matéria, v. Celso Antônio Bandeira de Mello, *Curso de Direito Administrativo*, cit., 31ª ed., pp. 709-710.

2 - DAS ATIVIDADES ADMINISTRATIVAS E DA TERCEIRIZAÇÃO

Aos Estados cabe explorar, diretamente ou mediante concessão, os serviços locais de gás canalizado.

E para os Municípios a Lei Magna estipulou os seguintes serviços públicos: organizar e prestar, diretamente ou sob regime de concessão ou permissão, os serviços públicos de interesse local, incluído o de transporte coletivo, que tem caráter essencial (art. 30, V); manter, com a cooperação técnica e financeira da União e do Estado, programas de educação infantil e de ensino fundamental; e prestar, com a cooperação técnica e financeira da União e do Estado, serviços de atendimento à saúde da população (art. 30, VII).

Ademais disto, o art. 175 da Constituição da República preconiza que "incumbe ao Poder Público, na forma da lei, diretamente ou sob regime de concessão ou permissão, sempre através de licitação, a prestação de serviços públicos".

33. Com relação aos serviços públicos na Constituição de 1988, Celso Antônio faz criteriosa e útil distinção: (a) serviços de prestação obrigatória e exclusiva do Estado (serviço postal e correio aéreo nacional); (b) serviços que o Estado tem obrigação de prestar e obrigação de conceder (rádio e televisão); (c) serviços que o Estado tem obrigação de prestar, mas sem exclusividade (saúde, educação, assistência social, previdência, rádio e televisão); e (d) serviços que o Estado não é obrigado a prestar, mas, não os prestando, terá de promover-lhes a prestação, mediante concessão ou permissão (todos os demais serviços públicos).[50]

Na esteira dos ensinamentos de Celso Antônio,[51] vê-se que os serviços públicos *privativos* do Estado, mencionados no art. 21, XI e XII, bem como outros serviços cujo exercício obrigue à prática de atos de império[52] devem ser prestados pela União diretamente ou mediante autorização, concessão ou permissão.

---

50. Celso Antônio Bandeira de Mello, *Curso de Direito Administrativo*, cit., 31ª ed., pp. 706-708.
51. Idem, pp. 706-707.
52. Conforme Oswaldo Aranha Bandeira de Mello:
"Os *atos de império* seriam aqueles que a Administração Pública tão somente pratica no uso das suas prerrogativas de autoridade, e se impõem aos cidadãos, obrigados coercitivamente, sem prévio pronunciamento judicial, em virtude do plano diferente das partes, e cujas consequências jurídicas se verificam *ipso jure*.
"Os *atos de gestão* seriam aqueles que a Administração Pública pratica no uso das prerrogativas comuns a todos os cidadãos, particulares, na conservação e

34. Assim, a regra geral é a de que são terceirizáveis os serviços públicos, salvo, como mencionado, os casos de serviços exclusivos[53] do Estado.

A terceirização na esfera dos serviços públicos se dá por concessão, permissão ou, em determinadas hipóteses, por autorização.

35. A concessão de serviço público é o instituto por meio do qual o Estado confere o exercício de um serviço público a uma pessoa jurídica que o recebe para "prestá-lo em nome próprio, por sua conta e risco, nas condições fixadas e alteráveis unilateralmente pelo Poder Público, mas sob garantia contratual de um equilíbrio econômico-financeiro, *remunerando-se pela própria exploração do serviço*, (...).[54]

A concessão de serviço público é, no nosso entender, forma de terceirização.

Nesta seara, as normas gerais que tratam da concessão de serviço público são a Lei 8.987/1995 e a Lei 11.079/2004.

A concessão da Lei 8.987/1995, após o advento da Lei das Parcerias Público-Privadas/PPPs (Lei 11.079/2004), ficou conhecida como *concessão comum*.[55]

desenvolvimento do patrimônio público e efetivação dos seus serviços. É de se salientar que não se reduziam aos atos da Administração Pública como particular, de direito privado, com intenção de lucro, sem preocupação imediata e direta do interesse público, mas compreendiam também os atos praticados nas mesmas condições que os particulares, porém feitos na consecução de objetivo público, relativos ao seu patrimônio e aos seus serviços" (*Princípios Gerais de Direito Administrativo*, cit., 3ª ed., 2ª tir., vol. I, p. 481).

53. Em nosso *Da Intervenção do Estado no Domínio Social* acrescentamos ao rol dos serviços exclusivos do Estado também o serviço público de concretização da seguridade social, já que entendemos a seguridade como um direito social autônomo (ob. cit., p. 183).

54. Celso Antônio Bandeira de Mello, *Curso de Direito Administrativo*, cit., 31ª ed., pp. 719-720.

55. A concessão de serviço público, consoante o art. 2º, II e III, da Lei 8.987/1995, é definida nos seguintes termos: "II – concessão de serviço público: a delegação de sua prestação, feita pelo poder concedente, mediante licitação, na modalidade de concorrência, à pessoa jurídica ou consórcio de empresas que demonstre capacidade para seu desempenho, por sua conta e risco e por prazo determinado; III – concessão de serviço público precedida da execução de obra pública: a construção, total ou parcial, conservação, reforma, ampliação ou melhoramento de quaisquer obras de interesse público, delegada pelo poder concedente, mediante licitação, na

36. A Lei das PPPs criou duas novas formas de concessão: a concessão patrocinada e a concessão administrativa.

Segundo a dicção da lei, *concessão patrocinada* é a concessão de serviços públicos ou de obras públicas de que trata a Lei 8.987, de 13.2.1995, quando envolver, adicionalmente à tarifa cobrada dos usuários, contraprestação pecuniária do parceiro público ao parceiro privado.

Já, a *concessão administrativa* corresponde ao contrato de prestação de serviços de que a Administração Pública seja a usuária direta ou indireta, ainda que envolva execução de obra ou fornecimento e instalação de bens.

Celso Antônio Bandeira de Mello[56] critica a inserção da concessão administrativa como forma de concessão de serviço público, denominando-a de "falsa concessão".

De fato, na concessão administrativa não há propriamente uma concessão, uma vez que não está em pauta um serviço público, mas mero contrato de prestação de serviços, pouco importando o rótulo que lhe foi atribuído. Ademais, "é praticamente impossível conceber um serviço que possa ser mantido por meras tarifas nas quais a Administração compareça como simples usuária, mas na quantidade e frequência suficiente para acobertar tais serviços, (...)".[57]

Assim, embora tratada como se concessão fosse, a concessão administrativa é mero contrato de prestação de serviços.

A Lei das PPPs, tratada aqui muito superficialmente, estabelece, outrossim, a indelegabilidade das funções de regulação, jurisdicional, do exercício do poder de polícia e de outras atividades exclusivas do Estado.

---

modalidade de concorrência, à pessoa jurídica ou consórcio de empresas que demonstre capacidade para a sua realização, por sua conta e risco, de forma que o investimento da concessionária seja remunerado e amortizado mediante a exploração do serviço ou da obra por prazo determinado; (...)".

Entretanto, inúmeras são as críticas quanto à definição legal, que, por exemplo, deixa de inserir como ponto fundamental da concessão o fato de a remuneração do concessionário se dar pela própria exploração do serviço. Para melhor compreensão do tema, v. Celso Antônio Bandeira de Mello, *Curso de Direito Administrativo*, cit., 31ª ed., pp. 724-726.

56. Celso Antônio Bandeira de Mello, *Curso de Direito Administrativo*, cit., 31ª ed., p. 794.

57. Idem, p. 794-795.

Como visto, a função de regulação é intrínseca ao poder de polícia, e, portanto, indelegável, ou seja, não passível de terceirização.

A função jurisdicional é, igualmente, monopólio estatal, e, por tal razão, não pode ser terceirizada.

37. Quanto a "outras atividades exclusivas do Estado", têm-se a legislação, determinados serviços públicos, a desapropriação, a tributação, a requisição etc. Todas estas atividades são indelegáveis, não por força da lei (evidentemente), mas pelo princípio da supremacia do interesse público sobre o privado,[58] que rege a vida da sociedade.

38. No que tange à permissão de serviço público, Maria Sylvia Zanella Di Pietro esclarece que o termo "permissão" possui um sentido amplo, que indica o "ato administrativo unilateral, discricionário e precário, gratuito ou oneroso, pelo qual a Administração Pública faculta ao particular a execução de serviço público ou a utilização privativa de bem público por terceiros".[59]

Entretanto, a redação do inciso I do parágrafo único do art. 175 da CF de 1988 acabou por dividir a doutrina quanto à utilização original deste instituto. Com efeito, o aludido dispositivo estabelece:

Art. 175. (...).

Parágrafo único. A lei disporá sobre: I – o regime das empresas concessionárias e *permissionárias* de serviços públicos, o caráter especial de seu *contrato* e de sua prorrogação, bem como as condições de caducidade, fiscalização e rescisão da concessão ou permissão; (...).

Assim, parcela da doutrina pátria passou a conferir a característica de contratualidade à permissão – o que, obviamente, desnatura o instituto, tendo em vista a precariedade que lhe era inerente.

Ademais, a utilização da permissão de serviço público vem sendo corrompida, tendo em vista que são outorgados, a título de permissão,

---

58. Sobre este princípio, v. as melhores e mais completas obras sobre o tema: Daniel Wunder Hachem, *Princípio Constitucional da Supremacia do Interesse Público*, Belo Horizonte, Fórum, 2011, e Emerson Gabardo, *Interesse Público e Subsidiariedade*, Belo Horizonte, Fórum, 2009. Também: Romeu Felipe Bacellar Filho e Daniel Wunder Hachem (coords), *Direito Administrativo e Interesse Público. Estudos em Homenagem ao Professor Celso Antônio Bandeira de Mello*, Belo Horizonte, Fórum, 2010.
59. Maria Sylvia Zanella Di Pietro, *Parcerias na Administração Pública – Concessão, Permissão, Franquia, Terceirização, Parceria Público-Privada e Outras Formas*, 9ª ed., São Paulo, Atlas, 2012, p. 133.

serviços públicos que demandariam permanência, estabilidade e garantias razoáveis em favor de seu prestador. Como se não bastasse, a Lei 8.987/1995, de modo bastante despropositado, estabeleceu, em seu art. 40, que "a permissão de serviço público será formalizada mediante contrato de adesão, que observará os termos desta Lei, das demais normas pertinentes e do edital de licitação, inclusive quanto à precariedade e à revogabilidade unilateral do contrato pelo poder concedente".

Assim, o instituto da permissão de serviço público, embora previsto no ordenamento, parece ter se tornado de difícil utilização, considerando as características contraditórias que lhe foram sendo atribuídas.

De qualquer modo, trata-se de modalidade de terceirização.

39. Finalmente, no tocante à autorização de serviço público, adotamos a posição de Celso Antônio Bandeira de Mello,[60] para quem a autorização que consta do art. 21, XI e XII, da CF é voltada a duas situações, a saber, (i) às hipóteses em que há um serviço de telecomunicação, mas não um serviço público; e (ii) aos casos em que está em pauta um serviço público mas se trata de situação emergencial, em que se utiliza a autorização até que sejam ultimados os procedimentos de outorga por meio de concessão ou permissão.

No que tange às autorizações de serviços públicos, entendemos serem, estas, formas de terceirização.

Assim, quanto aos serviços públicos pode-se afirmar que são atividades administrativas terceirizáveis, por meio dos institutos da permissão, concessão (comum e patrocinada) e autorização, nos termos da legislação de regência.

2.7 Da instrumentalização através de recursos humanos e materiais para a prestação de atividades da Administração e da terceirização

2.7.1 Da instrumentalização através de recursos materiais

40. Via de regra, a instrumentalização por meio de recursos materiais se dá através de aquisições de bens necessários ao desempenho da atividade administrativa.

---

60. Celso Antônio Bandeira de Mello, *Curso de Direito Administrativo*, cit., 31ª ed., p. 709.

41. Calha, pois, relembrar nossa definição de terceirização, a saber: *o trespasse do exercício de atividades jurídicas ou materiais, realizadas no exercício de função administrativa, ou seja, sob a égide de um regime de direito público, a pessoas físicas ou jurídicas que, de algum modo, estejam habilitadas a desempenhá-las, em consonância com o disposto na Constituição da República.*

42. Assim, quando da aquisição de bens para instrumentalização do aparato administrativo não há que se falar em terceirização, uma vez que não há trespasse de atividade ao particular, mas mera obtenção de materiais para uso nas repartições públicas e demais logradouros.

Por decorrência lógica de nosso conceito, a instrumentalização da Administração por meio de recursos materiais não é passível de terceirização, uma vez que, neste caso, o conceito não se aplica, na medida em que se está diante de aquisição de produtos, e não trespasse de atividades.

2.7.2 Da instrumentalização da Administração Pública através de recursos humanos

Dentre as atividades da administração, vimos até agora que praticamente todas são terceirizáveis, nos moldes propostos no presente trabalho.

43. Passemos, então, à análise da instrumentalização da Administração Pública através de recursos humanos.

Como se sabe, para que as atividades administrativas possam ser desempenhadas há necessidade de que pessoas físicas realizem, em conjunto ou isoladamente, os deveres estatais.

Com efeito, o Estado, pessoa jurídica que é,[61] não fala por si. Evidentemente, o faz por meio de seus agentes, razão pela qual é im-

---

61. Celso Antônio Bandeira de Mello esclarece: "Como pessoa jurídica que é, o Estado, entidade real, porém abstrata (ser de razão), não tem vontade nem ação, no sentido de manifestação *psicológica* e vida *anímica* próprias. Estas, só os seres biológicos as possuem. Tal fato não significa, entretanto, que lhe faltem vontade e ação, *juridicamente* falando, ou seja, sob o prisma do Direito. Dado que o Estado não possui, nem pode possuir, um querer e um agir psíquico e físico, por si próprio, como entidade lógica que é, sua vontade e sua atuação se constituem na e pela vontade e atuação dos seres físicos prepostos à condição de seus agentes, na medida em que se apresentam revestidos desta qualidade" (*Apontamentos sobre os Agentes e Órgãos Públicos*, 1ª ed., 5ª tir., São Paulo, Ed. RT, 1987, p. 61).

2 - DAS ATIVIDADES ADMINISTRATIVAS E DA TERCEIRIZAÇÃO

prescindível que pessoas sejam "recrutadas" ou "contratadas" para realizar as infindáveis atribuições estatais.

44. Pela teoria do órgão,[62] os agentes não são representantes do Estado, mas são o próprio Estado, o meio pelo qual o Estado se comunica, se põe em movimento, se impõe, se sustenta.

45. Assim, sem a instrumentalização por meio de recursos humanos atividade estatal alguma poderia ser realizada, razão pela qual é de suma importância para a sociedade que haja a correta realização desse aparelhamento estatal.

Não foi por outra razão que a Constituição forneceu especial atenção à instrumentalização humana do Estado, como veremos em breve.

No mesmo sentido, Raquel Dias da Silveira esclarece: "Segundo a teoria do órgão, este não é estranho à pessoa jurídica, mas parte integrante dela. Como elemento constitutivo da pessoa jurídica, o órgão não tem personalidade diferenciada da entidade a qual integra. (...). A vontade das pessoas jurídicas que integram a Administração Pública se expressa por intermédio dos agentes públicos, que, por sua vez, incorporam a vontade do Estado, conforme a 'teoria da imputação'" (*Profissionalização da Função Pública*, Belo Horizonte, Fórum, 2009, p. 64).

62. Hely Lopes Meirelles explana:

"A *teoria do órgão* veio substituir as superadas *teorias do mandato* e *da representação*, pelas quais se pretendeu explicar como se atribuiriam ao Estado e às demais pessoas jurídicas públicas os atos das pessoas humanas que agissem em seu nome. Pela *teoria do mandato* considerava-se o agente (pessoa física) como mandatário da pessoa jurídica, mas essa teoria ruiu diante da só indagação de quem outorgaria o mandato. Pela *teoria da representação* considerava-se o agente como *representante* da pessoa, à semelhança do tutor e do curador dos incapazes. Mas como se pode conceber que o incapaz outorgue validamente a sua própria representação? Diante da imprestabilidade dessas duas concepções doutrinárias, Gierke formulou a *teoria do órgão*, segundo a qual as pessoas jurídicas expressam a sua vontade através de seus próprios órgãos, titularizados por seus agentes (pessoas humanas), na forma de sua organização interna. O órgão – sustentou Gierke – é parte do corpo da entidade e, assim, todas as suas manifestações de vontade são consideradas como da própria entidade (Otto Gierke, *Die Genossenschaftstheorie in die Deutsche Rechtsprechung*, Berlim, 1887).

"Essa teoria recebeu universal aceitação dos publicistas modernos, embora com críticas de detalhes e algumas modificações pessoais de seus seguidores, ensejando variantes em torno da conceituação de 'órgão'. (...).

"(...).

"Como dissemos no texto, *órgão* é todo centro de competência, para desempenho de funções, através de um ou vários agentes, cuja atuação é sempre imputada à pessoa jurídica a que pertence" (*Direito Administrativo Brasileiro*, cit., 40ª ed., pp. 69-70, nota de rodapé 19).

Capítulo 3
DA LEGISLAÇÃO APLICÁVEL À TERCEIRIZAÇÃO

3.1 Da Constituição de 1988. 3.2 Da legislação infraconstitucional. 3.3 Do Enunciado 256 e da Súmula 331, ambos do TST. 3.4 Da ADC 16 – A declaração de constitucionalidade do § 1º do art. 71 da Lei 8.666/1993 pelo STF. 3.5 Das alterações na Instrução Normativa MPOG-2/2008. 3.6 Da Lei de Responsabilidade Fiscal/LRF.

3.1 Da Constituição de 1988

1. A Constituição de 1988 não utilizou o rótulo "terceirização" ao longo de seu texto.

Para o trespasse de serviços públicos a Constituição faz uso dos termos técnicos "concessão", "permissão" e "autorização".

Quanto à instrumentalização através de recursos humanos, objeto de nosso estudo, a doutrina costuma admitir a terceirização com base no art. 37, XXI, da CF, que dispõe:

> Art. 37. (...); XXI – ressalvados os casos especificados na legislação, as obras, *serviços*, compras e alienações serão contratados mediante *processo de licitação pública* que assegure igualdade de condições a todos os concorrentes, com cláusulas que estabeleçam obrigações de pagamento, mantidas as condições efetivas da proposta, nos termos da lei, o qual somente permitirá as exigências de qualificação técnica e econômica indispensáveis à garantia do cumprimento das obrigações; (...). [*Grifamos*]

Assim, seria possível que determinados serviços fossem trespassados a terceiros, por meio do devido processo licitatório.

3 - DA LEGISLAÇÃO APLICÁVEL À TERCEIRIZAÇÃO

Logo, a princípio haveria assento constitucional para a terceirização de serviços (não apenas de serviços públicos),[1] tendo em vista a possibilidade de se contratar uma empresa para a prestação de serviços diversos.

2. Para Marcos Juruena[2] a regra é que para atividades permanentes seja criado, por lei, um cargo público e provido por servidor selecionado através de concurso público. Só que, em tempos de modernização e diminuição da máquina do Estado, os cargos públicos só devem ser providos ou criados se envolverem atividades típicas do Poder Público, notadamente as que exigem manifestação de poder de império (polícia, fiscalização, controle, justiça). As demais atividades que não exijam o uso de força ou independência no controle podem (e, muitas vezes, devem) ser terceirizadas, não havendo necessidade de restabelecer o regime celetista para servidores públicos; basta que os cargos públicos, sujeitos ao regime estatutário, sejam reservados às funções típicas de Estado, utilizando-se a terceirização para todas as outras funções.

Assim, não se tratando de atividade típica do Estado, em que se exija o poder de império, é possível (e, para muitos, desejável) a utilização da terceirização, com base no art. 37, XXI, da CF.

3. Nessa toada, a doutrina reputa relevante a distinção entre atividade-fim e atividade-meio, destacando não ser possível a terceirização para as atividades-fim, sendo viável a terceirização para atividades-meio.

O STF acenou com a possibilidade de definir a licitude do uso da terceirização em atividades-fim das empresas. Essa possibilidade surgiu com o acolhimento da repercussão geral pelo Plenário Virtual do STF em processo de recurso extraordinário que tem como relator o Min. Luiz Fux, ARE 713.211. Evidentemente, tal julgado não afeta as relações de terceirização com a Administração Pública, já que aplicado exclusivamente às empresas privadas.

Relembre-se que "atividade-meio pode ser entendida como atividade desempenhada pela empresa (e pela Administração), que não

---

1. A respeito da distinção entre *serviços* e *serviços públicos*, v. Capítulo 5.
2. Marcos Juruena, "Terceirização na Administração Pública e as cooperativas", *Repertório IOB de Jurisprudência* 1ª quinzena de janeiro/1998, Caderno 1, São Paulo, IOB, p. 19.

coincide com seus fins principais. São exemplos de terceirização na atividade-meio: a limpeza, a vigilância etc.".[3]

Já, a atividade-fim seria aquela para a qual a entidade foi criada, correspondente ao seu objeto social, seu escopo.

Assim, para as atividades que não consistem em fins do Estado ou em atos de império a maior parte da doutrina admite a terceirização.

Entretanto, como bem destacaram Cristiana Fortini e Flávia Cristina Mendonça Faria da Pieve,[4] nem sempre é fácil concluir sobre a natureza da atividade. A distinção entre atividades-fim e atividades-meio, embora consagrada pela doutrina e pela jurisprudência, nem sempre conduz a um norte seguro de terceirização lícita.[5]

O Tribunal de Contas da União/TCU, por exemplo, no Acórdão 0963-14/10-P, deixou de responsabilizar os gestores da Caixa Econômica Federal, entendendo que era razoável a dúvida acerca de a atividade ser considerada finalística ou não, embora o TCU tenha reconhecido como atividades-fim as atividades ali descritas (*de terceirização em seus setores de retaguarda, referente a todas as agências do País, onde o "back office" ou caixa rápido são oferecidos como serviços à clientela, e no de arrecadação de créditos localizado em Brasília/DF, limitado o reconhecimento da ilicitude apenas ao setor específico da filial da Capital da República*).

Vê-se, então, que, embora na teoria haja uma consagração entre a aludida distinção, na prática a situação enseja dúvidas de toda espécie.

Embora com pensamento diverso, Ophir Cavalcante Jr. chegou à mesma conclusão ao afirmar que "a complexidade do processo produtivo chega a tal ponto que muitas vezes é impossível diferenciar as

---

3. Sérgio Pinto Martins, *A Terceirização e o Direito do Trabalho*, 12ª ed., São Paulo, Atlas, 2012, p. 13.

4. Cristiana Fortini e Flávia Cristina Mendonça Faria da Pieve, "As terceirizações e as contratações temporárias realizadas pela Administração Pública: distinções entre as duas figuras e o impacto na LRF", in Cristiana Fortini (coord.), *Terceirização na Administração: Estudos em Homenagem ao Professor Pedro de Almeida Dutra*, 2ª ed., Belo Horizonte, Fórum, 2012, p. 15.

5. Nesse sentido, v. também Flávio Amaral Garcia, "A relatividade da distinção atividade-fim e atividade-meio na terceirização aplicada à Administração Pública", *Revista Brasileira de Direito Público/RBDP* 27, Ano 7, Belo Horizonte, outubro-dezembro/2009 (disponível em *http://www.bidforum.com.br/bid/PDI0006.aspx?pdiCntd=64615*, acesso em 29.5.2012).

3 - DA LEGISLAÇÃO APLICÁVEL À TERCEIRIZAÇÃO

ações acessórias das principais, e isto ocorre em face da contínua mutação das técnicas de produção".[6]

4. Fato é que para as atividades-fim do Estado a doutrina entende pela necessidade de concurso público, nos termos do art. 37, II, da CF, que dispõe:

Art. 37. (...); II – *a investidura em cargo ou emprego público depende de aprovação prévia em concurso público* de provas ou de provas e títulos, de acordo com a natureza e a complexidade do cargo ou emprego, na forma prevista em lei, ressalvadas as nomeações para cargo em comissão declarado em lei de livre nomeação e exoneração; (...). [*Grifamos*]

5. Assim, embora adotando um critério casuístico (atividade-fim e atividade-meio), consagrou-se a possibilidade de terceirização das atividades-meio, sendo que o provimento de cargos e empregos poderá ser relegado apenas às atividades-fim ou, em tese ainda mais restritiva, apenas às situações em que se exijam atos de império por parte da Administração.

6. Marcos Juruena[7] assevera que a terceirização não viola o princípio do concurso público. Explica o autor que, ao se prover um cargo ou emprego público, visa-se à seleção de uma pessoa por meio de concurso público, assegurando a igualdade de oportunidade e impessoalidade no tratamento. Na terceirização busca-se o provimento de uma função, para a prestação de um serviço, o que é feito através da licitação, processo seletivo igualmente impessoal. Assim, tanto o concurso público quanto a licitação buscam assegurar a igualdade, impessoalidade, competitividade e opção pelo sistema do mérito.

7. Ainda, esclarece Marcos Juruena[8] que a opção pelo concurso público ou pela terceirização é discricionária, sujeita, no entanto, ao princípio da economicidade, cuja presunção de observância é inerente à atuação do administrador.

Não é esse o entendimento da doutrina majoritária, que acredita existir um núcleo de atividades não passíveis de terceirização, em

---

6. Ophir Cavalcante Jr., *A Terceirização das Relações Laborais*, São Paulo, LTr, 1996, pp. 161-162.
7. Marcos Juruena, "Terceirização na Administração Pública e as cooperativas", cit., *Repertório IOB de Jurisprudência* 1ª quinzena de janeiro/1998, Caderno 1, p. 17.
8. Idem, ibidem.

atenção ao disposto no art. 37, II, da Constituição da República. Logo, não há, propriamente, discricionariedade na escolha da via do concurso público ou da terceirização, pois a Carta Maior consagra situações que somente poderão ser providas por cargo ou emprego.

A elas nos reportaremos em capítulo próprio.

3.2 Da legislação infraconstitucional

8. Conforme relatado anteriormente, admite-se a terceirização de serviços desde o advento do Decreto-lei 200/1967. Assim, nos termos do § 7º do art. 10 da aludida legislação:

> Art. 10. A execução das atividades da Administração Federal deverá ser amplamente descentralizada.
>
> (...).
>
> § 7º. Para melhor desincumbir-se das tarefas de planejamento, coordenação, supervisão e controle e com o objetivo de impedir o crescimento desmesurado da máquina administrativa, a Administração procurará desobrigar-se da realização material de tarefas executivas, recorrendo, sempre que possível, à execução indireta, mediante contrato, desde que exista, na área, iniciativa privada suficientemente desenvolvida e capacitada a desempenhar os encargos de execução.

Vê-se, portanto, que a terceirização de atividades administrativas não é algo novo, porém seu uso indiscriminado e a ausência de regulamentação específica acerca da matéria vêm trazendo desvios na utilização desse instituto.

Ainda no que tange à legislação de regência, a Lei 8.666/1993, estabelece, em seu art. 2º, que obras, serviços, inclusive de publicidade, compras, alienações, concessões, permissões e locações da Administração Pública, quando contratados com terceiros, serão necessariamente precedidos de licitação, ressalvadas as hipóteses legalmente previstas.

A Lei 8.666/1993 define *serviço*, em seu art. 6º, II, como:

> (...) toda atividade destinada a obter determinada utilidade de interesse para a Administração, tais como: demolição, conserto, instalação, montagem, operação, conservação, reparação, adaptação, manutenção, transporte, locação de bens, publicidade, seguro ou trabalhos técnico-profissionais; (...).

3 - DA LEGISLAÇÃO APLICÁVEL À TERCEIRIZAÇÃO

Esta ampla definição de serviço permite terceirizar as atividades-meio, especialmente relacionadas a conservação (como limpeza), manutenção e transporte, mais comumente contratadas pela Administração. Outrossim, o art. 57, II, da Lei 8.666/1993 permite a prorrogação dos contratos de serviços de natureza continuada, admitindo que atividades de caráter perene sejam prestadas por terceirizados.

Evidentemente, tais atividades deverão ser sempre atividades-meio, já que para as atividades-fim a doutrina e a jurisprudência estabelecem a necessidade de concurso público para o preenchimento de cargo ou emprego.

Ainda no que tange à legislação infraconstitucional, o Decreto 2.271/1997 admite a terceirização, nos seguintes termos:

> Art. 1º. No âmbito da Administração Pública Federal direta, autárquica e fundacional poderão ser objeto de execução indireta as atividades materiais acessórias, instrumentais ou complementares aos assuntos que constituem área de competência legal do órgão ou entidade.
>
> § 1º. As atividades de conservação, limpeza, segurança, vigilância, transportes, informática, copeiragem, recepção, reprografia, telecomunicações e manutenção de prédios, equipamentos e instalações serão, de preferência, objeto de execução indireta.
>
> § 2º. Não poderão ser objeto de execução indireta as atividades inerentes às categorias fundacionais abrangidas pelo plano de cargos do órgão ou entidade, salvo expressa disposição legal em contrário ou quando se tratar de cargo extinto, total ou parcialmente, no âmbito do quadro geral de pessoal.

9. O aludido decreto acolhe a possibilidade de terceirização das atividades-meio, denominando-as de "atividades materiais acessórias, instrumentais ou complementares". Ainda, traz um rol (exemplificativo) de atividades que, preferencialmente, deverão ser objeto de terceirização.

O Decreto 2.271/1997 avançou também ao diferenciar a terceirização de serviços da intermediação de mão de obra, prescrevendo, em seu art. 4º, II e V, ser vedada a inclusão de disposições nos instrumentos contratuais que permitam (i) a caracterização exclusiva do objeto como fornecimento de mão de obra e (ii) a subordinação dos empregados da contratada à administração da contratante.

Outro importante instrumento normativo na esfera federal é a Instrução Normativa 2/2008 do Ministério do Planejamento, Orçamento e Gestão/MPOG, que disciplina a contratação de serviços, continuados ou não. Nessa instrução há menção à palavra "terceirização".

De forma bastante minudente, a Instrução Normativa MPOG-2/2008 dispõe:

Art. 6º. Os serviços continuados que podem ser contratados de terceiros pela Administração são aqueles que apoiam a realização das atividades essenciais ao cumprimento da missão institucional do órgão ou entidade, conforme dispõe o Decreto n. 2.271/1997.

§ 1º. A prestação de serviços de que trata esta Instrução Normativa não gera vínculo empregatício entre os empregados da contratada e a Administração, vedando-se qualquer relação entre estes que caracterize pessoalidade e subordinação direta.

§ 2º. O objeto da contratação será definido de forma expressa no edital de licitação e no contrato, exclusivamente como prestação de serviços, sendo vedada a utilização da contratação de serviços para a contratação de mão de obra, conforme dispõe o art. 37, inciso II, da Constituição da República Federativa do Brasil.

§ 3º. A contratação deverá ser precedida e instruída com plano de trabalho, aprovado pela autoridade máxima do órgão ou entidade, ou a quem esta delegar competência, e conterá, no mínimo: I – justificativa da necessidade dos serviços; II – relação entre a demanda prevista e a quantidade de serviço a ser contratada; III – demonstrativo de resultados a serem alcançados em termos de economicidade e de melhor aproveitamento dos recursos humanos, materiais ou financeiros disponíveis.

Parágrafo único. A prestação de serviços de que trata esta Instrução Normativa não gera vínculo empregatício entre os empregados da contratada e a Administração, vedando-se qualquer relação entre estes que caracterize pessoalidade e subordinação direta.

Art. 7º. As atividades de conservação, limpeza, segurança, vigilância, transportes, informática, copeiragem, recepção, reprografia, telecomunicações e manutenção de prédios, equipamentos e instalações serão, de preferência, objeto de execução indireta.

§ 1º. Na contratação das atividades descritas no *caput*, não se admite a previsão de funções que lhes sejam incompatíveis ou impertinentes.

§ 2º. A Administração poderá contratar, mediante *terceirização*, as atividades dos cargos extintos ou em extinção, tais como os elencados na Lei n. 9.632/1998.

3 - DA LEGISLAÇÃO APLICÁVEL À TERCEIRIZAÇÃO

§ 3º. As funções elencadas nas contratações de prestação de serviços deverão observar a nomenclatura estabelecida no Código Brasileiro de Ocupações – CBO, do Ministério do Trabalho e Emprego. [*Grifamos*]

Art. 8º. Poderá ser admitida a alocação da função de apoio administrativo, desde que todas as tarefas a serem executadas estejam previamente descritas no contrato de prestação de serviços para a função específica, admitindo-se pela Administração, em relação à pessoa encarregada da função, a notificação direta para a execução das tarefas previamente definidas.

Art. 9º. É vedada a contratação de atividades que: I – sejam inerentes às categorias funcionais abrangidas pelo plano de cargos do órgão ou entidade, assim definidas no seu plano de cargos e salários, salvo expressa disposição legal em contrário ou quando se tratar de cargo extinto, total ou parcialmente, no âmbito do quadro geral de pessoal; II – constituam a missão institucional do órgão ou entidade; e III – impliquem limitação do exercício dos direitos individuais em benefício do interesse público, exercício do poder de polícia, ou manifestação da vontade do Estado pela emanação de atos administrativos, tais como: a) aplicação de multas ou outras sanções administrativas; b) a concessão de autorizações, licenças, certidões ou declarações; c) atos de inscrição, registro ou certificação; e d) atos de decisão ou homologação em processos administrativos.

A Instrução Normativa 2/2008 teve o mérito de melhor explicitar as vedações à terceirização bem como destacar, tal qual o fez o Decreto 2.271/1997, a distinção entre terceirização de serviço e terceirização de mão de obra.

10. A *terceirização de serviços* é aquela em que se trespassam atividades administrativas de apoio, em que a Administração vislumbra o resultado como um todo, cabendo-lhe, por isso mesmo, remunerar diretamente o prestador do serviço.[9]

Na terceirização de serviços o que se visa é ao serviço a ser realizado, e não quem irá realizá-lo.

11. Na terceirização de mão de obra o real objeto do contrato não é a prestação de serviços, mas o fornecimento de mão de obra. Maria

---

9. José dos Santos Carvalho Filho, "Terceirização no setor público: encontros e desencontros", in Cristiana Fortini (coord.), *Terceirização na Administração: Estudos em Homenagem ao Professor Pedro de Almeida Dutra*, 2ª ed., Belo Horizonte, Fórum, 2012, p. 56.

Sylvia Zanella Di Pietro[10] explana que estes contratos são manifestamente ilegais e inconstitucionais, pois correspondem a uma falsa terceirização e violam diretamente a Constituição, em seu art. 37, II.

Com efeito, na terceirização de mão de obra, o contratante, inclusive a Administração, demanda a disponibilização, pelo terceirizado, de empregados cujas tarefas ficam sob a supervisão do tomador. Aqui, não interessa propriamente o serviço, mas as pessoas, subordinadas ao tomador, que estão prestando o serviço.

Dora Maria de Oliveira Ramos explica:

> A empresa de colocação de mão de obra, assumindo uma atitude de exploração do trabalho alheio, intermedeia a relação entre patrão e empregado, subtraindo uma parte da remuneração deste. Por equiparar "trabalhador" e "mercadoria", é prática repudiada pela doutrina e jurisprudência. A vedação de intermediação de mão de obra prestigia princípios ligados à moral, que objetivam desestimular a exploração do homem pelo homem.[11]

Esta forma de terceirização, tal qual a terceirização de atividade-fim, é considerada ilícita, pois se visa à locação de mão de obra, sob o manto da terceirização, a fim de dissimular a prática ilegal de contratação de pessoal.

A Instrução Normativa 2/2008 veda expressamente a terceirização de mão de obra, estabelecendo que somente seja admitida a contratação de prestação de serviços, restando proibida, portanto, a utilização da contratação de serviços para a locação de mão de obra, conforme dispõe o art. 37, II, da Constituição da República.

Assim, tem-se que a terceirização, para ser lícita, segundo posição doutrinária e jurisprudencial majoritária, deve buscar a atividade (serviço) prestada, e não a pessoa do prestador, bem como estar relacionada apenas às atividades-meio, e não às finalísticas, do Estado.

12. Para muitos o fenômeno da terceirização é "universal, geral e irreversível", sendo que o direito administrativo deve, "obrigatoria-

---

10. Maria Sylvia Zanella Di Pietro, *Parcerias na Administração Pública – Concessão, Permissão, Franquia, Terceirização, Parceria Público-Privada e Outras Formas*, 9ª ed., São Paulo, Atlas, 2012, p. 224.
11. Dora Maria de Oliveira Ramos, *Terceirização na Administração Pública*, São Paulo, LTr, 2001, p. 55.

mente, rever conceitos, para adequar-se aos rumos que o Estado Moderno vai tomando".[12]

Todavia, a jurisprudência trabalhista "saiu na frente", e passou a rever os conceitos tradicionais, disciplinando, inclusive, as relações entre os terceirizados e a Administração pública. Vejamos.

3.3 Do Enunciado 256 e da Súmula 331, ambos do TST

13. Em 1986 o Tribunal Superior do Trabalho/TST aprovou o Enunciado 256, por meio do qual restringiu as hipóteses de terceirização lícita para os casos de trabalho temporário (Lei 6.019/1974) e serviços de vigilância bancária (Lei 7.102/1983). Não houve manifestação quanto à possibilidade de terceirização de serviços pela Administração Pública.

Assim dispôs o enunciado:

> **256.** Salvo os casos de trabalho temporário e de serviço de vigilância, previstos nas Leis ns. 6.019, de 3 de janeiro de 1974, e 7.102, de 20 de junho de 1983, é ilegal a contratação de trabalhadores por empresa interposta, formando-se o vínculo empregatício diretamente com o tomador dos serviços.

14. Conforme visto no primeiro capítulo, a década de 1990 adotou, em larga escala, o toyotismo enquanto prática de gestão empresarial, incorporando a terceirização trabalhista em praticamente todos os setores da economia privada. Igualmente, no setor público a terceirização de serviços expandiu-se sistematicamente.

15. Em 1993 o TST cancelou o Enunciado 256 e editou a Súmula de Jurisprudência 331.

16. A Súmula 331 revisou, alterou e ampliou o Enunciado 256, mencionando expressamente a Administração Pública e estabelecendo:

> I – A contratação de trabalhadores por empresa interposta é ilegal, formando-se o vínculo diretamente com o tomador dos serviços, salvo no caso de trabalho temporário (Lei n. 6.019, de 3.1.1974).

---

12. Benjamin Zymler, "Contratação indireta de mão de obra *versus* terceirização", *Revista do Tribunal de Contas da União/TCU* 29/43-44, n. 75, Brasília, janeiro-março/1998.

II – A contratação irregular de trabalhador, mediante empresa interposta, não gera vínculo de emprego com os órgãos da Administração Pública direta, indireta ou fundacional (art. 37, II, da CF de 1988).

III – Não forma vínculo de emprego com o tomador a contratação de serviços de vigilância (Lei n. 7.102, de 20.6.1983) e de conservação e limpeza, bem como a de serviços especializados ligados à atividade-meio do tomador, desde que inexistentes a pessoalidade e a subordinação direta.

IV – O inadimplemento das obrigações trabalhistas, por parte do empregador, implica a responsabilidade subsidiária do tomador dos serviços quanto àquelas obrigações, desde que haja participado da relação processual e conste também do título executivo judicial.

As hipóteses de terceirização lícita discriminadas na Súmula 331 do TST estabelecem os limites definidos pelo direito do trabalho com respeito à validade da terceirização de serviços no Brasil. Isso significa que os vínculos de terceirização estabelecidos fora dos parâmetros sumulados se reputam inválidos.

17. A Súmula 331 discriminou, em síntese, quatro grandes grupos de terceirização lícita, sendo o primeiro deles a única hipótese de terceirização temporária permitida por lei. São eles: trabalho temporário (Lei 6.019/1974; Súmula 331, I, do TST); serviços de vigilância (Lei 7.102/1970; Súmula 331, III, *ab initio*, do TST); serviços de conservação e limpeza (Súmula 331, I, do TST); e serviços especializados ligados à atividade-meio do tomador (Súmula 331, I, do TST).[13]

Em todas as três situações de terceirização permanente arroladas na Súmula 331 do TST há que se observar a inexistência de pessoalidade e de subordinação direta do trabalhador terceirizado com o tomador de serviços. A não observância destas exigências configura ilicitude da terceirização, com a consequente fixação de vínculo empregatício com o tomador de serviços.

18. Com relação ao trabalho temporário, o trabalhador poderá labutar com pessoalidade e subordinação em relação ao tomador de serviços, sem que se configure o vínculo empregatício com o tomador

---

13. Márcio Túlio Viana, Gabriela Neves Delgado e Helder Santos Amorim, "Terceirização – Aspectos gerais – A última decisão do STF e a Súmula 331 do TST – Novos enfoques", *Revista LTr* 75/288, n. 3, São Paulo, LTr, março/2011.

de serviços. Vê-se que, neste caso, há dupla subordinação do empregado temporário, pois ele recebe ordens simultaneamente do empregador formal e da empresa tomadora de serviços.

19. Inicialmente a Súmula 331 do TST foi omissa quanto à responsabilidade da Administração Pública na terceirização trabalhista. Ocorre que, em 11.9.2000, o inciso IV da Súmula, alterado pela Resolução 96 do TST, passou a ter a seguinte redação:

IV – O inadimplemento das obrigações trabalhistas, por parte do empregador, implica a responsabilidade subsidiária do tomador dos serviços, quanto àquelas obrigações, inclusive quanto aos órgãos da Administração direta, das autarquias, das fundações públicas, das empresas públicas e das sociedades de economia mista, desde que hajam participado da relação processual e constem também do título executivo judicial (art. 71 da Lei n. 8.666, de 21.6.1993).

A Súmula, então, admitiu a terceirização (lícita) para a Administração Pública, porém a responsabilizou subsidiariamente, tal qual às empresas privadas, pelos débitos trabalhistas decorrentes do inadimplemento da contratada perante seus empregados.

Nesta toada, a Súmula 331 foi de encontro ao que dispõe o art. 71 da Lei 8666/1993. Com efeito, diz o art. 71:

Art. 71. O contratado é responsável pelos encargos trabalhistas, previdenciários, fiscais e comerciais resultantes da execução do contrato.

§ 1º. *A inadimplência do contratado, com referência aos encargos trabalhistas, fiscais e comerciais, não transfere à Administração Pública a responsabilidade por seu pagamento*, nem poderá onerar o objeto do contrato ou restringir a regularização e o uso das obras e edificações, inclusive perante o Registro de Imóveis.

§ 2º. A Administração Pública responde solidariamente com o contratado pelos encargos previdenciários resultantes da execução do contrato, nos termos do art. 31 da Lei n. 8.212, de 24 de julho de 1991.
[*Grifamos*]

A Lei 8.666/1993 assegurava que os débitos trabalhistas não seriam de responsabilidade da Administração Pública, ao passo que a Súmula 331 do TST responsabilizava a Administração Pública pela inadimplência da empresa contratada em relação a seus empregados.

20. Na prática, os juízes e tribunais trabalhistas, competentes para o conhecimento das demandas dos empregados contra as empresas de terceirização de serviços, adotando o disposto na Súmula 331, sempre condenavam a Administração ao pagamento das verbas trabalhistas quando esta, incluída no polo passivo da demanda trabalhista, via "desaparecer" a empresa dantes contratada, seja por dissolução irregular, não localização dela ou de seus responsáveis.

Aliás, isto é algo corriqueiro na Administração Pública Federal: as empresas terceirizadas, contratadas após o processo de licitação na modalidade pregão eletrônico (sempre pelo menor preço),[14] não conseguem arcar com os encargos trabalhistas de seus empregados e, por isto, acabam simplesmente desaparecendo do mercado, sem deixar rastros ou pistas de seu paradeiro. Isto é possível porque tais empresas não possuem uma sede ou estrutura, elas apenas são intermediárias de mão de obra, mão de obra que será contratada apenas se a empresa se sagrar vencedora na licitação.

Pois bem, diante dessa situação típica, e para não restarem frustrados os direitos dos trabalhadores, a Justiça Laboral acabava, em afronta ao disposto no art. 71 da Lei 8.666/1993, condenando a Administração ao pagamento das verbas trabalhistas.

21. De toda forma, a Justiça Trabalhista não se furtou a interpretar o tema à luz da Constituição de 1988. Assim, embora houvesse a responsabilização trabalhista subsidiária, esta situação não criava vínculo de emprego com a Administração Pública.

De fato, em atenção ao art. 37, II, da CF de 1988, estabeleceu-se um mecanismo vedatório do reconhecimento de vínculo de emprego com a Administração, ainda que ilícita a terceirização. Assim, o inciso II da Súmula 331 do TST assegura que "(...) a contratação irregular de trabalhador, através de empresa interposta, não gera vínculo de emprego com os órgãos da Administração direta, indireta ou fundacional (art. 37, II, da Constituição da República)".

---

14. Nos termos do art. 4º, § 1º, do Decreto 5.450/2005, que dispõe:
"Art. 4º. Nas licitações para aquisição de bens e serviços comuns *será obrigatória a modalidade pregão*, sendo preferencial a utilização da sua forma eletrônica.
"§ 1º. *O pregão deve ser utilizado na forma eletrônica*, salvo nos casos de comprovada inviabilidade, a ser justificada pela autoridade competente" (grifamos).

3 - DA LEGISLAÇÃO APLICÁVEL À TERCEIRIZAÇÃO

Acerca dos efeitos da terceirização ilícita praticada por entidades da Administração Pública, três correntes interpretativas se formaram, consoante averbou Maurício Godinho Delgado.[15]

Assim, a primeira delas afirma que a terceirização ilícita, além de não fazer nascer o vínculo empregatício entre o trabalhador terceirizado e a Administração Pública, não dá ensejo a créditos trabalhistas em favor do trabalhador ilicitamente terceirizado.

A segunda corrente sustenta a validade do vínculo empregatício entre o trabalhador ilicitamente terceirizado e a Administração Pública tomadora do serviço, assumindo esta (a Administração Pública) a posição de empregadora *ab initio* da relação socioeconômica formada.

A última vertente, adotada pela Justiça do Trabalho, assegura ao trabalhador terceirizado todas as verbas legais e normativas aplicáveis ao empregado estatal direto exercente da mesma função na Administração Pública tomadora de serviços. Neste caso, apenas são conferidas as verbas trabalhistas, não havendo retificação na Carteira de Trabalho e Previdência Social/CTPS quanto à entidade empregadora formal, uma vez que, consoante disposição constitucional expressa (art. 37, I e II), só se ingressa nos quadros de ente estatal por concurso público.

Esta última corrente parece, mesmo, ser a mais adequada, uma vez que se observa o mandamento constitucional, impedindo-se que o ente estatal conste como empregador na CTPS, subsistindo apenas a responsabilidade subsidiária pelos encargos trabalhistas não adimplidos pela contratada.

22. Esclareça-se, ademais, que a Justiça do Trabalho, nos termos da Súmula 331 do TST, não distingue terceirização lícita de ilícita para fins de responsabilidade do Estado pelo inadimplemento das obrigações da empresa interposta.

Com efeito, o já transcrito inciso IV da Súmula 331 do TST defende a tese da responsabilidade subsidiária do Estado quando a empresa prestadora de serviços é inadimplente em relação aos encargos trabalhistas dos terceirizados.

23. Entretanto, outra corrente doutrinária nega qualquer responsabilidade do Estado frente aos trabalhadores da empresa contratada,

---

15. Maurício Godinho Delgado, *Curso de Direito do Trabalho*, 10ª ed., São Paulo, LTr, 2011, pp. 430-432.

com fundamento no § 1º do art. 71 da Lei 8.666/1993, por entender que a observância das regras da licitação impede que a Administração seja posteriormente penalizada por culpa alheia. Nesse sentido, Sérgio Pinto Martins[16] entende que a redação do inciso IV da Súmula 331 do TST, ao tratar da Administração direta e indireta, é ilegal, por violar expressamente o art. 71 da Lei 8.666/1993, conferindo responsabilidade subsidiária a quem não a tem, além de haver expressa exclusão da responsabilidade trabalhista na Lei de Licitações.

De toda sorte, opinamos que a orientação fundada na ausência de responsabilidade da Administração Pública, nos termos do § 1º do art. 71 da Lei 8.666/1993, não se sustenta, ante a necessidade de observância de mandamentos constitucionais que asseguram a dignidade da pessoa humana e os direitos dos trabalhadores.[17]

24. Com efeito, a CF de 1988 determina a obediência ao princípio da dignidade da pessoa humana no art. 1º, III.[18] O Estado tem, portanto, o dever de garantir a todos existência digna.

Para os trabalhadores a existência digna corresponde ao cumprimento do disposto no art. 7º da Constituição da República,[19] que

---

16. Sérgio Pinto Martins, *A Terceirização e o Direito do Trabalho*, cit., 12ª ed., p. 150.
17. Voltaremos a este tema no Capítulo 6.
18. CF: "Art. 1º. A República Federativa do Brasil, formada pela união indissolúvel dos Estados e Municípios e do Distrito Federal, constitui-se em Estado Democrático de Direito e tem como fundamentos: (...); III – a dignidade da pessoa humana; (...)".
19. CF:
"Art. 7º. São direitos dos trabalhadores urbanos e rurais, além de outros que visem à melhoria de sua condição social: I – relação de emprego protegida contra despedida arbitrária ou sem justa causa, nos termos de lei complementar, que preverá indenização compensatória, dentre outros direitos; II – seguro-desemprego, em caso de desemprego involuntário; III – Fundo de Garantia do Tempo de Serviço; IV – salário-mínimo, fixado em lei, nacionalmente unificado, capaz de atender a suas necessidades vitais básicas e às de sua família com moradia, alimentação, educação, saúde, lazer, vestuário, higiene, transporte e previdência social, com reajustes periódicos que lhe preservem o poder aquisitivo, sendo vedada sua vinculação para qualquer fim; V – piso salarial proporcional à extensão e à complexidade do trabalho; VI – irredutibilidade do salário, salvo o disposto em convenção ou acordo coletivo; VII – garantia de salário, nunca inferior ao mínimo, para os que percebem remuneração variável; VIII – décimo-terceiro salário com base na remuneração integral ou no valor da aposentadoria; IX – remuneração do trabalho noturno superior à do diurno; X – proteção do salário na forma da lei, constituindo crime sua retenção dolosa; XI – participação nos lucros, ou resultados, desvinculada da remuneração, e, excepcionalmente, parti-

3 - DA LEGISLAÇÃO APLICÁVEL À TERCEIRIZAÇÃO 83

garante direitos para que o trabalhador e sua família alcancem uma vida em patamares aceitáveis de justiça. Pois bem, como missão constitucional, o Estado não pode aceitar a existência de situações indignas e violações aos direitos dos trabalhadores.

cipação na gestão da empresa, conforme definido em lei; XII – salário-família pago em razão do dependente do trabalhador de baixa renda nos termos da lei; XIII – duração do trabalho normal não superior a 8 (oito) horas diárias e 44 (quarenta e quatro) semanais, facultada a compensação de horários e a redução da jornada, mediante acordo ou convenção coletiva de trabalho; XIV – jornada de 9 (seis) horas para o trabalho realizado em turnos ininterruptos de revezamento, salvo negociação coletiva; XV – repouso semanal remunerado, preferencialmente aos domingos; XVI – remuneração do serviço extraordinário superior, no mínimo, em 50% (cinquenta por cento) à do normal; XVII – gozo de férias anuais remuneradas com, pelo menos, 1/3 (um terço) a mais do que o salário normal; XVIII – licença à gestante, sem prejuízo do emprego e do salário, com a duração de 120 (cento e vinte) dias; XIX – licença -paternidade, nos termos fixados em lei; XX – proteção do mercado de trabalho da mulher, mediante incentivos específicos, nos termos da lei; XXI – aviso prévio proporcional ao tempo de serviço, sendo no mínimo de 30 (trinta) dias, nos termos da lei; XXII – redução dos riscos inerentes ao trabalho, por meio de normas de saúde, higiene e segurança; XXIII – adicional de remuneração para as atividades penosas, insalubres ou perigosas, na forma da lei; XXIV – aposentadoria; XXV – assistência gratuita aos filhos e dependentes desde o nascimento até 5 (cinco) anos de idade em creches e pré-escolas; XXVI – reconhecimento das convenções e acordos coletivos de trabalho; XXVII – proteção em face da automação, na forma da lei; XXVIII – seguro contra acidentes de trabalho, a cargo do empregador, sem excluir a indenização a que este está obrigado, quando incorrer em dolo ou culpa; XXIX – ação, quanto aos créditos resultantes das relações de trabalho, com prazo prescricional de 5 (cinco) anos para os trabalhadores urbanos e rurais, até o limite de 2 (dois) anos após a extinção do contrato de trabalho; XXX – proibição de diferença de salários, de exercício de funções e de critério de admissão por motivo de sexo, idade, cor ou estado civil; XXXI – proibição de qualquer discriminação no tocante a salário e critérios de admissão do trabalhador portador de deficiência; XXXII – proibição de distinção entre trabalho manual, técnico e intelectual ou entre os profissionais respectivos; XXXIII – proibição de trabalho noturno, perigoso ou insalubre a menores de 18 (dezoito) e de qualquer trabalho a menores de 16 (dezesseis) anos, salvo na condição de aprendiz, a partir de 14 (quatorze) anos; XXXIV – igualdade de direitos entre o trabalhador com vínculo empregatício permanente e o trabalhador avulso.

"Parágrafo único. São assegurados à categoria dos trabalhadores domésticos os direitos previstos nos incisos IV, VI, VII, VIII, X, XIII, XV, XVI, XVII, XVIII, XIX, XXI, XXII, XXIV, XXVI, XXX, XXXI e XXXIII e, atendidas as condições estabelecidas em lei e observada a simplificação do cumprimento das obrigações tributárias, principais e acessórias, decorrentes da relação de trabalho e suas peculiaridades, os previstos nos incisos I, II, III, IX, XII, XXV e XXVIII, bem como a sua integração à previdência social."

25. Assim, no caso de terceirização na Administração Pública, o Poder Público, ao contratar a empresa prestadora de serviço, possui o dever de fiscalizar se sua atuação obedece aos ditames constitucionais e à legislação trabalhista. Daí, surge a responsabilização estatal.

Neste sentido, adotamos, pois, a posição de Maurício Zockun, para quem a responsabilização corresponde a uma sanção:

> Pautado na ideia de que o ordenamento jurídico deve veicular uma sanção caso um de seus comandos normativos seja desrespeitado, entendemos que a responsabilidade patrimonial do Estado é um dos meios capazes de recompor a desarmonia causada pela irradiação dos efeitos de um dano não querido pelo Direito. Daí por que a responsabilidade patrimonial do Estado nos afigura uma norma jurídica de índole sancionatória.[20]

26. Sanção administrativa[21] é a "providência gravosa prevista em caso de incursão de alguém em uma infração administrativa cuja imposição é da alçada da própria Administração".[22]

27. Já, a "*infração administrativa* é o descumprimento voluntário de uma norma administrativa para o qual se prevê sanção cuja imposição é *decidida por uma autoridade no exercício de função administrativa* – ainda que não necessariamente *aplicada* nesta esfera".[23]

28. Se a responsabilização estatal é uma sanção, deve-se verificar se haveria possibilidade de a Administração controlar a conduta do particular, a fim de que este cumprisse a legislação trabalhista.

29. Quanto à transmissibilidade das sanções, Celso Antônio Bandeira de Mello[24] afirma que são duas as hipóteses em que se pode sancionar alguém diverso do infrator original. Vejamos.

20. Maurício Zockun, *A Responsabilidade Patrimonial do Estado*, São Paulo, Malheiros Editores, 2010, p. 185.
21. Para melhor estudo da sanção administrativa, v.: Régis Fernandes de Oliveira, *Infrações e Sanções Administrativas*, 3ª ed., São Paulo, Saraiva, 2012; Daniel Ferreira, *Sanções Administrativas*, São Paulo, Malheiros Editores, 2001; Heraldo Garcia Vitta, *A Sanção no Direito Administrativo*, São Paulo, Malheiros Editores, 2003; Rafael Munhoz de Mello, *Princípios Constitucionais de Direito Administrativo Sancionador*, São Paulo, Malheiros Editores, 2007; e Fábio Medina Osório, *Direito Administrativo Sancionador*, 2ª ed., São Paulo, Ed. RT, 2005.
22. Celso Antônio Bandeira de Mello, *Curso de Direito Administrativo*, 31ª ed., São Paulo, Malheiros Editores, 2014, p. 866.
23. Idem, p. 865.
24. Idem, pp. 879-881.

A primeira hipótese é aquela em que o sujeito qualificável como responsável dispõe de controle sobre o infrator, e justamente por não havê-lo exercido de modo adequado é que foi possível a prática da infração.

A segunda hipótese é aquela em que o sujeito a ser configurado como responsável possui meios para constranger o infrator a se submeter a determinada situação. "(...). É o caso daquele que, pretendendo adquirir um veículo, exige, para conclusão do negócio, que o vendedor salde as multas oriundas das infrações de trânsito (...)."[25]

30. Dessarte, no caso de terceirização, a Administração Pública, ao contratar a empresa prestadora de serviço, consegue controlar-lhe as condutas referentes aos pagamentos dos trabalhadores, verificando, pois, se houve o correto adimplemento das obrigações trabalhistas.

Ademais, o Poder Público também possui meios de constranger a contratada a realizar os pagamentos devidos aos terceirizados, seja por meio de advertências, aplicação de multas ou rescisão contratual, nos termos dos arts. 77 e 78 da Lei 8.666/1993.

31. Nesta seara, verifica-se que a Administração Pública incide nas duas hipóteses de transmissibilidade da sanção, seja porque possui poder de ingerência sobre a conduta da contratada no que tange ao pagamento dos trabalhadores, seja porque tem meios de obrigá-lo a agir corretamente.

De fato, entendemos que a Administração Pública somente deve pagar as parcelas devidas à contratada após constatar o pagamento dos trabalhadores terceirizados, por meio dos recibos de pagamento.

Assim, para a proteção do princípio da dignidade da pessoa humana, bem como para a preservação dos direitos do trabalhador, incumbe à Administração a fiscalização do efetivo cumprimento das obrigações trabalhistas, previamente ao adimplemento da parcela contratual devida à prestadora de serviços.

Isto porque sem essa efetiva fiscalização, que deverá ter o efeito concreto de verificar o resultado do pagamento das verbas trabalhistas, a Administração Pública responderá pelo *quantum* devido aos terceirizados, uma vez que não somente tinha o dever de evitar o dano, mas a real possibilidade de impedir que este ocorresse.

25. Idem, p. 880.

32. Aplicando-se, pois, a teoria da transmissibilidade das sanções, entendemos que o Estado responde pelo pagamento das verbas trabalhistas no caso de inadimplemento da prestadora de serviços, nos termos do art. 37, § 6º, da CF de 1988.

33. Fato é que a constitucionalidade do § 1º do art. 71 da Lei 8.666/1993 foi submetida a julgamento do STF, a ser estudado no próximo tópico, que considerou constitucional tal dispositivo. Diante disso, acabou-se por firmar o entendimento de que a simples inadimplência da prestadora de serviços terceirizados não transfere, de modo automático, a responsabilidade pelos encargos trabalhistas ao ente estatal. Vejamos.

3.4 Da ADC 16 – A declaração de constitucionalidade do § 1º do art. 71 da Lei 8.666/1993 pelo STF

34. No julgamento da Ação Declaratória de Constitucionalidade/ADC 16 o STF confirmou a constitucionalidade do § 1º do art. 71 da Lei 8.666/1993, vedando à Justiça do Trabalho a aplicação de responsabilidade subsidiária à Administração Pública de forma automática, pelo só fato do inadimplemento dos direitos trabalhistas, tal como se extraía da redação do inciso IV da Súmula 331 do TST.

O Presidente do STF à época, e Relator do caso, Min. Cézar Peluso, ressalvou que a declaração de constitucionalidade "não impedirá o TST de reconhecer a responsabilidade, com base nos fatos de cada causa", pois "o STF não pode impedir o TST de, à base de outras normas, dependendo das causas, reconhecer a responsabilidade do Poder Público".

35. Assim, a doutrina trabalhista[26] posicionou-se no sentido de que há necessidade de comprovar a ausência de fiscalização da Admi-

---

26. Neste sentido: Antonieta Pereira Vieira e outros, *Gestão de Contratos de Terceirização na Administração Pública*, 5ª ed., Belo Horizonte, Fórum, 2013, pp. 44-45; José Roberto Freire Pimenta, "A responsabilidade da Administração Pública nas terceirizações, a decisão do STF na ADC 16-DF e a nova redação dos itens IV e V da Súmula 331 do TST", *Revista LTr* 75/775-791, n. 07, São Paulo, LTr, julho/2011; Ivani Contini Bramante, "A aparente derrota da Súmula 331/TST e a responsabilidade do Poder Público na terceirização", *Revista Trabalhista Direito e Processo* 37/93-114, Ano 10, Brasília, janeiro-março/2011; Francisco Ferreira Jorge Neto e Jouberto de Quadros Pessoa Cavalcante, "A terceirização na Administração

3 - DA LEGISLAÇÃO APLICÁVEL À TERCEIRIZAÇÃO

nistração Pública para que esta possa vir a ser responsabilizada pelas verbas trabalhistas quando da inadimplência da contratada.

Agora, o Judiciário Trabalhista deve se esmerar pela busca da verdade real, investigando, com rigor, se a inadimplência dos direitos trabalhistas pelos contratados teve como causa principal, direta ou indireta, a inexecução culposa ou a omissão culposa na fiscalização do cumprimento do contrato de licitação pelo órgão contratante.[27]

Desta forma, entendeu-se que a Administração poderá vir a ser responsabilizada pelas verbas trabalhistas dos terceirizados, conforme

Pública e constitucionalidade do art. 71 da Lei 8.666/1993, declarada pelo STF (novembro/2010)", *Justiça do Trabalho* 27/7-18, n. 323, Porto Alegre, novembro/2010; Tereza Aparecida Asta Gemignani, "Art. 71 da Lei 8.666/1993 e Súmula 331 do c. TST: poderia ser diferente?", *Revista do TRT-9ª Região* 65/479-508, Ano 35, Curitiba, julho-dezembro/2010; Roberto Nóbrega de Almeida Filho, "Terceirização na Administração Pública e suas consequências no âmbito da Justiça do Trabalho", *Revista do TRT-15ª Região* 40/187-196, 2012; Fabíola Atz Guino, "Aspectos materiais e processuais da responsabilidade da Administração Pública nas terceirizações", *LTr – Suplemento Trabalhista* 078/427-432, Ano 48, São Paulo, LTr, 2012; Carlos Henrique Bezerra Leite e Paula Corrêa Guasti, "A (ir)responsabilidade da Administração Pública nas terceirizações diante da ADC 16 e da nova redação da Súmula 331 do TST", *Revista dos Tribunais/RT* 917/387-404, São Paulo, Ed. RT, março/2012; Samia Fátima Dias Aghiarian, "STF: constitucionalidade do art. 7º da Lei 8.666/1993 e a Súmula 331 do TST", *LTr – Suplemento Trabalhista* 068/349-352, Ano 47, São Paulo, LTr, 2011; Lívia Deprá Camargo Sulzbach, "A responsabilização subsidiária da Administração Pública na terceirização de serviços – Princípio da supremacia do interesse público x dignidade da pessoa humana? – Repercussões do julgamento da ADC 16 pelo STF na Súmula 331 do TST", *Revista LTr* 76/719-739, n. 06, São Paulo, LTr, junho/2012; Ilse Marcelina Bernardi Lora, "Direitos fundamentais e responsabilidade da Administração Pública na terceirização de Serviços – Inconstitucionalidade do § 1º do art. 71 da Lei 8.666/1993", *Revista LTr* 72/931-944, n. 08, São Paulo, LTr, agosto/2008; Luciana Neves Bohnert, "Ação Declaratória de Constitucionalidade 16: nova visão para a responsabilização da Administração Pública nos encargos trabalhistas de contratos de terceirização", *Interesse Público/IP* 69/291-303, Ano 13, Belo Horizonte, Fórum, setembro-outubro/2011; Marcel Lopes Machado, "Responsabilidade da Administração Pública direta e indireta na terceirização de serviços", *LTr – Suplemento Trabalhista* 20/89-94, Ano 48, São Paulo, LTr, 2012; Leonardo de Mello Caffaro, "O pós-Positivismo, o direito do trabalho e a noção de interesse público – A terceirização na Administração Pública e a Súmula 331 do TST em questão", *Revista LTr* 74/1.470-1.484, n. 12, São Paulo, LTr, dezembro/2010; e Márcio Túlio Viana, Gabriela Neves Delgado e Helder Santos Amorim, "Terceirização – Aspectos gerais – A última decisão do STF e a Súmula 331 do TST – Novos enfoques", cit., *Revista LTr* 75/282-295.

27. Ivani Contini Bramante, "A aparente derrota da Súmula 331/TST e a responsabilidade do Poder Público na terceirização", cit., *Revista Trabalhista Direito e Processo* 37/107.

exame minucioso de cada demanda, quando houver culpa *lato sensu* do ente estatal contratante, como nos casos de contratação irregular, dispensa ilegal do processo licitatório, ausência de fiscalização etc.[28] Vê-se, pois, que o ente público deve acompanhar e fiscalizar se a empresa contratada está cumprindo as obrigações patronais trabalhistas, fundiárias e previdenciárias, a fim de preservar o conteúdo essencial dos direitos trabalhistas instituídos como fundamentais pela Constituição de 1988.

De fato, a Constituição da República assegura o primado do trabalho (arts. 1º, IV, 170 e 190), protegendo e afirmando os direitos daquele que o presta (arts. 7º e 8º). Logo, norma ordinária de modo algum estará autorizada a afrontar essa orientação constitucional.

É como bem indagou Teresa Aparecida Asta Gemignani:

> (...) num Estado Democrático de Direito, como sustentar que a Administração Pública aufira proveito dos serviços de um trabalhador, mas *lave as mãos* em relação aos seus direitos trabalhistas, que detêm natureza alimentar, efetuando o pagamento ao empregador sem fiscalizar se houve o efetivo cumprimento da norma fundamental prevista no art. 7º da CF/1988, e fique tudo por isto mesmo?
>
> Acaso o art. 71 da Lei 8.666/1993 desobriga a Administração Pública de respeitar os direitos fundamentais daquele que presta serviços em seu benefício?[29]

36. Assim, a declaração de constitucionalidade do § 1º do art. 71 não tem o condão de afastar a responsabilidade do Estado no que tange ao seu dever de fiscalização do empregador, pois esta atribuição está vinculada à preservação dos direitos fundamentais do trabalhador.

Com efeito, "o ordenamento jurídico não ampara a interpretação que possibilita a negligência e omissão do próprio ente público, reduzindo-o a triste figura de acobertador da conduta ilícita do empregador contratado".[30] José Roberto Freire Pimenta ainda esclarece:

---

28. Francisco Ferreira Jorge Neto e Jouberto de Quadros Pessoa Cavalcante, "A terceirização na Administração Pública e constitucionalidade do art. 71 da Lei 8.666/1993, declarada pelo STF (novembro/2010)", cit., *Justiça do Trabalho* 27/17.
29. Tereza Aparecida Asta Gemignani, "Art. 71 da Lei 8.666/1993 e Súmula 331 do c. TST: poderia ser diferente?", cit., *Revista do TRT-9ª Região* 65/487.
30. Idem, p. 498.

3 - DA LEGISLAÇÃO APLICÁVEL À TERCEIRIZAÇÃO

(...) constitui intolerável contradição e indefensável paradoxo que o ramo executivo deste mesmo Estado Democrático de Direito, por meio de seus entes integrantes da Administração Pública direta e indireta e na persecução de seus interesses meramente *secundários*, feche os olhos à situação de absoluto desamparo e de total descumprimento dos direitos fundamentais sociais justamente daqueles trabalhadores terceirizados que colocaram sua força de trabalho em seu benefício, ainda que por interposta pessoa, nos casos em que seus empregadores inadimplentes revelem-se incapazes de, com seu patrimônio, satisfazer aqueles débitos, e lute, com denodo, na própria Justiça, pela aplicação isolada e literal de um preceito de lei (o multicitado art. 71, § 1º, da Lei 8.666/1993) apenas para se furtar à responsabilidade extracontratual que decorre de sua conduta culposa, caso a caso evidenciada.[31]

Logo, se se verificar que o comportamento negligente da Administração Pública provocou lesão aos direitos fundamentais do trabalhador, deve-se reconhecer o direito à reparação, nos moldes do art. 37, § 6º, da Constituição da República.[32]

37. Veja-se que não se trata, pois, de responsabilidade contratual, já que o ente público não tem relação jurídica contratual com o terceirizado, mas apenas com a empresa contratada. O fato gerador da responsabilização estatal é outro: é a conduta culposa por negligência na fiscalização daquele que poderia impedir a ocorrência do dano.

É evidente que o art. 7º da CF deve ser cumprido pelo particular, e o Estado tem o dever de fiscalizar esse cumprimento. O pagamento de salários é cláusula obrigatória em todo contrato, até porque sua ausência pode dar ensejo à rescisão contratual, seja por descumprimento de cláusula contratual, seja por eventual inabilitação por ausência de Certidão Negativa de Débitos Trabalhistas.[33]

---

31. José Roberto Freire Pimenta, "A responsabilidade da Administração Pública nas terceirizações, a decisão do STF na ADC 16-DF e a nova redação dos itens IV e V da Súmula 331 do TST", cit., *Revista LTR* 75/788-789.
32. Assim também destacou Rodolfo Pamplona Filho, "Terceirização e responsabilidade patrimonial da Administração Pública", *Fórum de Contratação e Gestão Pública/FCGP* 14, Ano 2, Belo Horizonte, fevereiro/2003 (disponível em *http://www.bidforum.com.br/bid/PDI0006.aspx?pdiCntd=7748*, acesso em 8.9.2012).
33. Lei 8.666/1993:

Não se pode olvidar, portanto, que o Direito "existe para realizar determinados fins sociais, certos objetivos ligados à justiça, à segurança jurídica, à dignidade da pessoa humana e ao bem-estar social".[34]

38. Logo, não existe como deixar de responsabilizar a Administração quando esta causar danos aos terceirizados pela omissão na fiscalização contratual. Repise-se que tal responsabilidade será subsidiária e oriunda da transmissibilidade da sanção. É certo, porém, que o devedor em segundo grau não é menos responsável, em relação ao credor, pela satisfação do crédito que o devedor originário. O que tem o devedor subsidiário é um direito de se opor à satisfação da obrigação com a constrição de bens que integrem seu patrimônio, indicando bens livres e desembaraçados do devedor principal.[35]

39. Este não é, entretanto, o entendimento de Toshio Mukai.[36] O autor afirma não ser mais possível a aplicação da Súmula 331 do TST, porque qualquer ação que vise a lhe dar cumprimento resultará numa decisão declaratória de inconstitucionalidade, sendo que, em qualquer caso, o § 1º do art. 71 da Lei 8.666/1993 inadmite a responsabilidade subsidiária ou solidária da Administração Pública.[37] Ademais, esclarece, quanto à assertiva de que, se a empresa não pagar os terceirizados, a Administração pode ser responsabilizada:

"Art. 27. Para a habilitação nas licitações exigir-se-á dos interessados, exclusivamente, documentação relativa a: I – habilitação jurídica; II – qualificação técnica; III – qualificação econômico-financeira; IV – regularidade fiscal e trabalhista; V – cumprimento do disposto no inciso XXXIII do art. 7º da Constituição Federal".

"Art. 55. São cláusulas necessárias em todo contrato as que estabeleçam: (...); XIII – a obrigação do contratado de manter, durante toda a execução do contrato, em compatibilidade com as obrigações por ele assumidas, todas as condições de habilitação e qualificação exigidas na licitação."

34. Luís Roberto Barroso, *Curso de Direito Constitucional Contemporâneo*, 4ª ed., São Paulo, Saraiva, 2013, pp. 304-305.
35. Carlos Augusto Junqueira Henrique, "Enunciado da Súmula 331 do TST. Uma desconcertante tentativa de atualização jurisprudencial", *Repertório IOB de Jurisprudência* 03/90, vol. II, São Paulo, IOB, 1ª quinzena de fevereiro/2011.
36. Toshio Mukai, "Supremo derruba o Enunciado 331/TST", *Fórum de Contratação e Gestão Pública/FCGP* 110, Ano 10, Belo Horizonte, fevereiro/2011 (disponível em *http://www.bidforum.com.br/bid/PDI0006.aspx?pdiCntd=71872*, acesso em 17.8.2012).
37. Igualmente: Bianca Duarte T. Lobato, "A responsabilidade do Estado nos contratos administrativos para terceirização de serviços", *Fórum de Contratação e Gestão Pública/FCGP* 98/35-40, Ano 9, Belo Horizonte, Fórum, fevereiro/2010.

3 - DA LEGISLAÇÃO APLICÁVEL À TERCEIRIZAÇÃO

(...) discordamos total e abertamente dela, porque a Administração não é parte no contrato entre a empresa e o trabalhador e, ainda, porque segundo a Lei 8.666/1993, art. 71, § 1º, ela, a Administração, não pode ser responsabilizada pelos pagamentos que a terceirizada deixou de fazê--lo E, acima de tudo, no caso, não se pode, sequer tangencialmente, pensar em responsabilidade *in negligendo*, pois o que o § 1º do art. 71 da Lei 8.666/93 nega qualquer responsabilidade da Administração Pública. Decidir ou interpretar em contrário é legislar, e isto é abolir o princípio fundamental da separação de Poderes.

Discordamos de Toshio Mukai, por entendermos que a responsabilidade dos entes estatais, prevista no art. 37, § 6º, da CF de 1988, não pode ser afastada por lei, especialmente porque *in casu* é aplicável a transmissibilidade da sanção. Assim, o dever de fiscalização, presente inclusive em diversos artigos da própria Lei de Licitações (art. 58, III;[38] art. 67;[39] art. 78, VII;[40] art. 112[41]), imputa à Administração consequências por sua inação. Ou seja: se nasce o dever de fiscalizar, nascem também consequências negativas pelo descumprimento desse dever. Assim, não pode a norma conferir um dever sem atrelá-lo a uma sanção em caso de seu descumprimento.

40. Logo, se a Administração se omite no dever de fiscalizar, e esta omissão causa um dano ao trabalhador, que poderia ter sido evitado, cabe responsabilidade do ente estatal, que deverá arcar com as verbas trabalhistas dos terceirizados.

41. Ademais, como bem observou Rita Tourinho,[42] o princípio da isonomia exige a aplicação da responsabilidade subsidiária da Admi-

---

38. Lei 8.666/1993: "Art. 58. O regime jurídico dos contratos administrativos instituído por esta Lei confere à Administração, em relação a eles, a prerrogativa de: (...); III – fiscalizar-lhes a execução; (...)".
39. Lei 8.666/1993: "Art. 67. A execução do contrato deverá ser acompanhada e fiscalizada por um representante da Administração especialmente designado, permitida a contratação de terceiros para assisti-lo e subsidiá-lo de informações pertinentes a essa atribuição".
40. Lei 8.666/1993: "Art. 78. Constituem motivo para rescisão do contrato: (...) VII – o desatendimento das determinações regulares da autoridade designada para acompanhar e fiscalizar a sua execução, assim como as de seus superiores; (...)".
41. Lei 8.666/1993: "Art. 112. Quando o objeto do contrato interessar a mais de uma entidade pública, caberá ao órgão contratante, perante a entidade interessada, responder pela sua boa execução, fiscalização e pagamento".
42. Rita Tourinho, "A responsabilidade subsidiária da Administração Pública por débitos trabalhistas do contratado: a legalidade frente ao ideal de justiça", in Cristiana Fortini (coord.), *Terceirização na Administração: Estudos em Homenagem ao Professor Pedro de Almeida Dutra*, 2ª ed., Belo Horizonte, Fórum, 2012, p. 95.

nistração frente aos débitos trabalhistas, pois os empregados devem dispor do mesmo tratamento jurídico perante o empregador. Isto é: se inexistisse responsabilidade subsidiária da Administração Pública quando esta aparecesse como tomadora de serviços, instaurar-se-ia uma situação anti-isonômica, na medida em que o terceirizado que prestasse serviços em uma empresa privada estaria garantido pela tomadora de serviços caso a empregadora não arcasse com os direitos trabalhistas, ao passo que se o mesmo terceirizado prestasse serviços para a Administração Pública, no caso de inadimplemento da contratada, ele ficaria "a ver navios".[43]

Evidentemente, a situação posta viola frontalmente o princípio da isonomia, que, embora admita tratamentos distintos para situações distintas, não permite a discriminação de pessoas, hipóteses ou coisas por meio de traço distintivo que não seja nelas mesmas residente.

É como afirmou Celso Antônio:[44] "são incabíveis regimes diferentes determinados em vistas de fatos alheios a elas, quer-se dizer: que não seja extraído delas mesmas".

Logo, não se justifica o tratamento diferenciado conferido aos terceirizados em virtude, única e exclusivamente, da natureza do tomador de serviços.

42. Assim, para Rita Tourinho a responsabilidade subsidiária persiste ainda que não haja negligência por parte da Administração Pública na fiscalização do contrato.

43. Um exemplo de Rita Tourinho esclarece bem a situação: "Imagine-se a empresa 'X' que possui dentre seus empregados João e José, contratados regularmente, na mesma data, através de contratos de trabalho firmados com cláusulas idênticas. Digamos que a empresa 'X' tivesse firmado dois contratos de terceirização (prestação de serviços), um com a empresa Comércio de Tecidos Ltda., na qual João foi convocado para prestar serviços, e outro com a Administração Pública Estadual, onde José passa a laborar. Pois bem, caso o disposto no inciso IV da Súmula 331 não se aplicasse à Administração Pública, enquanto tomadora de serviços, João teria privilégios trabalhistas não experimentados por José, uma vez que aquele teria seus direitos garantidos não somente pelo contratante, mas também pelo tomador de serviços (Comércio de Tecidos Ltda.), responsável subsidiário. Já, José não teria as mesmas prerrogativas, pelo simples fato de o tomador de serviços ser um ente da Administração Pública. Quer dizer, contratos de trabalho idênticos tratados de forma diversa" ("A responsabilidade subsidiária da Administração Pública por débitos trabalhistas do contratado: a legalidade frente ao ideal de justiça", cit., in Cristiana Fortini (coord.), *Terceirização na Administração: Estudos em Homenagem ao Professor Pedro de Almeida Dutra*, 2ª ed., pp. 95-96).

44. Celso Antônio Bandeira de Mello, *O Conteúdo Jurídico do Princípio da Igualdade*, 3ª ed., 22ª tir., São Paulo, Malheiros Editores, 2013, p. 18.

3 - DA LEGISLAÇÃO APLICÁVEL À TERCEIRIZAÇÃO

43. Entretanto, esta posição não foi a adotada pelo STF no julgamento da ADC 16, razão pela qual, interpretando-se a decisão exarada, entendemos que atualmente se aplica a responsabilidade subsidiária da Administração Pública apenas quando esta se omitir em seu dever de fiscalização e esta omissão der causa a danos aos terceirizados.

44. Aliás, por conta do julgamento da ADC 16 foi dada nova redação ao item IV e foram inseridos os itens V e VI à Súmula 331 do TST, nos termos da Resolução 174/2011, *Diário Eletrônico da Justiça do Trabalho/DEJT* divulgado em 27, 30 e 31.5.2011.

Diante disto, a redação da Súmula 331 do TST passou a ser:

I – A contratação de trabalhadores por empresa interposta é ilegal, formando-se o vínculo diretamente com o tomador dos serviços, salvo no caso de trabalho temporário (Lei n. 6.019, de 3.1.1974).

II – A contratação irregular de trabalhador, mediante empresa interposta, não gera vínculo de emprego com os órgãos da Administração Pública direta, indireta ou fundacional (art. 37, II, da CF/1988).

III – Não forma vínculo de emprego com o tomador a contratação de serviços de vigilância (Lei n. 7.102, de 20.6.1983) e de conservação e limpeza, bem como a de serviços especializados ligados à atividade-meio do tomador, desde que inexistentes a pessoalidade e a subordinação direta.

IV – O inadimplemento das obrigações trabalhistas, por parte do empregador, implica a responsabilidade subsidiária do tomador dos serviços quanto àquelas obrigações, desde que haja participado da relação processual e conste também do título executivo judicial.

V – Os entes integrantes da Administração Pública direta e indireta respondem subsidiariamente, nas mesmas condições do item IV, caso evidenciada a sua conduta culposa no cumprimento das obrigações da Lei n. 8.666, de 21.6.1993, especialmente na fiscalização do cumprimento das obrigações contratuais e legais da prestadora de serviço como empregadora. A aludida responsabilidade não decorre de mero inadimplemento das obrigações trabalhistas assumidas pela empresa regularmente contratada.

VI – A responsabilidade subsidiária do tomador de serviços abrange todas as verbas decorrentes da condenação referentes ao período da prestação laboral.

Assim, restou consignado que a Administração Pública responderá subsidiariamente quando falhar em seu dever de fiscalização do contrato de terceirização.

Desta forma, a declaração de constitucionalidade do art. 71, § 1º, da Lei 8.666/1993 não pode ser considerada óbice à responsabilização subsidiária da Administração Pública, conforme análise a ser feita no caso concreto.

45. Vê-se, pois, que a jurisprudência trabalhista, embora tenha retrocedido no que tange à responsabilização automática da Administração Pública, por conta da decisão consignada na ADC 16, tentou, com a nova redação da Súmula 331 do TST, evoluir a interpretação a ser dada ao art. 71 da Lei 8.666/1993, de forma a não deixar desamparados os trabalhadores terceirizados. De fato, não se pode, como dispõe a literalidade do art. 71 da Lei 8.666/1993, deixar de responsabilizar a Administração Pública nos casos em que ela não exerce devidamente a fiscalização e, em virtude dessa ausência de fiscalização, ocorrem danos aos trabalhadores terceirizados.

46. Assim, a jurisprudência trabalhista realizou uma interpretação conforme do art. 71 da Lei 8.666/1993, admitindo, pois, a responsabilização da Administração Pública nos casos em que ela não fiscaliza corretamente o pagamento das verbas trabalhistas aos terceirizados.

47. Pois bem, saliente-se que a responsabilidade no caso de omissão na fiscalização é subjetiva, conforme ensinamentos de Celso Antônio Bandeira de Mello.[45]

A CF, em seu art. 37, § 6º, discorre que:

§ 6º. As pessoas jurídicas de direito público e as de direito privado prestadoras de serviços públicos responderão pelos danos que seus agentes, nessa qualidade, *causarem* a terceiros, assegurado o direito de regresso contra o responsável nos casos de dolo ou culpa. [*Grifo nosso*]

Com base nesse dispositivo, a maior parte da doutrina[46] entende ser a responsabilidade estatal objetiva, seja na ação, seja na omissão estatal.

---

45. Celso Antônio Bandeira de Mello, *Curso de Direito Administrativo*, cit., 31ª ed., pp. 1.044 e ss.
46. Entre nós: Hely Lopes Meirelles, *Direito Administrativo Brasileiro*, 40ª ed., São Paulo, Malheiros Editores, 2014, pp. 737-751; Amaro Cavalcanti, *Responsabilidade Civil do Estado*, Rio de Janeiro, Laemmert, 1905, p. 284; Edmir Netto de Araújo,

3 - DA LEGISLAÇÃO APLICÁVEL À TERCEIRIZAÇÃO

De toda sorte, nesse dispositivo constitucional está também compreendida a responsabilidade subjetiva do servidor faltoso – que, todavia, não será objeto de nosso estudo.[47] A responsabilidade do Estado, contudo, não pode ser considerada, em todos os casos, como objetiva. E isto porque o comando constitucional exige uma atuação comissiva do Estado quando discorre que os entes públicos responderão pelos danos que seus agentes *causarem* a terceiros.

Neste sentido é a lição do preclaro Diógenes Gasparini, para quem:

> O texto constitucional em apreço exige para a configuração da responsabilidade objetiva do Estado uma ação do agente público, haja vista a utilização do verbo "causar" ("causarem"). Isso significa que se há de ter por pressuposto uma atuação do agente público e que não haverá responsabilidade objetiva por atos omissivos.[48]

Esta teoria, formulada por Oswaldo Aranha Bandeira de Mello[49] e lapidada por seu sucessor, Celso Antônio, estabelece que o dispositivo acima veiculado permite a responsabilização estatal tanto pela via objetiva quanto pela subjetiva. O critério que segrega a eclosão de uma ou de outra hipótese será a espécie do comportamento estatal.

48. Assim, a responsabilidade do Estado será *objetiva* caso (i) sua conduta lícita (na produção de atos ou fatos jurídicos) faça deflagrar, no mundo fenomênico, uma situação causadora de lesão ao patrimônio de terceiros; e, ainda, (ii) se o comportamento estatal comissivo ilícito causar dano patrimonial a terceiros.

Curso de Direito Administrativo, 5ª ed., São Paulo, Saraiva, 2010, pp. 784-800; Maria Sylvia Zanella Di Pietro, *Direito Administrativo*, 25ª ed., São Paulo, Atlas, 2012, pp. 703-706; Diogo de Figueiredo Moreira Neto, *Curso de Direito Administrativo*, 14ª ed., Rio de Janeiro, Forense, 2005, pp. 588-589; Rui Stoco, *Tratado de Responsabilidade Civil*, São Paulo, Ed. RT, 2004; Weida Zancaner, *Da Responsabilidade Extracontratual da Administração Pública*, São Paulo, Ed. RT, 1981 – etc. Entre os estrangeiros encontramos: Eduardo García de Enterría e Tomás-Ramón Fernández, *Curso de Derecho Administrativo*, Madri, Editorial Civitas, 1977, pp. 313-358. 47. Apesar de fascinante, deixaremos o tema para que melhores luzes se debrucem sobre ele. Sobre os limites da imputação do fato danoso ao ente público, v. a obra de Jesús Leguina Villa, *La Responsabilidad Civil de la Administración Pública*, Madri, Editorial Tecnos, 1970, pp. 200-229.
48. Diógenes Gasparini, *Direito Administrativo*, 9ª ed., São Paulo, Saraiva, 2004, p. 886.
49. Oswaldo Aranha Bandeira de Mello, *Princípios Gerais de Direito Administrativo*, vol. II, Rio de Janeiro, Forense, 1969, pp. 480-485.

Daí por que o critério aglutinador dessa espécie de responsabilidade é justamente a conduta *comissiva* do Estado causadora de dano a particular.

49. Segundo a mesma doutrina, haverá responsabilidade estatal *subjetiva* caso a referida lesão patrimonial decorra de conduta *omissiva*. Vale dizer: o comportamento da Administração seria, caso existente, apto a impedir a ocorrência da circunstância causadora do dano.

Ora, se a Administração só age adstrita à lei (e apenas quando a lei obriga sua ação), então, a omissão do Estado decorrerá, em todas as hipóteses, de uma conduta ilícita. Nestas circunstâncias, portanto, a responsabilidade subjetiva terá natureza jurídica de sanção, o que exige, necessariamente, aferição de dolo ou culpa do agente.[50]

Assim, se o Estado não atuou, não pode ser ele causador do dano; e, se não causou o dano, não pode ser por ele responsabilizado, salvo se fosse, de direito, obrigado a impedir o dano.

Embora haja grande debate jurisprudencial e doutrinário a respeito do tema, entendemos pelo acerto da doutrina que admite a responsabilização subjetiva nos casos de omissão, para que o Estado não se torne um "segurador universal",[51] respondendo objetivamente sobre danos a que não deu causa.

50. No caso *sub examine* a omissão na fiscalização do pagamento dos encargos trabalhistas dá ensejo à responsabilização subjetiva do Estado.

Alerte-se que, no caso de ausência de fiscalização por parte do Estado causadora de dano ao trabalhador, haverá a presunção de culpa da Administração.

Com efeito, ensina Celso Antônio:

> (...) nos casos de "falta de serviço" é de admitir-se uma presunção de culpa do Poder Público, sem o quê o administrado ficaria em posição extremamente frágil ou até mesmo desprotegido ante a dificuldade ou

---

50. Carolina Zancaner Zockun, "Da responsabilidade do Estado na omissão da fiscalização ambiental", in Juarez Freitas (org.), *Responsabilidade Civil do Estado*, São Paulo, Malheiros Editores, 2006, p. 80.
51. Termo cunhado por Celso Antônio Bandeira de Mello (*Curso de Direito Administrativo*, cit., 31ª ed., p. 1.033).

até mesmo impossibilidade de demonstrar que o serviço não se desempenhou como deveria. (...).[52]

Assim, embora a responsabilização da Administração Pública não seja automática, como desejava a redação original da Súmula 331 do TST, há responsabilidade subjetiva, nos moldes do art. 37, § 6º, da Constituição da República, quando houver omissão na fiscalização contratual e esta omissão causar dano ao terceirizado. Neste caso, há a culpa presumida da Administração, que, para se exonerar da responsabilidade, deverá provar que exerceu correta e tempestivamente a fiscalização do contratado.

3.5 Das alterações na Instrução Normativa MPOG-2/2008

51. A Instrução Normativa MPOG-2/2008 contém dispositivos, nela inseridos pela Instrução Normativa 6/2013, que visam a dar cumprimento à efetiva fiscalização por parte da Administração Pública, de modo a preservar os direitos dos trabalhadores. Assim, foi alterado o art. 19-A na aludida instrução normativa, que dispõe:

Art. 19-A. O edital deverá conter ainda as seguintes regras para a garantia do cumprimento das obrigações trabalhistas nas contratações de serviços continuados com dedicação exclusiva de mão de obra: [*redação dada pela Instrução Normativa 6, de 23.12.2013*] I – previsão de provisionamento de valores para o pagamento das férias, décimo terceiro salário e verbas rescisórias aos trabalhadores da contratada, que serão depositados pela Administração em conta vinculada específica, conforme o disposto no Anexo VII desta Instrução Normativa: [*redação dada pela Instrução Normativa 6, de 23.12.2013*] a) parcial e anualmente, pelo valor correspondente aos décimos terceiros salários, quando devidos; [*incluído pela Instrução Normativa 3, de 16.10.2009*] b) parcialmente, pelo valor correspondente às férias e ao um terço de férias, quando dos gozos de férias dos empregados vinculados ao contrato; [*redação dada pela Instrução Normativa 5, de 18.12.2009*] c) parcialmente, pelo valor correspondente aos décimos terceiros salários proporcionais, férias proporcionais e à indenização compensatória porventura devida sobre o FGTS, quando da demissão de empregado vinculado ao contrato; [*incluído pela Instrução Normativa 3, de 16.10.2009*] d) ao

---

52. Celso Antônio Bandeira de Mello, *Curso de Direito Administrativo*, cit., 31ª ed., pp. 1.033-1.034.

final da vigência do contrato, para o pagamento das verbas rescisórias; e [*incluído pela Instrução Normativa 3, de 16.10.2009*] e) [*revogado pela Instrução Normativa 6, de 23.12.2013*]; II – [*revogado pela Instrução Normativa 6, de 23.12.2013*]; III – previsão de que o pagamento dos salários dos empregados pela empresa contratada deverá ser feito por depósito bancário, na conta dos empregados, em agências situadas na localidade ou região metropolitana em que ocorre a prestação dos serviços; [*redação dada pela Instrução Normativa 6, de 23.12.2013*] IV – a obrigação da contratada de, no momento da assinatura do contrato, autorizar a Administração contratante a reter, a qualquer tempo, a garantia na forma prevista na alínea "k" do inciso XIX do art. 19 desta Instrução Normativa; [*redação dada pela Instrução Normativa 6, de 23.12.2013*] V – a obrigação da contratada de, no momento da assinatura do contrato, autorizar a Administração contratante a fazer o desconto nas faturas e realizar os pagamentos dos salários e demais verbas trabalhistas diretamente aos trabalhadores, bem como das contribuições previdenciárias e do FGTS, quando estes não forem adimplidos; [*incluído pela Instrução Normativa 6, de 23.12.2013*] VI – disposição prevendo que a contratada deverá viabilizar, no prazo de 60 (sessenta) dias, contados do início da prestação dos serviços, a emissão do Cartão Cidadão expedido pela Caixa Econômica Federal para todos os empregados; [*incluído pela Instrução Normativa 6, de 23.12.2013*] VII – disposição prevendo que a contratada deverá viabilizar, no prazo de 60 (sessenta) dias, contados do início da prestação dos serviços, o acesso de seus empregados, via Internet, por meio de senha própria, aos sistemas da Previdência Social e da Receita do Brasil, com o objetivo de verificar se as suas contribuições previdenciários foram recolhidas; [*incluído pela Instrução Normativa 6, de 23.12.2013*] VIII – disposição prevendo que a contratada deverá oferecer todos os meios necessários aos seus empregados para obtenção de extrato de recolhimento sempre que solicitado pela Fiscalização. [*Incluído pela Instrução Normativa 6, de 23.12.2013*]

§ 1º. Os valores provisionados na forma do inciso I somente serão liberados para o pagamento das verbas de que trata e nas seguintes condições: [*incluído pela Instrução Normativa 6, de 23.12.2013*] I – parcial e anualmente, pelo valor correspondente ao décimo terceiro salário dos empregados vinculados ao contrato, quando devido; [*incluído pela Instrução Normativa 6, de 23.12.2013*] II – parcialmente, pelo valor correspondente às férias e a um terço de férias previsto na Constituição, quando do gozo de férias pelos empregados vinculados ao contrato;

3 - DA LEGISLAÇÃO APLICÁVEL À TERCEIRIZAÇÃO

[*incluído pela Instrução Normativa 6, de 23.12.2013*] III – parcialmente, pelo valor correspondente ao décimo terceiro salário proporcional, férias proporcionais e à indenização compensatória porventura devida sobre o FGTS, quando da dispensa de empregado vinculado ao contrato; e [*incluído pela Instrução Normativa 6, de 23.12.2013*] IV – ao final da vigência do contrato, para o pagamento das verbas rescisórias. [*Incluído pela Instrução Normativa 6, de 23.12.2013*]

§ 2º. Os casos de comprovada inviabilidade de utilização da conta vinculada deverão ser justificados pela autoridade competente. [*Incluído pela Instrução Normativa 6, de 23.12.2013*]

§ 3º. Em caso de impossibilidade de cumprimento do disposto no inciso III do *caput* deste artigo, a contratada deverá apresentar justificativa, a fim de que a Administração possa verificar a realização do pagamento. [*Incluído pela Instrução Normativa 6, de 23.12.2013*]

§ 4º. O saldo existente na conta vinculada apenas será liberado com a execução completa do contrato, após a comprovação, por parte da empresa, da quitação de todos os encargos trabalhistas e previdenciários relativos ao serviço contratado. [*Incluído pela Instrução Normativa 6, de 23.12.2013*]

§ 5º. Quando não for possível a realização dos pagamentos a que se refere o inciso V do *caput* deste artigo pela própria Administração, esses valores retidos cautelarmente serão depositados junto à Justiça do Trabalho, com o objetivo de serem utilizados exclusivamente no pagamento de salários e das demais verbas trabalhistas, bem como das contribuições sociais e FGTS. [*Incluído pela Instrução Normativa 6, de 23.12.2013*]

52. Pois bem, vê-se que a instrução normativa exige intensa fiscalização por parte da Administração; e mais: autoriza esta a realizar a retenção na fatura e pagar diretamente os trabalhadores em caso de inadimplemento dos encargos trabalhistas, sem prejuízo das sanções cabíveis.

Assim, a Administração assume uma postura pró-ativa em relação aos direitos trabalhistas, garantindo, pois, que o terceirizado receba a contraprestação pela sua mais-valia, que seria, originariamente, devida pela contratada.

Vê-se que a nova redação da Súmula 331 do TST também alberga as condutas administrativas que visam a dar cumprimento aos direitos dos trabalhadores, por meio de fiscalização efetiva.[53]

---

53. O TCU tem feito reiteradas recomendações no sentido de melhorar a fiscalização dos serviços terceirizados. Assim, restou consignado:

Assim, admite-se a responsabilidade subsidiária, mas ela não será realizada de forma automática, pois há que se perquirir a ausência ou a negligência na fiscalização contratual, bem como a existência de dano ao trabalhador.

53. Diante disso, entendemos pela aplicabilidade da Súmula 331 do TST quando da análise de cada caso, com a ressalva de que a responsabilização não mais poderá ser automática, em virtude da decisão na ADC 16.

"O Tribunal de Contas da União (TCU) fez uma série de recomendações ao Ministério do Planejamento que visam a aperfeiçoar o sistema de gestão de contratos de prestação de serviços de natureza contínua da Administração Pública Federal. A decisão decorreu de observação de que a Administração vem enfrentando diversas dificuldades na execução desse tipo de contrato, que estão levando a interrupções na prestação dos serviços, com prejuízos para os órgãos públicos e para os trabalhadores, além de gerarem potenciais danos ao Erário em decorrência da responsabilização subsidiária por verbas trabalhistas não pagas pelas empresas contratadas.

"Entre as medidas sugeridas pelo TCU, foi recomendado que os pagamentos às contratadas sejam condicionados exclusivamente à apresentação da documentação prevista na Lei de Licitações e Contratos (Lei n. 8.666/1993). Foi diagnosticado que a Administração tem exigido uma extensa relação de documentos, que demandam considerável esforço de análise dos órgãos, sem, no entanto, garantir o cumprimento das obrigações trabalhistas e previdenciárias pelas empresas contratadas. 'Além de exigir uma grande estrutura, o exame desses documentos acaba afastando a fiscalização de sua atividade precípua, que é verificar a adequada execução do contrato', afirmou o Relator do processo, Min. Aroldo Cedraz de Oliveira.

"O Tribunal também recomendou que fique previsto em contrato, de forma expressa, que *a Administração está autorizada a realizar pagamentos de salários diretamente aos empregados quando esses não forem honrados pelas empresas*. Outra sugestão do TCU foi no sentido de que os contratos contenham cláusula de garantia que assegure o pagamento de prejuízos advindos de não cumprimento, e cláusula de multas punitivas aplicadas à empresa terceirizada.

"Ainda, o TCU sugeriu a definição como faltas graves, nos contratos, o não recolhimento do FGTS dos empregados e o não recolhimento das contribuições sociais da Previdência Social, que poderão dar ensejo à rescisão unilateral da avença, sem prejuízo de aplicação de sanção e de impedimento para licitar e contratar com a União. A mesma medida foi recomendada em relação ao não pagamento de salário, vale-transporte e auxílio-alimentação na data prevista. As recomendações derivaram de trabalho realizado pelo TCU em parceria com a Advocacia-Geral da União, com o Ministério Público Federal, com os Ministérios do Planejamento, Orçamento e Gestão, da Fazenda, da Previdência Social e com o Tribunal de Contas do Estado de São Paulo. 'Foi muito importante para a qualidade do produto entregue o fato de ele ter sido integrado por representantes de diversos órgãos governamentais, com *expertises* e conhecimentos específicos, que certamente se complementaram em prol de um objetivo comum' – afirmou Cedraz" (grifamos) (Notícia publicada em 4.6.2013, fonte: TCU, extraído do *site http://portal2.tcu.gov.br/portal/page/portal/TCU/imprensa/ noticias/detalhes_noticias?noticia=4714638*).

3 - DA LEGISLAÇÃO APLICÁVEL À TERCEIRIZAÇÃO 101

No que tange ao art. 19-A da Instrução Normativa 2/2008, opinamos pela sua integral aplicabilidade. Deveras, as prescrições nele contidas destacam apenas formas de se assegurar ao trabalhador o adimplemento das verbas que lhe são devidas. Não há, pois, qualquer comprometimento com relação à modificação da relação de emprego, que continua sendo apenas entre o terceirizado e a empresa contratada.

Assim, entendemos pela aplicabilidade do dispositivo, que, além de ser uma garantia ao trabalhador, permite que a Administração se acautele contra eventuais ações trabalhistas, já que, além de exercer fiscalização intensa sobre a execução do contratado, estará prevenindo um dano ao trabalhador, ao realizar o pagamento direto.

Logo, reputamos válida a inserção, nos editais de licitação, da prescrição contida no art. 19-A da Instrução Normativa 2/2008.

3.6 Da Lei de Responsabilidade Fiscal/LRF

54. A Lei de Responsabilidade Fiscal/LRF (Lei Complementar 101, de 4.5.2000), editada para regulamentar os arts. 163 e 169 da CF, surgiu para regular a execução da política fiscal do País, controlando as despesas pelo critério de disponibilidade de caixa, impondo metas a serem alcançadas e cominando sanções pelo descumprimento das normas ali estabelecidas.[54]

A LRF não se furtou ao tratar do fenômeno da terceirização sob o aspecto da despesa com pessoal.

Assim, o art. 18, *caput* e § 1º, da LRF estabeleceram:

> Art. 18. Para os efeitos desta Lei Complementar, entende-se como despesa total com pessoal: o somatório dos gastos do ente da Federação com os ativos, os inativos e os pensionistas, relativos a mandatos eletivos, cargos, funções ou empregos, civis, militares e de membros de

---

54. "O planejamento orçamentário e a ampla divulgação do que se pretende fazer e, depois, do que realmente se fez com o dinheiro da sociedade constituem, ambos, estratégias para assegurar os dois grandes objetivos da LRF: a prevenção do déficit e a redução da dívida. Para isso, a boa gestão fazendária requer as seguintes responsabilidades: 1 – cumprimento de metas e resultados entre receitas e despesas. (...); e 2 – obediência a limites e condições para variáveis básicas das finanças públicas" (Flávio C. de Toledo Jr. e Sérgio Ciquera Rossi, *Lei de Responsabilidade Fiscal*, 3ª ed., São Paulo, NDJ, 2005, pp. 11-13).

Poder, com quaisquer espécies remuneratórias, tais como vencimentos e vantagens, fixas e variáveis, subsídios, proventos da aposentadoria, reformas e pensões, inclusive adicionais, gratificações, horas extras e vantagens pessoais de qualquer natureza, bem como encargos sociais e contribuições recolhidas pelo ente às entidades de previdência.

§ 1º. Os valores dos contratos de terceirização de mão de obra que se referem à substituição de servidores e empregados públicos serão contabilizados como "Outras Despesas de Pessoal".

55. A estranha redação do § 1º do art. 18 da LRF, em uma primeira leitura, parece ter admitido a existência da prática de terceirização ilícita. Com efeito, fala-se em "terceirização de mão de obra", e não em "terceirização de serviços", e "substituição de servidores e empregados públicos" pelos terceirizados – o que, evidentemente, viola o art. 37, II, da Constituição da República. Ademais, terceirizados não podem substituir servidores ou empregados públicos, já que estes, via de regra, exercem atividade-fim do Estado.

E, ainda que tais servidores ou empregados públicos exercessem atividade-meio do ente público, no caso de extinção do cargo, a ser realizada por lei, os servidores seriam colocados em disponibilidade até seu aproveitamento, razão pela qual inexiste uma substituição automática de servidor por terceirizado. Assim, sob uma análise estritamente literal, o dispositivo é inconstitucional.

Entretanto, há que se realizar uma interpretação teleológica, de modo a compreender a real finalidade da norma. Vê-se que a intenção da norma foi justamente a moralização dos gastos com pessoal, estabelecendo limites claros e fixos, conforme o ente federativo.

A terceirização (lícita ou ilícita) dá ensejo a gastos públicos. Assim, para que a Administração Pública não gaste recursos públicos para além dos limites estabelecidos pela LRF, criou-se um mecanismo que equipara, para fins de despesas com pessoal, os ilicitamente terceirizados com os servidores e empregados públicos.

56. É desta forma que a doutrina costuma ler o dispositivo do art. 18, § 1º, a saber: os dispêndios com a terceirização ilícita deverão ser computados como gastos com pessoal, e entrar nos limites estabelecidos pela LRF. Régis Fernandes de Oliveira relembra:

> (...) será passível de invalidação ato que simplesmente terceiriza determinados serviços para evitar que as despesas públicas atinjam seus

limites máximos. Objetivando não o atingimento dos interesses públicos, mas contornar os ditames legais, age o servidor com manifesto desvio de poder. Busca burlar os ditames legais, e não satisfazer os interesses públicos.[55]

A intenção da LRF é, justamente, coibir a utilização desta prática indevida. Com efeito, Kiyoshi Harada explana:

> A norma visa a coibir a burla ao princípio limitador das despesas com o pessoal, por meio do expediente da terceirização, à medida que os valores dos contratos a esse título não podem mais ser contabilizados na rubrica "Serviços de Terceiros", como vinham fazendo as Administrações das três esferas políticas. Dentro desse espírito, só se incluem na rubrica "Outras Despesas de Pessoal" as realizadas com a contratação de serviços que deveriam ou poderiam ser executados pelo quadro permanente de servidores, o que exclui os serviços técnicos profissionais especializados referidos no art. 13 da Lei 8.666/1993.[56]

No mesmo sentido, o art. 82, § 3º, da Lei 12.708/2012, que dispõe sobre as diretrizes para a elaboração e execução da Lei Orçamentária de 2013, ao interpretar a LRF, determinou:

> Art. 82. Para fins de apuração da despesa com pessoal, prevista no art. 18 da Lei de Responsabilidade Fiscal, deverão ser incluídas as despesas relativas à contratação de pessoal por tempo determinado para atender a necessidade temporária de excepcional interesse público, nos termos da Lei n. 8.745, de 1993, bem como as despesas com serviços de terceiros quando caracterizarem substituição de servidores e empregados públicos, observado o disposto no § 3º deste artigo.
> § 1º. As despesas relativas à contratação de pessoal por tempo determinado a que se refere o *caput*, quando caracterizarem substituição de servidores e empregados públicos, deverão ser classificadas no GND 1, salvo disposição em contrário constante de legislação vigente.
> § 2º. O disposto no § 1º do art. 18 da Lei de Responsabilidade Fiscal aplica-se exclusivamente para fins de cálculo do limite da despesa total com pessoal, não se constituindo em despesas classificáveis no GND 1.

---

55. Régis Fernandes de Oliveira, *Curso de Direito Financeiro*, São Paulo, Ed. RT, 2006, p. 427.
56. Kiyoshi Harada, *Direito Financeiro e Tributário*, 15ª ed., São Paulo, Atlas, 2006, p. 270.

§ 3º. Não se consideram como substituição de servidores e empregados públicos, para efeito do *caput*, os contratos de serviços de terceiros relativos a atividades que, simultaneamente: I – sejam acessórias, instrumentais ou complementares às atribuições legais do órgão ou entidade, na forma prevista em regulamento; II – não sejam inerentes a categorias funcionais abrangidas pelo quadro de pessoal do órgão ou entidade, salvo expressa disposição legal em contrário, ou sejam relativas a cargo ou categoria extintos, total ou parcialmente; e III – não caracterizem relação direta de emprego.

Desta forma, a lei ordinária, ao interpretar o § 1º do art. 18 da LRF, disciplinou que, para fins de despesas públicas, a terceirização de mão de obra para substituição de servidores (terceirização ilícita, portanto) é considerada como "Outras Despesas de Pessoal". Isto quer dizer que somente no caso de terceirização ilícita o valor despendido com esta contratação é computado dentro dos estreitos limites do art. 19 da LRF.[57] Já, no caso de terceirização de serviços (terceirização lícita), esta seria enquadrada nos "Gastos com Serviços de Terceiros e Encargos", não sendo, desta forma, computada para fins de cálculo do limite de gastos com pessoal.[58]

Pois bem, feito este panorama geral acerca da legislação aplicável à terceirização, passemos à análise dos regimes jurídicos previstos constitucionalmente para que alguém possa, de algum modo, entreter um vínculo jurídico com o Poder Público.

---

57. LRF: "Art. 19. Para os fins do disposto no *caput* do art. 169 da Constituição, a despesa total com pessoal, em cada período de apuração e em cada ente da Federação, não poderá exceder os percentuais da receita corrente líquida, a seguir discriminados: I – União: 50% (cinquenta por cento); II – Estados: 60% (sessenta por cento); III – Municípios: 60% (sessenta por cento)".
58. Esse é o entendimento de Cristiana Fortini e Flávia Cristina Mendonça Faria da Pieve, "As terceirizações e as contratações temporárias realizadas pela Administração Pública: distinções entre as duas figuras e o impacto na LRF", cit., in Cristiana Fortini (coord.), *Terceirização na Administração: Estudos em Homenagem ao Professor Pedro de Almeida Dutra*, 2ª ed., pp. 11-30. E também de José Nilo de Castro, *Responsabilidade Fiscal nos Municípios*, Belo Horizonte, Del Rey, 2001, p. 67.

Capítulo 4
DA FORMA DE CONTRATAÇÃO DE PESSOAL PELA ADMINISTRAÇÃO PÚBLICA – ASPECTOS CONSTITUCIONAIS

4.1 Cargo, emprego, função e contratação temporária: 4.1.1 Cargo público – 4.1.2 Emprego público – 4.1.3 Função pública – 4.1.4 Contratação temporária. 4.2 Do princípio do concurso público. 4.3 Dos regimes jurídicos e do Regime Jurídico Único. 4.4 Da terceirização de atividades administrativas.

4.1 Cargo, emprego, função e contratação temporária

1. O art. 37, I da Constituição da República reporta-se a três figuras distintas de relacionamento de pessoal, a saber: o *cargo*, o *emprego público* e a *função pública*.

Com efeito, transcreve-se o dispositivo:

> Art. 37. A Administração Pública direta e indireta de qualquer dos Poderes da União, dos Estados, do Distrito Federal e dos Municípios obedecerá aos princípios de legalidade, impessoalidade, moralidade, publicidade e eficiência e, também, ao seguinte: I – os *cargos, empregos e funções públicas* são acessíveis aos brasileiros que preencham os requisitos estabelecidos em lei, assim como aos estrangeiros, na forma da lei; (...). [*Grifamos*]

Analisemos, brevemente, cada uma destas figuras.

4.1.1 Cargo público

2. Cargos públicos, consoante definição de Celso Antônio Bandeira de Mello, são:

(...) as mais simples e indivisíveis unidades de competência a serem expressadas por um agente, previstas em número certo, com denominação própria, retribuídas por pessoas jurídicas de direito público e *criadas por lei*, salvo quando concernentes aos serviços auxiliares do Legislativo, caso em que se criam por resolução, da Câmara ou do Senado, conforme se trate de serviços de uma ou de outra destas Casas.[1]

3. Existem quatro tipos de cargos públicos, dependendo da forma de provimento, a saber: (i) o cargo eletivo, (ii) o cargo vitalício, (iii) o cargo em comissão e o (iv) o cargo efetivo.[2]

4. O *cargo eletivo* é aquele a ser preenchido por agentes políticos eleitos pelo povo. São os cargos de Presidente da República, Governadores, Prefeitos e respectivos Vices, bem como os Senadores, Deputados Federais e Estaduais e Vereadores. O vínculo que tais agentes entretêm com o Estado não é de natureza profissional, mas de natureza política. "(...) o que os qualifica para o exercício das correspondentes funções não é a habilitação profissional, a aptidão técnica, mas a qualidade de cidadãos, (...)."[3]

Quanto aos *cargos vitalícios*, *cargos efetivos* e *cargos em comissão*, o que os distingue é a vocação para retenção dos ocupantes.[4]

5. Os *cargos vitalícios* são aqueles que possuem a maior retenção dos seus ocupantes, pois, após o vitaliciamento, seus ocupantes – a saber: os magistrados, os ministros do Tribunal de Contas e os membros do Ministério Público – só poderão ser desligados mediante processo judicial. O vitaliciamento se dá após dois anos de exercício em cargo da Magistratura ou do Ministério Público, salvo nos casos constitucionalmente previstos de nomeação direta – a saber: magistrado de tribunal ou ministro de Tribunal de Contas –, cujo vitaliciamento se dá imediatamente após a posse.

---

1. Celso Antônio Bandeira de Mello, *Curso de Direito Administrativo*, 31ª ed., São Paulo, Malheiros Editores, 2014, p. 259.
2. O correto seria "cargo de provimento eletivo", "cargo de provimento vitalício", "cargo de provimento em comissão" e "cargo de provimento efetivo". Porém, ciente da denominação correta, mas com apoio na forma elíptica consagrada, reduzimos a nomenclatura adequada.
3. Celso Antônio Bandeira de Mello, *Curso de Direito Administrativo*, cit., 31ª ed., p. 252.
4. Idem, p. 309.

4 - CONTRATAÇÃO DE PESSOAL PELA ADMINISTRAÇÃO PÚBLICA   107

6. O *cargo em comissão* é aquele cuja predisposição de retenção do ocupante é mínima, já que são preenchidos por pessoa de confiança da autoridade competente. Há liberdade na escolha e liberdade na exoneração do ocupante de cargo em comissão, que poderá, portanto, ser desligado a qualquer tempo da Administração Pública.

7. Os *cargos de provimento efetivo* são os predispostos a serem preenchidos por ocupantes em caráter definitivo. Todos os cargos efetivos são providos por concurso público de provas ou de provas e títulos. O titular do cargo efetivo, após o período de três anos do estágio probatório, é efetivado e adquire estabilidade. Conforme o art. 41, § 1º, da Constituição da República, o servidor público estável só perderá o cargo: em virtude de sentença judicial transitada em julgado; mediante processo administrativo em que lhe seja assegurada ampla defesa; ou mediante procedimento de avaliação periódica de desempenho, na forma de lei complementar, assegurada ampla defesa.

8. O cargo efetivo está sob a égide do regime estatutário, e este se caracteriza pelo fato de o Estado, ressalvadas as disposições constitucionais obstativas, poder modificar legislativamente o regime jurídico de seus servidores, inexistindo a garantia de que permanecerão sempre disciplinados pelas disposições vigentes quando de sua admissão. Assim, benefícios e vantagens que haviam sido previstos podem ser abolidos ao longo da relação jurídica funcional, desde que não incorporados definitivamente ao patrimônio jurídico do servidor.[5]

9. Ainda, a Constituição e as leis conferem aos servidores públicos um conjunto de prerrogativas a fim de lhes garantir condições favoráveis a uma atuação neutra, imparcial, técnica e livre de influências políticas.[6]

De fato, as prerrogativas conferidas aos servidores no regime estatutário existem para efetiva proteção do interesse público, na medida em que se espera uma ação impessoal do Estado, garantindo-se, pois, o princípio da isonomia frente aos administrados.

As prerrogativas – repita-se – só existem para a melhor satisfação do interesse público, para afastar do agente público qualquer espécie de encargo que venha a cooptá-lo a adotar conduta incompatível com a satisfação do interesse público, atuando em desvio de finalidade.

5. Idem, p. 261.
6. Idem, p. 262.

As prerrogativas devem ser conferidas aos que manuseiam poder extroverso da Administração, aqueles com poder decisório, e que não podem ser influenciados por paixões político-partidárias. Sua atuação deve ser isenta, imparcial e isonômica. Por tal razão, aos detentores de cargo efetivo são concedidas as prerrogativas previstas na Constituição de 1988 e na Lei 8.112/1990.

Assim, as prerrogativas da estabilidade, da reintegração, da disponibilidade remunerada, das licenças para capacitação, da recondução, da readaptação etc., existem para garantia dos cidadãos, e não em prol do servidor público, como habitualmente se costuma pensar.

Prerrogativa, portanto, não se confunde com privilégio. Privilégio é uma regalia visando a satisfazer interesse próprio, ao passo que prerrogativa é o conjunto de atribuições que visam a atender ao interesse de todos.

4.1.2 Emprego público

10. No que tange aos empregos públicos, temos que estes são centros de encargos de trabalho permanentes a serem preenchidos por agentes contratados para exercê-los, sob regime celetista, com as inevitáveis influências advindas da natureza governamental da contratante.[7]

Como explana Fernando Dias Menezes de Almeida:

> Os vínculos que envolvem o regime de CLT se estabelecem mediante um contrato típico, chamado "contrato de trabalho". Esse regime, no caso dos empregados públicos, conforma-se também pelas normas constitucionais pertinentes (ainda que não previstas na CLT) e eventuais dispositivos contidos em leis especiais.[8]

Os empregos públicos também são preenchidos por concurso público, porém aos empregados públicos não são conferidas as mesmas prerrogativas dos servidores públicos detentores de cargo de provimento efetivo, pois estes núcleos de trabalho estão predispostos a atividades que não exigem o mesmo rigor e a mesma impessoalidade que os cargos efetivos.

---

7. Celso Antônio Bandeira de Mello, *Curso de Direito Administrativo*, cit., 31ª ed., p. 260-261.
8. Fernando Dias Menezes de Almeida, *Contrato Administrativo*, São Paulo, Quartier Latin, 2012, p. 296.

4 - CONTRATAÇÃO DE PESSOAL PELA ADMINISTRAÇÃO PÚBLICA

Com efeito, estamos com Celso Antônio Bandeira de Mello, que admite a figura do emprego público apenas para as atividades materiais subalternas, "*aquelas cujo desempenho sob regime laboral não compromete os objetivos que impõem a adoção do regime estatutário como o normal, o dominante*".[9]

11. Por exemplo, entendemos que inexiste estabilidade no emprego público,[10-11] não havendo, pois, necessidade de processo administrativo

---

9. Celso Antônio Bandeira de Mello, *Curso de Direito Administrativo*, cit., 31ª ed., p. 269.

10. O STF, entretanto, já entendeu em sentido contrário, ou seja, pela concessão de estabilidade aos empregados públicos, como se vislumbra da seguinte ementa: "A garantia constitucional da disponibilidade remunerada *decorre da estabilidade no serviço público, que é assegurada não apenas aos ocupantes de cargos, mas também aos de empregos públicos*, já que o art. 41 da CF se refere genericamente a servidores. A extinção de empregos públicos e a declaração de sua desnecessidade decorrem de juízo de conveniência e oportunidade formulado pela Administração Pública, prescindindo de lei ordinária que as discipline (art. 84, XXV, da CF)" (STF, MS 21.236, rel. Min. Sydney Sanches, j. 20.4.1995, *DJU* 25.8.1995. No mesmo sentido: STF, 2ª Turma, AI/AgR 480.432, rela. Min. Ellen Gracie, j. 23.3.2010, *DJe* 16.4.2010).

11. Em outro momento (RE 589.998-PI, publ. 12.9.2013) o STF admitiu a estabilidade apenas aos empregados que ingressaram no serviço público antes de 1988, destacando que os empregados das empresas estatais não têm direito a esta prerrogativa: "*Servidores de empresas públicas e sociedades de economia mista, admitidos por concurso público, não gozam da estabilidade preconizada no art. 41 da CF, mas sua demissão deve ser sempre motivada*". Essa conclusão do Plenário ao, por maioria, prover parcialmente recurso extraordinário interposto pela Empresa Brasileira de Correios e Telégrafos/ECT contra acórdão do TST em que discutido se a recorrente teria o dever de motivar formalmente o ato de dispensa de seus empregados. Na espécie, o TST reputara inválida a despedida de empregado da recorrente, ao fundamento de que "a validade do ato de despedida do empregado da ECT está condicionada à motivação, visto que a empresa goza das garantias atribuídas à Fazenda Pública".

Este acórdão restou assim ementado:

"Empresa Brasileira de Correios e Telégrafos/ECT – Demissão imotivada de seus empregados – Impossibilidade – Necessidade de motivação da dispensa – Recurso extraordinário Parcialmente Provido.

"I – Os empregados públicos não fazem jus à estabilidade prevista no art. 41 da CF, salvo aqueles admitidos em período anterior ao advento da Emenda Constitucional n. 19/1998 – Precedentes.

"II – Em atenção, no entanto, aos princípios da impessoalidade e isonomia, que regem a admissão por concurso público, a dispensa do empregado de empresas públicas e sociedades de economia mista que prestam serviços públicos deve ser motivada, assegurando-se, assim, que tais princípios, observados no momento daquela admissão, sejam também respeitados por ocasião da dispensa.

para demissão de empregado público. Fixados os pressupostos objetivos e motivado o ato de demissão, é cabível a dispensa do empregado. Entretanto, se ele se insurgir contra o ato de demissão, deverão ser assegurados o contraditório e a ampla defesa. Não se trata de liberdade para a demissão. Longe disto. A dispensa do empregado há de ser vastamente motivada, até porque nada pode ser tão fácil na saída e tão difícil na entrada.

Com efeito, não faz sentido que o empregado público tenha enfrentado um dificílimo concurso público para a qualquer tempo ser retirado de seu posto sem qualquer justificativa. A dispensa do empregado há de ser fundamentada em motivo real, plausível e consentâneo com o interesse público.

Assim, o princípio da motivação é pressuposto para a regularidade do ato de dispensa do empregado público, nos termos do art. 37, *caput*, da CF e do art. 2º da Lei 9.784/1999.[12]

Há, desta forma, grande diferença entre o regime estatutário, com as prerrogativas necessárias ao exercício das competências públicas, e o regime celetista, que, embora com influxos próprios do direito administrativo, volta-se a atividades que não exigem as prerrogativas para a salvaguarda do interesse público.

4.1.3 Função pública

12. Já, as funções públicas, segundo Celso Antônio Bandeira de Mello,[13] "são plexos unitários de atribuições, criados por lei", vocacionados a "encargos de direção, chefia ou assessoramento, a serem

---

"III – A motivação do ato de dispensa, assim, visa a resguardar o empregado de uma possível quebra do postulado da impessoalidade por parte do agente estatal investido do poder de demitir.

"IV – Recurso extraordinário parcialmente provido para afastar a aplicação, ao caso, do art. 41 da CF, exigindo-se, entretanto, a motivação para legitimar a rescisão unilateral do contrato de trabalho."

12. Lei 9.784/1999: "Art. 2º. A Administração Pública obedecerá, dentre outros, aos princípios da legalidade, finalidade, motivação, razoabilidade, proporcionalidade, moralidade, ampla defesa, contraditório, segurança jurídica, interesse público e eficiência".

13. Celso Antônio Bandeira de Mello, *Curso de Direito Administrativo*, cit., 31ª ed., p. 260.

exercidas por *titular de cargo efetivo*, da confiança da autoridade que as preenche (art. 37, V, da Constituição)". Aproximam-se, quanto à natureza das atribuições e quanto à confiança que caracteriza seu preenchimento, aos cargos em comissão. Entretanto, possuem uma diferença crucial quanto a estes, pois as funções de confiança só podem ser exercidas por servidores de cargo efetivo, ao passo que os cargos em comissão podem ser preenchidos por pessoas estranhas à carreira, ressalvado um percentual deles, reservado aos *servidores de carreira*, cujo mínimo será fixado por lei.

13. Como ensina Régis Fernandes de Oliveira:

> Função de confiança distingue-se de cargo em comissão pelo fato de aquela não titularizar cargo público. Demais disso, se a função nada mais é que atribuição, ou conjunto de atribuições inerentes a todos servidores públicos, *função de confiança é o plexo de atribuições conferidas a determinado funcionário de carreira em razão de um vínculo existente entre o chefe do Executivo e o titular de cargo efetivo*.[14]

Logo, as funções de confiança são atribuições que sempre estão atreladas a um cargo de provimento efetivo, e só existem para as situações de direção, chefia e assessoramento. Assim, a função não existe isoladamente, mas sempre vinculada a um cargo efetivo.

4.1.4 Contratação temporária

14. Finalmente, no que tange à contratação temporária, do art. 37, IX, da CF, tem-se que esta é realizada também sob regime contratual,[15] mas não celetista.[16] Trata-se de regime público especial,[17] utilizado em situações excepcionais.[18]

---

14. Régis Fernandes de Oliveira, *Servidores Públicos*, 2ª ed., São Paulo, Malheiros Editores, 2008, p. 31.
15. Fernando Dias Menezes de Almeida aloca este tipo de regime contratual no âmbito dos módulos convencionais instrumentais (*Contrato Administrativo*, cit., p. 284).
16. Fernando Dias Menezes de Almeida, *Contrato Administrativo*, cit., p. 296.
17. Nesse sentido: José dos Santos Carvalho Filho, "Terceirização no setor público: encontros e desencontros", in Cristiana Fortini (coord.), *Terceirização na Administração: Estudos em Homenagem ao Professor Pedro de Almeida Dutra*, 2ª ed., Belo Horizonte, Fórum, 2012, p. 54.
18. O art. 2º da Lei 8.745/1993 dispõe: "Considera-se necessidade temporária de excepcional interesse público: I – assistência a situações de calamidade pública; II

De fato, diz o inciso IX do art. 37 da CF que "a lei estabelecerá os casos de contratação por tempo determinado para atender a necessidade temporária de excepcional interesse público".

15. Fabrício Motta[19] explica que a lei de cada entidade federativa deverá optar pelo regime trabalhista ou pelo vínculo estatutário, tendo a lei federal que trata da matéria (Lei 8.745/1993) trilhado a via estatutária, com as devidas alterações, pela natureza do vínculo.

– assistência a emergências em saúde pública; III – realização de recenseamentos e outras pesquisas de natureza estatística efetuadas pela Fundação Instituto Brasileiro de Geografia e Estatística – IBGE; IV – admissão de professor substituto e professor visitante; V – admissão de professor e pesquisador visitante estrangeiro; VI – atividades: a) especiais nas organizações das Forças Armadas para atender à área industrial ou a encargos temporários de obras e serviços de engenharia; b) de identificação e demarcação territorial; c) [alínea revogada pela Lei 10.667/2003]; d) finalísticas do Hospital das Forças Armadas; e) de pesquisa e desenvolvimento de produtos destinados à segurança de sistemas de informações, sob responsabilidade do Centro de Pesquisa e Desenvolvimento para a Segurança das Comunicações – CEPESC; f) de vigilância e inspeção, relacionadas à defesa agropecuária, no âmbito do Ministério da Agricultura e do Abastecimento, para atendimento de situações emergenciais ligadas ao comércio internacional de produtos de origem animal ou vegetal ou de iminente risco à saúde animal, vegetal ou humana; g) desenvolvidas no âmbito dos projetos do Sistema de Vigilância da Amazônia – SIVAM e do Sistema de Proteção da Amazônia – SIPAM; h) técnicas especializadas, no âmbito de projetos de cooperação com prazo determinado, implementados mediante acordos internacionais, desde que haja, em seu desempenho, subordinação do contratado ao órgão ou entidade pública; i) técnicas especializadas necessárias à implantação de órgãos ou entidades ou de novas atribuições definidas para organizações existentes ou as decorrentes de aumento transitório no volume de trabalho que não possam ser atendidas mediante a aplicação do art. 74 da Lei n. 8.112, de 11 de dezembro de 1990; j) técnicas especializadas de tecnologia da informação, de comunicação e de revisão de processos de trabalho, não alcançadas pela alínea 'i' e que não se caracterizem como atividades permanentes do órgão ou entidade; l) didático-pedagógicas em escolas de governo; e m) de assistência à saúde para comunidades indígenas; VII – admissão de professor, pesquisador e tecnólogo substitutos para suprir a falta de professor, pesquisador ou tecnólogo ocupante de cargo efetivo, decorrente de licença para exercer atividade empresarial relativa à inovação; VIII – admissão de pesquisador, nacional ou estrangeiro, para projeto de pesquisa com prazo determinado, em instituição destinada à pesquisa; IX – combate a emergências ambientais, na hipótese de declaração, pelo Ministro de Estado do Meio Ambiente, da existência de emergência ambiental na região específica; X – admissão de professor para suprir demandas decorrentes da expansão das instituições federais de ensino, respeitados os limites e as condições fixados em ato conjunto dos Ministérios do Planejamento, Orçamento e Gestão e da Educação".

19. Fabrício Motta, Maria Sylvia Zanella Di Pietro e Luciano de Araújo Ferraz, *Servidores Públicos na Constituição de 1988*, São Paulo, Atlas, 2011, p. 73.

4 - CONTRATAÇÃO DE PESSOAL PELA ADMINISTRAÇÃO PÚBLICA

Entendemos, entretanto, que não se trata de regime celetista ou estatutário, mas de outra espécie de regime jurídico, a saber: um regime jurídico especial. Não aceitamos a posição de que seria um regime estatutário, pois que suas diferenças para com tal regime são tantas (inexistência de estabilidade, ausência de vantagens pecuniárias pessoais, não admissão por concurso público etc.), que não reputamos adequada a alocação deste regime dentro do regime estatutário.

Outrossim, não se trata de regime celetista, pois que não se aplicam as regras da Consolidação das Leis do Trabalho, mas as predispostas na Lei 8.745/1993.

Vê-se, portanto, que para nós existem duas espécies contratuais: o servidor público sob contrato administrativo (servidor público temporário ou contratado temporário) e o servidor sob contrato trabalhista, que é o empregado público da Administração direta e das autarquias.

Márcio Cammarosano[20] entende que não se está diante de uma relação contratual, mas de uma relação de emprego. Para o autor, as notas características da relação de emprego seriam a *profissionalidade* e a *relação de dependência*. Então, existiriam apenas dois tipos de relação de emprego: a de natureza estatutária e a de natureza celetista.

16. Nesta seara, Márcio Cammarosano[21] posiciona-se favoravelmente à aplicação da Consolidação das Leis do Trabalho aos servidores públicos temporários. Neste sentido também Adilson Abreu Dallari.[22]

Ambos, entretanto, assumiram esta posição antes do advento da Lei 8.745/1993, que nitidamente não albergou a aplicação da Consolidação das Leis do Trabalho aos contratados temporários.

De toda sorte, o raciocínio dos doutrinadores poderia ser mantido, pois o argumento a que aludem encontra respaldo constitucional. Vejamos.

Adilson Abreu Dallari[23] entende que o art. 37, IX, da CF não autoriza a instituição de um regime jurídico, mas tão somente atribui à lei a tarefa de disciplinar os casos de contratação temporária.

---

20. Márcio Cammarosano, *Provimento de Cargos Públicos no Direito Brasileiro*, São Paulo, Ed. RT, 1984, p. 21.
21. Márcio Cammarosano, "O Estado empregador", in Celso Antônio Bandeira de Mello (coord.), *Curso de Direito Administrativo*, São Paulo, Ed. RT, 1986, pp. 50-66.
22. Adilson Abreu Dallari, *Regime Constitucional dos Servidores Públicos*, 2ª ed., São Paulo, Ed. RT, 1992, p. 124.
23. Idem, ibidem.

Outrossim, o texto constitucional utiliza o vocábulo "contratação", excluindo, de plano, um regime estatutário. Ademais, Dallari afirma que, tratando-se de regime jurídico de pessoal, é certo que esse regime deve atender às garantias conferidas pela Constituição a todos os trabalhadores. Desta forma, "o regime jurídico do pessoal contratado pela Administração Pública para desempenhar, temporariamente, serviços de excepcional interesse público somente pode ser o regime da Consolidação das Leis do Trabalho".[24]

17. Márcio Cammarosano[25] igualmente entende pela existência de apenas dois regimes jurídicos: o estatutário e o celetista. Diz o autor que o regime celetista deve ser usado exclusivamente para os servidores públicos temporários, pois nos demais casos, tendo em vista a permanência da atividade a ser desenvolvida, há necessidade de serem criados cargos (sob regime estatutário) para a Administração direta, autárquica e fundacional.

18. Desta forma, Márcio Cammarosano[26] parece não admitir a existência de empregos públicos fora da contratação temporária, dentro da Administração Pública direta, autárquica e fundacional.

Adotando-se a posição de Márcio Cammarosano e Adilson Abreu Dallari, ter-se-ia que considerar inconstitucional a Lei 8.745/1993 – o que, a nosso ver, não parece ser o caso.

19. Embora louvemos os raciocínios esposados pelos Mestres, deles discordamos, por entendermos pela existência de um terceiro regime, a saber: o regime público especial.[27]

Em primeiro lugar porque, se a Constituição da República quisesse conferir aos servidores públicos temporários o regime celetista, ela o teria feito expressamente.

Em segundo lugar porque, se admitirmos que o regime celetista somente se aplique aos servidores públicos temporários, não teríamos como explanar a necessidade de concurso público para o provimento de empregos públicos (art. 37, II, da CF), já que a contratação tempo-

---

24. Idem, ibidem.
25. Márcio Cammarosano, "O Estado empregador", cit., in Celso Antônio Bandeira de Mello (coord.), *Curso de Direito Administrativo*, p. 61.
26. Idem, pp. 60-61.
27. Também neste sentido: Ivan Barbosa Rigolin, *O Servidor Público na Constituição de 1988*, São Paulo, Saraiva, 1989, p. 89.

rária exige celeridade para o cumprimento do interesse público – celeridade, esta, que não se coaduna com o rito do concurso público.

Em terceiro lugar porque a lei que rege a matéria, a Lei 8.745/1993, estabeleceu uma sistemática diferenciada para a contratação dos servidores públicos temporários – como, aliás, não poderia deixar de ser, ante sua excepcionalidade e a temporariedade na contratação.

Assim, o regime jurídico especial é um terceiro regime jurídico, que não se confunde com o regime estatutário nem com o celetista.

20. Ainda, Régis Fernandes de Oliveira[28] esclarece que os contratados temporários exercem função, mas não a função de confiança do art. 37, V, da Constituição da República.

A função de confiança é função permanente e de livre escolha e exoneração da autoridade nomeante, ao passo que a função dos contratados temporariamente é transitória e visa a suprir necessidades passageiras e excepcionais, por lapso temporal certo, incompatíveis com as delongas de um concurso público.

É como bem explanou Maria Sylvia Zanella Di Pietro;[29] quando se fala em função na Constituição de 1988 se tem que vislumbrar dois tipos de situações, a saber: (i) a função exercida por servidores contratados temporariamente, com base no art. 37, IX, da CF; e (ii) as funções de natureza permanente, correspondentes a direção, chefia e assessoramento.

21. Pois bem, para que haja regularidade na função exercida por meio da contratação temporária, hão que estar presentes, além da previsão legal, a *determinabilidade temporal*, a *temporalidade da função* ou a *excepcionalidade do interesse público*, sob pena de violação ao princípio do concurso público.[30]

22. Logo, embora não haja necessidade de concurso público, entendemos que, em atenção ao princípio da isonomia, alguma forma de seleção objetiva deva ser realizada.

A Lei 8.745/1993 trata da matéria e dispõe, em seu art. 3º, que o recrutamento do pessoal a ser contratado "será feito mediante processo

---

28. Régis Fernandes de Oliveira, *Servidores Públicos*, cit., 2ª ed., p. 31.
29. Maria Sylvia Zanella Di Pietro, *Direito Administrativo*, 25ª ed., São Paulo, Atlas, 2012, p. 591.
30. Raphael Diógenes Serafim Vieira, *Servidor Público Temporário*, Viçosa, UFV, 2007, p. 46.

seletivo simplificado sujeito a ampla divulgação, inclusive através do *Diário Oficial da União*, prescindindo de concurso público".

Ainda que não se esteja diante do instituto do concurso público, o princípio da isonomia foi preservado por meio de um processo objetivo de seleção.

Já, para o provimento de cargos públicos de natureza efetiva e de empregos públicos a Constituição assegurou que o ingresso se dará por meio do concurso público.

4.2 Do princípio do concurso público

23. A Constituição de 1988 instituiu um marco na contratação de pessoal por parte da Administração Pública, na medida em que estabeleceu a necessidade de concurso público para o ingresso em cargo ou emprego público.

De fato, reza o art. 37, II, da CF:

> Art. 37. A Administração Pública direta e indireta de qualquer dos Poderes da União, dos Estados, do Distrito Federal e dos Municípios obedecerá aos princípios de legalidade, impessoalidade, moralidade, publicidade e eficiência e, também, ao seguinte: (...); II – *a investidura em cargo ou emprego público depende de aprovação prévia em concurso público* de provas ou de provas e títulos, de acordo com a natureza e a complexidade do cargo ou emprego, na forma prevista em lei, ressalvadas as nomeações para cargo em comissão declarado em lei de livre nomeação e exoneração; (...). [*Grifamos*]

Esta norma moralizadora fez com que, mesmo tendo ocorrido significativo decréscimo de servidores na União em virtude da terceirização, como visto em capítulo anterior, o número de servidores concursados aumentasse em decorrência justamente dessa previsão constitucional, que obriga a realização de concurso público para o preenchimento de cargos ou empregos públicos.

24. Fato é que o princípio do concurso público visou à extinção das mais variadas formas de apadrinhamento, pois a Constituição de 1988, ao modificar a sistemática anterior existente, passou a exigir o concurso público também para o ingresso em empregos públicos, e não apenas para cargos de provimento efetivo, consoante previa o art.

97, § 1º, da Constituição de 1967,[31] com a redação dada pela Emenda Constitucional 1/1969.

Com efeito, antes da Constituição de 1988 os empregos públicos eram providos ao bel-prazer do administrador, o que gerava toda a sorte de favorecimentos, apadrinhamentos e "cabides de emprego".

25. Ainda, a Constituição de 1988 desatrelou o sistema do concurso público da expressão "primeira investidura".

Como bem salientou Márcio Cammarosano, ao comentar o art. 97, § 1º, da Constituição de 1967:

> Deixa-se de promover concurso público sob a alegação de que há funcionários do quadro que possuem a qualificação pessoal exigida para o exercício dos cargos vagos, e que o seu provimento por aqueles que já são funcionários não caracteriza primeira investidura. É como se o simples fato de ser titular de um cargo público, de provimento efetivo, pudesse, validamente, propiciar a aquisição da titularidade de qualquer outro, ainda que de grupo ocupacional diverso, sem os "riscos" de uma concorrência externa.[32]

Assim, o art. 97, § 1º, da Constituição de 1967, com a redação dada pela Emenda Constitucional 1/1969, permitiu ao legislador ordinário a criação da figura da transposição.[33]

26. Novamente nos valemos das lições de Márcio Cammarosano para delimitação desse instituto. A transposição ocorre da seguinte forma:

> Por ocasião da realização de concurso, metade dos cargos podem ser reservados para concurso público, e outra metade para provimento mediante concurso restrito aos que já são titulares de cargo público. Trata-

---

31. CF de 1967, com redação da Emenda Constitucional 1/1969:
"Art. 97. Os cargos públicos serão acessíveis a todos os brasileiros que preencham os requisitos estabelecidos em lei.
"§ 1º. A primeira investidura em cargo público dependerá de aprovação prévia, em concurso público de provas ou de provas e títulos, salvo os casos indicados em lei."
32. Márcio Cammarosano, *Provimento de Cargos Públicos no Direito Brasileiro*, cit., p. 72.
33. Esse instituto foi, outrora, encontrado na Lei Complementar 180, de 12.5.1978, que instituiu o Sistema de Administração de Pessoal do Estado de São Paulo, e inserido na Lei 8.989, de 20.10.1979, do Município de São Paulo, e "visa a adequar a alocação de recursos humanos no serviço público em consonância com as aptidões e formação profissional do funcionário público" (Carlos Borges de Castro, *Regime Jurídico da CLT no Funcionalismo*, São Paulo, Saraiva, 1981, p. 67).

-se de um privilégio para quem já é funcionário. Ora, se se pode reservar metade, poderia a lei reservar dois terços, ou três terços. Então teríamos, por exemplo, a seguinte situação: realiza-se concurso público apenas para enfermeiro, os enfermeiros cursam faculdade de Medicina – serão médicos –, criam-se cargos de médico, o que é ainda pior, realiza-se transposição e, depois, abre-se novamente concurso para enfermeiro.[34]

27. Ocorre que com o advento da Constituição de 1988 essa situação chegou ao fim: em atenção aos princípios da moralidade[35] e da isonomia, passou-se a reputar obrigatória a contratação de pessoal, para cargo ou emprego público, por meio de concurso público, aberto ao público em geral, ressalvadas as hipóteses constitucionalmente previstas.

28. Hely Lopes Meirelles, com mestria, sintetizou o instituto do concurso público nos seguintes termos:

(...). O *concurso* é o meio técnico posto à disposição da Administração Pública para obter-se moralidade, eficiência e aperfeiçoamento do

---

34. Márcio Cammarosano, "O Estado empregador", cit., in Celso Antônio Bandeira de Mello (coord.), *Curso de Direito Administrativo*, pp. 58-59.
35. Para a quase totalidade da doutrina o princípio da moralidade administrativa diz respeito à obrigatoriedade de se obedecer aos valores éticos da sociedade. Por todos, vale a transcrição do saudoso Oswaldo Aranha Bandeira de Mello, para quem: "São as regras éticas que informam o direito positivo como mínimo de moralidade que circunda o preceito legal, latente na fórmula escrita e costumeira. Encerram normas jurídicas universais, expressão de proteção do gênero humano na realização do Direito. E, para emprestar-se imagem de Carnelutti, pode-se dizer ser o álcool que conserva o vinho, lhe dá vitalidade, está dentro dele, mas com ele não se confunde" (*Princípios Gerais de Direito Administrativo*, 3ª ed., 2ª tir., vol. I, São Paulo, Malheiros Editores, 2010, p. 420).
Em posição pioneira, Márcio Cammarosano discorda da corrente majoritária, para afirmar: "Não há que se falar em ofensa à moralidade administrativa se ofensa não houver ao Direito (...). Portanto, violar a moralidade é violar o Direito. É questão de legalidade. A só violação de preceito moral, não juridicizado, não implica invalidade do ato. A só ofensa a preceito que não consagra, explícita ou implicitamente, valores morais implica a invalidade do ato, mas não a imoralidade administrativa" (*O Princípio Constitucional da Moralidade e o Exercício da Função Administrativa*, Belo Horizonte, Fórum, 2006, p. 114).
De qualquer forma, seja para uma ou para outra teoria, no caso em tela, sempre que houver afastamento indevido do concurso público haverá violação da moralidade administrativa na medida em que, além de violar a moral comum, a ausência de concurso público (sempre que obrigatório) é inconstitucional, por ferir o princípio da isonomia, expresso no art. 5º, *caput*, e o da impessoalidade, consignado no art. 37, *caput*, da CF.

4 - CONTRATAÇÃO DE PESSOAL PELA ADMINISTRAÇÃO PÚBLICA

serviço público e, ao mesmo tempo, propiciar igual oportunidade a todos os interessados que atendam aos requisitos da lei, fixados de acordo com a natureza e a complexidade do cargo ou emprego, consoante determina o art. 37, II, da CF. Pelo concurso afastam-se, pois, os ineptos e os apaniguados que costumam abarrotar as repartições, num espetáculo degradante de protecionismo e falta de escrúpulos de políticos que se alçam e se mantêm no poder leiloando cargos e empregos públicos.[36]

O concurso público é, pois, procedimento administrativo que visa ao preenchimento de cargos públicos de natureza efetiva ou empregos públicos, a fim de instrumentalizar o aparato administrativo por meio de recursos humanos, assegurando a efetiva observância do princípio da isonomia.

Com efeito, o concurso público propicia a concorrência e a igualdade de oportunidade para aqueles interessados em titularizar cargos públicos[37] ou empregos públicos.

29. Ademais, como bem salientou Márcio Cammarosano, o concurso público "tem por escopo possibilitar a aquisição, para o serviço público, do melhor servidor, bem como assegurar aos administrados em geral a igual oportunidade de ascenderem aos cargos públicos".[38]

Assim, o concurso público é imperativo constitucional para que a Administração Pública não apenas ofereça igual oportunidade aos particulares, cumprindo, desta forma, o princípio da isonomia, mas também para que seja "obtido" aquele que melhor satisfaz o interesse público, dentro do universo de interessados.

De fato, a aprovação em um concurso público já denota, pelo caráter seletivo, que o particular, afora estar apto para o exercício da função, se encontra, dentro do sistema da meritocracia, dentre os melhores para o desempenho daquela atividade.

Romeu Felipe Bacellar Filho brilhantemente, sintetizou:

> Se o concurso público não é, segundo pensam alguns, a melhor forma de recrutamento de pessoal para a Administração Pública, represen-

---

36. Hely Lopes Meirelles, *Direito Administrativo Brasileiro*, 40ª ed., São Paulo, Malheiros Editores, 2014, p. 505.
37. Márcio Cammarosano, *Provimento de Cargos Públicos no Direito Brasileiro*, cit., p. 82.
38. Idem, p. 83.

ta, seguramente, a melhor opção até agora concebida, possibilitando seu democrático procedimento, a todos que reúnam as condições exigidas, ampla participação na competição.[39]

Assim, a via do concurso público é o meio que a Constituição da República reputou adequado para o preenchimento de cargos e empregos públicos, salvo os cargos de livre nomeação e exoneração bem como os do art. 37, IX, da CF.

Na feliz síntese de Régis Fernandes de Oliveira:

> O concurso público é a única porta democrática para permitir o acesso de todos aos cargos públicos. (...).[40]

É importante repisar que o concurso público é instituto garantidor da sociedade, tanto que o Estado não pode abdicar de escolher os melhores candidatos para prestar a atividade para qual foi aberta a seleção, uma vez que, em última análise, esta atividade, direta ou indiretamente, sempre se volta para a sociedade.

30. Sabe-se que a situação atual é a de que os concursos públicos se voltaram basicamente para cargos ou empregos que exigem nível médio ou superior, não subsistindo mais concursos públicos para cargos ou empregos de nível de ensino fundamental, pois estes são preenchidos por terceirizados.

Resta saber se é possível a instrumentalização de recursos humanos por meio da terceirização.

Aliás, consoante ensina Carmen Lúcia Antunes Rocha,[41] o advento da Constituição de 1988, reclamando o dever de somente adentrar no serviço público mediante a aprovação prévia em concurso público de provas ou provas e títulos e ampliando tal exigência a todas as entidades que compõem a Administração Pública (direta ou indireta), trouxe, ainda, um elemento adicional, que afirma a vedação do uso da figura da terceirização para a contratação de pessoal: o Regime Jurídico Único, imposto a todos quantos formem o conjunto dos servido-

---

39. Romeu Felipe Bacellar Filho, "O concurso público e o processo administrativo", in Fabrício Motta (coord.), *Concurso Público e Constituição*, Belo Horizonte, Fórum, 2005, p. 73.
40. Régis Fernandes de Oliveira, *Servidores Públicos*, cit., 2ª ed., p. 46.
41. Carmen Lúcia Antunes Rocha, *Princípios Constitucionais dos Servidores Públicos*, São Paulo, Saraiva, 1999, p. 520.

res públicos, obstaculiza a investidura forjada e concluída sob a modalidade de contratação mediante terceiros.

Analisemos, agora, o que deve ser entendido por Regime Jurídico Único e quais os regimes jurídicos previstos constitucionalmente.

4.3 Dos regimes jurídicos e do Regime Jurídico Único

31. A Constituição, ao tratar exaustivamente do regime de pessoal, admitiu apenas e tão somente três regimes para que uma pessoa física possa ingressar nos quadros da Administração, desempenhando função administrativa. São eles: (i) o regime estatutário; (ii) o regime contratual celetista; e o (iii) regime contratual especial, ou regime jurídico especial (para os servidores públicos temporários).

Adilson Abreu Dallari afirmou que "a inerência do servidor ao serviço público doravante somente pode ocorrer mediante a vinculação a dois elementos: ou cargo, ou emprego; terceiro excluído".[42]

Relembre-se que Adilson Dallari não aceita a existência de um terceiro regime jurídico para os servidores públicos temporários, entendendo que estes seguem o regime celetista.

Para nós a afirmação de Adilson Dallari reflete uma realidade anterior ao advento da Lei 8.745/1993. Hoje, afirmaríamos que *a inerência do servidor ao serviço público somente pode ocorrer mediante a vinculação a três elementos: ou cargo, ou emprego, ou função oriunda de contratação temporária; quarto excluído.*

32. Pois bem, os servidores ocupantes de cargos submetem-se a regime específico, de índole não contratual, denominado estatutário ou institucional.

O "restaurado"[43] art. 39 da Constituição da República estabelece:

> Art. 39. A União, os Estados, o Distrito Federal e os Municípios instituirão, no âmbito de sua competência, *Regime Jurídico Único* e planos de carreira para os servidores da Administração Pública direta, das autarquias e das fundações públicas. [*Grifamos*]

---

42. Adilson Abreu Dallari, *Regime Constitucional dos Servidores Públicos*, cit., 2ª ed., p. 40.
43. Diz-se "restaurado" por conta do julgamento da ADI 2.135-4, proposta pelo PT, PDT, PCdoB e PSB, que decidiu pela ineficácia da nova redação do *caput* do art. 39 introduzida pela Emenda Constitucional 19/1998, por vício de tramitação.

33. Se acabamos de afirmar que convivem três regimes jurídicos distintos para o pessoal na Administração Pública, o que significaria a existência de um Regime Jurídico Único?

Inicialmente, esclareça-se que o regime jurídico não impede que outros regimes coexistam simultaneamente na Administração Pública.

Neste ponto estamos com Celso Antônio,[44] para quem é possível promover a convivência do regime estatutário e do regime celetista (e, para nós, também do regime jurídico especial), nos seguintes termos: o pretendido pelo art. 39 não foi estabelecer obrigatoriamente um único regime para todos os servidores da Administração direta, autarquias e fundações públicas, mas fixar que a Administração direta e a indireta das respectivas esferas federativas tenham uniformidade de regime para seus servidores. Ou seja: não é possível que a União adote para si um dado regime e atribua regime distinto a uma autarquia sua, criando uma multiplicidade de regimes, como sucedia até o advento da Constituição de 1988.

Assim, é possível que dentro de uma mesma pessoa jurídica convivam cargos públicos e empregos públicos sem que, com isto, haja violação do mandamento constitucional que assegura o Regime Jurídico Único.

34. De fato, a Constituição assegura a existência de cargos e empregos. Neste sentido, o art. 51, IV, estabelece que compete à Câmara dispor sobre sua organização, seu funcionamento, polícia, criação, transformação ou extinção dos *cargos, empregos e funções* de seus serviços e a iniciativa de lei para fixação da respectiva remuneração, observados os parâmetros estabelecidos na Lei de Diretrizes Orçamentárias. Igualmente, o art. 52, XIII, fixa a mesma competência, desta vez para o Senado. Já, o art. 61, § 1º, II, "a", estabelece serem de iniciativa privativa do Presidente da República as leis que disponham sobre criação de *cargos, funções* ou *empregos públicos* na Administração direta e autárquica ou aumento de sua remuneração. Ainda, o art. 114, I prevê ser da Justiça do Trabalho a competência para processar e julgar as ações oriundas da relação de trabalho, abrangidos os entes de direito público externo e da Administração

---

44. Celso Antônio Bandeira de Mello, *Curso de Direito Administrativo*, cit., 31ª ed., pp. 264-265.

4 - CONTRATAÇÃO DE PESSOAL PELA ADMINISTRAÇÃO PÚBLICA 123

Pública direta e indireta da União, dos Estados, do Distrito Federal e dos Municípios.

Logo, não pairam dúvidas acerca da possibilidade de coexistência entre cargos, funções temporárias e empregos na Administração direta, autárquica e fundacional.[45]

35. A questão primordial é, no entanto, saber se pode a Administração optar pelo regime de cargo ou de emprego a seu bel-prazer. Quanto à contratação temporária, sua excepcionalidade já foi delimitada quando dela tratamos em tópico anterior. Certo é que a principal discussão quanto ao Regime Jurídico Único envolve os cargos e os empregos públicos.

Assim, seria a Administração (direta, autarquias e fundações públicas)[46] livre para escolher quando prover cargos e quando ocupar os empregos?

Celso Antônio Bandeira de Mello[47-48] entende que o regime normal das pessoas de direito público é o de cargos públicos (estatutário), por três razões.

A primeira diz respeito ao fato de a CF, nos arts. 39 a 41, que tratam "Dos Servidores Públicos", ter se esforçado em delinear, nos inúmeros dispositivos que os integram, os caracteres fundamentais de um regime específico, diverso do trabalhista, e tratando-o com magnitude. "(...). *Certamente não o fez para permitir, ao depois, que tal regime fosse desprezado e adotado o regime laboral comum* (...)."[49] Seria um disparate a abertura de toda uma "seção", com tão especializada e meticulosa disciplina para os detentores de cargo público, se este não fosse o regime de pessoal prioritário em relação a qualquer outro.

45. Afinal, como ensina Celso Antônio Bandeira de Mello, as fundações públicas são pura e simplesmente autarquias que receberam esta designação tendo em vista a base estrutural que as compõe (*Natureza e Regime Jurídico das Autarquias*, São Paulo, Ed. RT, 1968, pp. 363-364).
  46. O regime dos servidores das sociedades de economia mista, empresas públicas e fundações de direito privado instituídas pelo Poder Público é o regime de emprego (celetista), conforme disposto no art. 173, § 1º, II, da CF de 1988.
  47. Celso Antônio Bandeira de Mello, *Curso de Direito Administrativo*, cit., 31ª ed., pp. 265-270.
  48. Maria Sylvia Zanella Di Pietro comunga do mesmo pensamento (*Direito Administrativo*, cit., 25ª ed., p. 590).
  49. Celso Antônio Bandeira de Mello, *Curso de Direito Administrativo*, cit., 31ª ed., p. 266.

A segunda razão está atrelada à redação do art. 39, § 3º, da CF, que dispõe: "§ 3º. Aplica-se aos servidores ocupantes de cargo público o disposto no art. 7º, IV, VII, VIII, IX, XII, XIII, XV, XVI, XVII, XVIII, XIX, XX, XXII e XXX, podendo a lei estabelecer requisitos diferenciados de admissão quando a natureza do cargo o exigir".

Pois bem, segundo o Professor, deste dispositivo também se consegue extrair a normalidade do regime de cargo para as pessoas jurídicas de direito público. Isto porque, se o normal fosse o trabalhista, seria desnecessária a aludida remissão, e esta não estaria limitada a alguns incisos do art. 7º, já que todos eles se aplicariam normalmente.

A última razão diz respeito ao fato de ser o regime estatutário idealizado para atender a particularidades de um vínculo no qual não estão em causa tão só interesses empregatícios, mas também interesses públicos, uma vez que os servidores públicos são, como dito, "as vozes" do Estado.

36. De fato, o regime estatutário confere, como visto, prerrogativas para a salvaguarda da sociedade, e não dos servidores públicos. Tais prerrogativas devem ser outorgadas àqueles que dela necessitam para uma atuação impessoal, imparcial e em prol do interesse público.

Pois bem, quando, então, seria possível a utilização de empregos públicos?

Para Celso Antônio é admissível a utilização de empregos públicos apenas quando não houver comprometimento ao interesse público, tendo em vista as atividades a serem exercidas. Isto é: embora não seja o ideal, determinadas atividades podem ser prestadas sem as prerrogativas específicas do regime de cargo, e isto não afetaria o regular atendimento do interesse público.[50]

37. Assim, para Celso Antônio a utilização do cargo deve ser sempre prioritária em relação ao emprego, porém este é admitido nas situações de atividades materiais subalternas, como jardineiros, digitadores, ascensoristas, motoristas etc., pois neste caso o interesse público não restaria comprometido, ante a ausência das prerrogativas inerentes ao cargo público.

38. Divergimos parcialmente das lições do Mestre, por entendermos que a Constituição assegurou igualmente a existência dos dois

---

50. Idem, p. 269.

regimes, não tendo optado pela prevalência do regime de cargo em detrimento do regime celetista.

Com efeito, ambos estão delineados e assegurados pela Carta Maior. Assim sendo, entendemos que a regra é a de que somente poderão ser preenchidos com cargos públicos os casos em que as prerrogativas forem necessárias para o adequado desempenho da competência pública, a fim de que o servidor não possa ser coagido a atuar de tal ou qual maneira, conforme o interesse do governante. Caso contrário as ocupações deverão ser obrigatoriamente preenchidas por empregos públicos.

Veja-se que as prerrogativas, a nosso ver, só podem ser dadas a quem delas efetivamente necessita, ou seja, para os detentores de atividades que envolvem o interesse público. Quem não exerce atividade cujo escopo esteja relacionado diretamente ao interesse público só pode ocupar emprego público, não podendo receber as prerrogativas de algo de que não necessita.

Isto porque, se as prerrogativas existem em prol da sociedade, e não do agente (servidor ou empregado), não faz sentido que sejam concedidas a quem delas não necessita. A concessão de "vantagens" para quem não manuseia o interesse público, a meu ver, torna-se privilégio, e não prerrogativa.

Assim, entendemos que não há preponderância de regime entre o cargo e o emprego; o que existe é uma distinção de atribuições. Determinadas atribuições deverão ser necessariamente exercidas por empregados públicos, ao passo que outras atribuições só poderão ser desempenhadas por detentores de cargo.

39. Assim, as atividades correspondentes à prestação de serviços materiais subalternos, como motoristas, jardineiros, faxineiros, copeiras, ascensoristas etc., devem (e não "podem", como diz Celso Antônio[51]) ser realizadas por empregados públicos, que não necessitam das garantias inerentes ao cargo público para o correto desempenho de suas atividades.

40. As demais atividades (técnicas, intelectuais, jurídicas, fiscais) deverão ser exercidas por agentes detentores de cargo efetivo, já que necessitam das prerrogativas para o fiel cumprimento do interesse público.

51. Idem, ibidem.

Desta forma, mantêm-se os dois regimes constitucionalmente garantidos, sem que haja prevalência de um sobre o outro, mas, sim, uma delimitação de competências, conforme a atividade a ser desempenhada. Assim – repita-se –, se para salvaguardar o interesse público o agente necessita estar provido em cargo, este é o regime constitucionalmente assegurado. Se, ao contrário, o agente não necessitar das prerrogativas do regime estatutário para o desempenho adequado de suas atividades, então, ele forçosamente deverá estar submetido ao regime celetista.

Diante disto, verificou-se que a Constituição tratou exaustivamente das possibilidades de instrumentalização estatal por meio de recursos humanos. Assim, houve uma preocupação constitucional intensa em demonstrar quem são as pessoas que podem desempenhar as atividades estatais, estabelecendo os regimes jurídicos a que elas necessariamente estariam atreladas.

4.4 Da terceirização de atividades administrativas

41. As atividades administrativas decorrem das competências públicas estabelecidas pela lei. É a lei ou a Constituição que confere ao agente o exercício de uma competência pública, para o atendimento de uma finalidade pública.

Competência pública, segundo Celso Antônio Bandeira de Mello, é "*o círculo compreensivo de um plexo de deveres públicos a serem satisfeitos mediante o exercício de correlatos e demarcados poderes instrumentais, legalmente conferidos para a satisfação de interesses públicos*".[52]

Veja-se que a regra é a indelegabilidade, ou intransferibilidade, da competência pública. A competência pública não pode ser trespassada para o particular, salvo nos termos admitidos pela Constituição.

42. Com efeito, quanto às características, as competências são: (i) de exercício obrigatório para os órgãos e agentes públicos; (ii) irrenunciáveis; (iii) intransferíveis; (iv) imodificáveis; e (i) imprescritíveis.[53]

---

52. Celso Antônio Bandeira de Mello, *Curso de Direito Administrativo*, cit., 31ª ed., p. 148.
53. Idem, pp. 149-150.

43. Quando a Constituição entendeu ser o caso de repassar ao particular uma competência pública administrativa, ela o fez expressamente. Assim, dentre as atividades administrativas existentes, ela admitiu o trespasse ao particular das seguintes: (i) fomento das atividades privadas de interesse coletivo (art. 174 da CF); (ii) intervenção em atos e fatos da vida particular para lhes conferir certeza e segurança jurídicas (art. 236 da CF); e (iii) serviços públicos, salvo os de prestação exclusiva do Estado (art. 175 da CF).

No que tange às atividades de poder de polícia, vimos que os atos próprios que expressam esse poder são indelegáveis, e, sendo assim, não passíveis de terceirização.

O problema, então, diz respeito à possibilidade (ou não) da utilização do instituto da terceirização para a instrumentalização de recursos humanos, a fim de que estes realizem atividades da Administração.

Vistos os regimes jurídicos constitucionalmente previstos para a "aquisição" de pessoal, vejamos, então, se é possível (ou não) a terceirização para instrumentalização de recursos humanos no próximo capítulo.

Capítulo 5
DA INSTRUMENTALIZAÇÃO ATRAVÉS DE RECURSOS HUMANOS PARA AS ATIVIDADES ESTATAIS E A TERCEIRIZAÇÃO

5.1 Do art. 37, XXI, da CF de 1988: a contratação de serviços. 5.2 Do fator de discrímen constitucionalmente assegurado. 5.3 Das atividades permanentes, temporárias, internas e externas. 5.4 Da diferença entre atividades internas e permanentes e serviços. 5.5 Das atividades externas e permanentes. 5.6 Das atividades externas e temporárias.

1. Como visto no Capítulo 3, a maioria da doutrina bem como a jurisprudência admitem a terceirização para as denominadas atividades-meio da Administração, sendo vedada sua utilização para as atividades-fim.

Pois bem, o fundamento constitucional para a terceirização de atividades administrativas que envolvam a necessidade de recursos humanos seria, então, o art. 37, XXI. Vamos a ele.

5.1 Do art. 37, XXI, da CF de 1988: a contratação de serviços

2. O inciso XXI do art. 37 da CF de 1988 estabeleceu que:

> Art. 37. (...); XXI – ressalvados os casos especificados na legislação, as obras, *serviços*, compras e alienações serão contratados mediante processo de licitação pública que assegure igualdade de condições a todos os concorrentes, com cláusulas que estabeleçam obrigações de pagamento, mantidas as condições efetivas da proposta, nos termos da lei, o qual somente permitirá as exigências de qualificação técnica e econômica indispensáveis à garantia do cumprimento das obrigações; (...).

5 - ATIVIDADES ESTATAIS E A TERCEIRIZAÇÃO

Assim, desde que haja regular processo licitatório, pode haver contratação de empresas para a prestação de serviços à Administração.

As questões concernentes a esta matéria são: *Todos os serviços podem ser contratados (ou, melhor, 'terceirizados')? Se não, quais serviços podem ser contratados ('terceirizados')?*

Preliminarmente, esclareça-se que o serviço a que alude o art. 37, XXI, da CF não abrange a noção de "serviço público", já que o apêndice "público" agregado à palavra "serviço" o transforma em outro instituto jurídico, com características e regime próprios.[1]

3. Fala-se em regime jurídico quando existem princípios que lhe são peculiares e que guardam entre si uma relação lógica de coerência e unidade. O direito administrativo é sustentado, fundamentalmente, por dois princípios: (i) supremacia do interesse público sobre o privado; e (ii) indisponibilidade, pela Administração, dos interesses públicos.[2]

Ademais, para os serviços públicos há expressa menção quanto à possibilidade de terceirização, conforme o art. 175 da CF.

4. Inicialmente deve-se esclarecer que o disposto no inciso XXI do art. 37 da CF não pode contrariar a regra fixada nos incisos I e II do mesmo artigo. Com efeito, se um ente público pudesse contratar qualquer trabalhador para lhe prestar serviços através de uma empresa interposta, a consequência disto seria a ineficácia plena dos incisos I e II, pois restaria à conveniência do administrador a escolha entre realizar o concurso público ou contratar uma empresa para tanto, a qual se incumbiria de eleger, livremente, conforme ditames de direito privado, as pessoas que executariam tais serviços.[3]

---

1. Celso Antônio Bandeira de Mello identifica 10 princípios regentes do serviço público. São eles: (i) obrigação de desempenho; (ii) supremacia do interesse público; (iii) adaptabilidade; (iv) universalidade; (v) impessoalidade; (vi) continuidade; (vii) transparência; (viii) motivação; (ix) modicidade; (x) controle sobre as condições de sua prestação (*Curso de Direito Administrativo*, 31ª ed., São Paulo, Malheiros Editores, 2014, pp. 696-697).

2. Fernando Garrido Falla sintetiza os pilares do direito administrativo, afirmando que este se erige sobre o binômio "prerrogativas da Administração/direito dos administrados" (*Tratado de Derecho Administrativo*, 2ª ed., Madri, Tecnos, 1958, "Prólogo" à 1ª ed.).

3. Foi o que observou Jorge Luiz Souto Maior, "Terceirização na Administração Pública: Uma prática inconstitucional", *Revista LTr* 70/1.314, n. 11, São Paulo, LTr, novembro/2006.

Deveras, se a Constituição teve uma preocupação tão intensa em delimitar os regimes (estatutário, celetista e especial) para que possa haver a contratação de pessoal, não é possível que esta previsão nada signifique.

Também não nos parece adequado afirmar que o administrador pode, discricionariamente, escolher se utilizará, ou não, os regimes constitucionalmente assegurados, podendo dispensá-los para a contratação de empresa interposta, que pelo menor preço[4] celebrará negócio jurídico com a Administração.[5]

De fato, não se consegue imaginar que o regime de cargo ou emprego possa ser relegado ao bel-prazer do administrador, já que a Constituição os consagrou em sua integralidade para o desempenho de qualquer atividade administrativa regular.

A esse propósito, veja-se que não se distingue, no art. 37, I e II, quais serviços podem ser contratados por interposta pessoa.

5. Assim, há que existir um discrímen constitucional para que alguns serviços possam ser prestados por empresas terceirizadas e outros somente possam ser exercidos por quem ocupa cargo ou emprego.

Qual seria, então, esse discrímen?

Analisando a Constituição de 1988, vê-se que em momento algum é possível encontrar respaldo para a distinção entre atividade-fim e atividade-meio, especialmente com o propósito de realizar a terceirização.

A doutrina e a jurisprudência consagraram a diferença (entre atividade-fim e atividade-meio), afirmando, sem fundamento constitucional, a viabilidade de se terceirizar tão somente as atividades-meio.

6. Entretanto – repita-se –, o art. 37, I e II, da CF não admite essa distinção para fins de realização de concurso público e preenchimento de cargos e empregos públicos. Isto é: a Constituição em momento

4. Esta é a regra para serviços comuns na esfera federal, consoante disposto no art. 4º do Decreto 5.450/2005, que estabelece: "Nas licitações para aquisição de bens e serviços comuns será obrigatória a modalidade pregão, sendo preferencial a utilização da sua forma eletrônica".

5. Marcos Juruena entende pela liberdade de escolha do administrador entre terceirizar ou abrir concurso para preenchimento de cargos ou empregos, desde que as atividades terceirizáveis não sejam relacionadas ao poder de império do Estado ("Terceirização na Administração Pública e as cooperativas", *Repertório IOB de Jurisprudência* 1ª quinzena de janeiro/1998, São Paulo: IOB, Caderno 1, p. 17).

algum fixa que os cargos e empregos públicos estão vocacionados ao exercício de atividades-fim do Estado. Ao contrário, a Constituição de 1988, ao estabelecer os regimes de pessoal (estatutário, celetista e especial), o fez exaustivamente, determinando, pois, que todas as atividades desempenhadas pela Administração sejam feitas por pessoal próprio, ressalvadas as exceções inseridas no próprio texto constitucional.

E se não há esta previsão é porque a Constituição expressamente entendeu que todas as atividades administrativas deveriam ser prestadas por servidores detentores de cargo ou servidores empregados.

Mas, se isto é verdade, quais seriam, então, o conteúdo, o sentido e o alcance do disposto no art. 37, XXI, da Carta Magna, que afirma a possibilidade de contratação de serviços mediante processo licitatório?

Inicialmente, recorde-se que todas as vezes que a Constituição permitiu o trespasse de atividades administrativas ao particular ela o fez expressamente, como no caso dos serviços públicos, dos serviços notariais e de registro e do fomento.

7. No que tange à instrumentalização de recursos humanos não há previsão constitucional para a terceirização. Ao contrário, o que existe é uma vedação expressa, na medida em que a Constituição delimitou todo o sistema de captação de pessoal para o exercício de suas atividades, sejam técnicas, jurídicas, intelectuais, fiscais, por meio da instituição de regime estatutário, ou materiais subalternas, por meio da adoção do regime trabalhista. Não há, pois, qualquer distinção quanto aos serviços para fins de necessidade de concurso público.

Diante disto, para se alcançar o conteúdo do termo "serviços" do art. 37, XXI, há que se fazer uma interpretação sistemática da Constituição, de modo a coadunar os incisos I e II do art. 37 com o inciso XXI do mesmo artigo.

8. A interpretação sistemática é a técnica que considera o sistema no qual se insere a norma, relacionando-a com outras normas atinentes ao mesmo objeto. É uma técnica de exposição de atos normativos em que o hermeneuta relaciona umas normas a outras até encontrar-lhes o sentido e o alcance. Saliente-se que uma das empreitadas da Ciência Jurídica consiste em, exatamente, delimitar as conexões sistemáticas entre as normas.[6]

---

6. Maria Helena Diniz, *Dicionário Jurídico V – 2*, São Paulo, Saraiva, 1998, p. 889.

Aliás, para Juarez Freitas[7] a interpretação sistemática é o processo hermenêutico por excelência. Assim, ou se compreendem os enunciados prescritivos no plexo dos demais enunciados, ou haverá perda substancial no seu conteúdo. Logo, o autor afirma, "com os devidos temperamentos, que *a interpretação jurídica é a sistemática ou não é interpretação*".

Deveras, a interpretação sistemática é o meio pelo qual se podem vislumbrar o sentido, conteúdo e o alcance das prescrições normativas. Uma vez que as prescrições fazem parte de um plexo (sistema), este somente pode ser corretamente compreendido se for percebido em sua inteireza, relacionando as normas entre si.

Assim, retomando o tema, como admitir a contratação de serviços por empresas terceirizadas se a Constituição definiu os regimes para o exercício de suas atividades?

5.2 Do fator de discrímen constitucionalmente assegurado

9. Bom, existe um fator de discrímen claramente inserido na Constituição de 1988, e este não consiste na relação entre atividade-fim e atividade-meio.

Márcio Cammarosano, embora com outro propósito, destacou a existência de um discrímen constitucional, que aparta as atividades administrativas.

Diz o autor:

> O único critério albergado no sistema constitucional para efeito de sujeitar ou não sujeitar o empregado ao regime estatutário com as garantias constitucionais é o de se saber se o serviço, se as atribuições, se as competências que hão de ser *desempenhadas por um agente são de natureza permanente, ou se não são de natureza permanente, isto é, de natureza transitória, eventual*. Qualquer outro critério discriminador é inconstitucional.[8] [*Grifamos*]

---

7. Juarez Freitas, *A Interpretação Sistemática do Direito*, 5ª ed., São Paulo, Malheiros Editores, 2010, p. 76.
8. Márcio Cammarosano, "O Estado empregador", in Celso Antônio Bandeira de Mello (coord.), *Curso de Direito Administrativo*, São Paulo, Ed. RT, 1986, pp. 50-60.

5 - ATIVIDADES ESTATAIS E A TERCEIRIZAÇÃO

10. Assim, há um fator constitucional que aparta as atividades administrativas, a saber: existem atividades permanentes e atividades temporárias.

Pois bem, o art. 37, IX, da CF admite a existência de contratação temporária, o que demonstra que as atividades administrativas podem ser realizadas em caráter permanente ou em caráter temporário, eventual, episódico.

Desta forma, há um critério discriminador constitucional, qual seja: atividades permanentes e atividades temporárias.

Ou seja: a própria Constituição definiu um norte (inicial) para a distinção entre atividades terceirizáveis e atividades não terceirizáveis.

Repise-se que em momento algum a Constituição de 1988 estabelece, ainda que indiretamente, a distinção entre atividade-fim e atividade-meio, mas, claramente, reconhece a diferença entre atividade temporária e atividade permanente.

Este critério que diferencia as atividades permanentes das atividades temporárias, entretanto, isoladamente considerado, é insuficiente para apartarmos as atividades terceirizáveis das não terceirizáveis. Isto é: não se pode afirmar que todas as atividades permanentes administrativas não sejam terceirizáveis, embora se possa afirmar que todas as atividades temporárias o são.

11. Para que haja um vetor seguro na distinção entre atividades terceirizáveis e atividades não terceirizáveis, é necessário, ainda, conjugar outro critério, também constitucionalmente assegurado, a saber: o critério de a atividade ser interna ou ser uma atividade externa.

A Constituição consagrou a distinção entre atividades internas e atividades externas quando expressamente destacou a existência de estruturas diferenciadas, quais sejam: a Administração direta e a Administração indireta. Esta separação orgânica aparece nos arts. 14, § 9º; 22, XXVII; 28, § 1º; 34, VII, "d"; 37, *caput* e inc. XI, e §§ 3º, 7º e § 8º; 38, *caput*; 49, X; 61, § 1º, II, "a"; 70, *caput*; 71, II e III; 102, I, "f", e § 2º; 103-A, *caput*; 105, I, "h"; 114, I; 163, V; 165, § 5º, I e III, e § 9º, II; 169, § 1º; e 234.

Pois bem, a própria noção da estrutura orgânica administrativa permite inferir que existem atividades prestadas internamente e atividades externas à Administração Pública.

Tanto isto é verdade, que a própria Administração é apartada em Administração direta e Administração indireta. Os inúmeros dispositivos constitucionais descrevem bem esta separação existente.

Aliás, a distinção entre atividades internas e externas é algo tão evidente, tão presente em nosso mundo fenomênico, que sua explicação se torna um tanto complicada.

De fato, todos sabem que existem atividades prestadas de forma intestina (para si próprio) e existem atividades desempenhadas de modo exterior (para fora).

Esta distinção inequívoca está, como dito, presente também na Constituição de 1988 quando demonstra claramente que algumas atividades continuam sob a égide da Administração direta ao passo que outras lhe serão externas, podendo, inclusive, ser prestadas por outros entes personalizados.

É como bem acentuou Wendell Homes: "Vivemos numa época em que o óbvio parece andar esquecido".[9]

Esta divisão demonstra que existe todo um aparato administrativo, configurando uma estrutura orgânica, que desenvolve atividades de toda sorte, permanentes e temporárias e externas e internas.

É necessário, pois, que, para a correta manutenção e a sobrevivência do Estado, do modo como ele foi delineado pela Constituição de 1988, existam atividades desempenhadas pelo e para o próprio Estado.

Com efeito, a organização estrutural da Administração exige um aparato material e humano para que suas atividades sejam corretamente desempenhadas.

12. Vê-se, portanto, que as atividades administrativas podem ser apartadas em (i) atividades internas ou externas e em (ii) atividades temporárias ou permanentes.

Assim, temos quatro combinações possíveis de atividades administrativas "recrutadoras" de pessoal, de acordo com os critérios constitucionais acima expostos. São elas: (i) atividade interna e permanente; (ii) atividade externa e permanente; (iii) atividade interna e temporária; e (iv) atividade externa e temporária.

---

9. Wendell Homes, *apud* Márcio Cammarosano, *Provimento de Cargos Públicos no Direito Brasileiro*, São Paulo, Ed. RT, 1984, p. 73.

5 - ATIVIDADES ESTATAIS E A TERCEIRIZAÇÃO

Os critérios acima descendem diretamente da Constituição e, a nosso ver, são os únicos que podem, validamente, apartar o que é terceirizável do que não é terceirizável.

Pois bem, no que tange ao aparato humano (objeto de nosso estudo), a Constituição estabeleceu os regimes para que possa haver recrutamento de pessoal.

Como alertamos, a Constituição não instituiu os regimes estatutário, celetista e especial para que estes possam ser livremente substituídos pela terceirização por meio de uma empresa privada. Discricionariedade[10] alguma pode ser tão ampla a ponto de aniquilar o mandamento constitucional.

Lembre-se: discricionariedade não é arbitrariedade. Discricionariedade é liberdade de agir dentro dos limites legais; arbitrariedade é ação fora ou excedente da lei, com abuso ou desvio de poder.

"(...). Discrição é liberdade de ação dentro dos limites legais; arbítrio é ação contrária ou excedente da lei",[11] com abuso ou desvio de poder.

Logo, deve existir um vetor seguro para que, cumprindo o mandamento constitucional previsto no art. 37, I e II, se possa realizar o

---

10. Segundo Celso Antônio Bandeira de Mello, *discricionariedade* é a margem de liberdade que remanesce ao administrador para escolher, segundo critérios de razoabilidade, uma, dentre pelo menos duas condutas cabíveis, perante cada caso concreto, com o escopo de cumprir o dever de adotar a solução mais apropriada à satisfação da finalidade legal, quando, em virtude da fluidez dos termos da lei ou da liberdade conferida no mandamento, dela não se possa extrair objetivamente uma solução unívoca para a situação vertente (*Discricionariedade e Controle Jurisdicional*, 2ª ed., 11ª tir., São Paulo, Malheiros Editores, 2012, p. 48). No mesmo sentido Tomás Hutchinson: "Discrecionalidad no significa 'libertad de elección'. La Administración no elige libremente una opción determinada, ya que, como poder en todo momento dirigido por el Derecho, debe orientarse según los parámetros establecidos en la ley y en su mandato de actualización, ponderándolos autónomamente en el marco de la habilitación actuada. Estos parámetros están constituidos, en primer lugar, por los objetivos o fines deducibles de la programación contenida en la ley y que, en ocasiones – sobre todo cuando se trata de normas de programación final –, se recogen expresamente en aquella en forma de directrices para el ejercicio del poder discrecional atribuido. A estos parámetros se unen los de la Constitución, en particular los derechos fundamentales y los principios de proporcionalidad y de igualdad" ("Principio de legalidad. Discrecionalidad y arbitrariedad", *Revista Jurídica de Buenos Aires* 2005, Buenos Aires. Abeledo-Perrot/LexisNexis, p. 317).

11. Hely Lopes Meirelles, *Direito Administrativo Brasileiro*, 40ª ed., São Paulo, Malheiros Editores, 2014, p. 185.

trespasse (terceirização) de algumas atividades, conforme dicção expressa do art. 37, XXI.

5.3 Das atividades permanentes, temporárias, internas e externas

13. Nossa proposição para apartar as atividades terceirizáveis das não terceirizáveis parte das quatro possibilidades estabelecidas pela Constituição de 1988 no que tange às atividades administrativas que envolvam recursos humanos, quais sejam: (i) atividade interna e permanente; (ii) atividade externa e permanente; (iii) atividade interna e temporária; e (iv) atividade externa e temporária.

Esclareça-se que estamos a tratar das atividades administrativas que diretamente envolvam recursos humanos (instrumentalização da Administração através de recursos humanos), pois quanto às demais atividades administrativas, já estudadas (poder de polícia, serviços públicos, fomento e atividade notarial e registral), tratamos de seu regime jurídico para demonstração de quais são terceirizáveis e quais não são terceirizáveis.

Assim, quando, por exemplo, falamos em (i) atividade interna e permanente, (ii) atividade externa e permanente, (iii) atividade interna e temporária e (iv) atividade externa e temporária, não incluímos neste rol as atividades de poder de polícia, serviços públicos, fomento e atividades notarial e registral, uma vez que estas têm regimes próprios estabelecidos pela Constituição de 1988.

14. Logo, os agentes fiscalizadores da CET, por exemplo, em nossa classificação, não exercem atividade externa e permanente, mas poder de polícia, porquanto há um regime próprio, diferenciado da instrumentalização da Administração através de recursos humanos.

15. Deveras, ao falarmos em (i) atividade interna e permanente, (ii) atividade externa e permanente, (iii) atividade interna e temporária e (iv) atividade externa e temporária referimo-nos às ações administrativas que não podem ser enquadradas como poder de polícia, serviços públicos, fomento e atividade notarial e registral.

Alguns exemplos poderão, a breve tempo, melhor clarificar nosso pensamento.

16. Tendo estes parâmetros como nortes, tentaremos, então, delimitar qual o âmbito de aplicação do art. 37, XXI, frente aos incisos I e II do mesmo artigo, para fins de terceirização.

5 - ATIVIDADES ESTATAIS E A TERCEIRIZAÇÃO   137

Pois bem, o art. 37, XXI, da Constituição da República estabelece expressamente a possibilidade de contratar obras, *serviços*, compras e alienações "mediante processo de licitação pública que assegure igualdade de condições a todos os concorrentes, (...)".

17. Assim, a questão é a seguinte: *Quais serviços podem ser contratados por meio de licitação pública sem violação ao disposto no art. 37, I e II, da CF, que asseguram o princípio do concurso público?*

A primeira baliza constitucional é, sem dúvida, o art. 37, I e II, que, ao estabelecerem a necessidade de concurso público para os cargos e empregos na Administração Pública, afirmam que o aparato administrativo deve ser preenchido por pessoas cujo vínculo com a Administração não seja episódico, eventual, transitório, mas, sim, permanente.

De fato, não há por que estabelecer a obrigatoriedade de concurso público se o trabalhador só será requisitado para um ou outro serviço ou, ainda, por um curto lapso de tempo.

A Administração Pública, para sua adequada sobrevivência e correta observância do interesse público, necessita de pessoal permanente, para o melhor desenvolvimento de suas atividades.

O princípio do concurso público não visa a atender a interesse secundário da Administração Pública, mas ao próprio interesse público primário, sendo a sociedade a grande beneficiária da melhor contratação por parte da Administração.

18. Com efeito, além de prestigiar o princípio da isonomia, assegurando a todos igual oportunidade de ascender a um cargo/emprego público, a Administração Pública também obtém aqueles que mais bem estão preparados para o exercício de data atividade.

Relembre-se: a Administração não pode abdicar de escolher aqueles que possuem melhor desempenho.

19. Ademais, outra razão vem em abono de nosso pensamento: não é desejável nem conveniente que pessoas alheias ao aparato administrativo circulem internamente dentro da repartição pública, pouco importando a função que venham a desempenhar.

Aliás, admitir a terceirização para atividades internas e permanentes é permitir que pessoas alheias ao quadro de pessoal não somente circulem livremente, mas sejam comandadas por pessoas estranhas à órbita do direito público.

De fato, os trabalhadores terceirizados possuem relação de dependência com a empresa contratada pela Administração (e não com a Administração). Desta forma, dentro da estrutura hierárquica da Administração Pública, os terceirizados são completos alienígenas, já que se submetem aos comandos da empresa privada empregadora, e não à autoridade dos agentes públicos.

Neste sentido, a Instrução Normativa 2/2008 adverte:

Art. 10. *É vedado à Administração ou aos seus servidores praticar atos de ingerência na administração da contratada*, tais como: I – *exercer o poder de mando sobre os empregados da contratada*, devendo reportar-se somente aos prepostos ou responsáveis por ela indicados, exceto quando o objeto da contratação prever o atendimento direto, tais como nos serviços de recepção e apoio ao usuário; II – direcionar a contratação de pessoas para trabalhar nas empresas contratadas; III – promover ou aceitar o desvio de funções dos trabalhadores da contratada, mediante a utilização destes em atividades distintas daquelas previstas no objeto da contratação e em relação à função específica para a qual o trabalhador foi contratado; e IV – *considerar os trabalhadores da contratada como colaboradores eventuais do próprio órgão* ou entidade responsável pela contratação, especialmente para efeito de concessão de diárias e passagens. [*Grifamos*]

Assim é que os terceirizados obedecem a comandos externos à Administração Pública, oriundos da empresa que os contratou, não se submetendo, pois, à necessária hierarquia administrativa.

Ademais, a terceirização de serviços implica a possibilidade de se "trocar" o prestador de serviços todos os dias, ao longo de todo o contrato. Assim, é possível que a cada dia da semana um trabalhador diferente ingresse na repartição pública para o exercício de alguma atividade.

Há que se convir que esta situação não somente é indesejável, como é contrária ao interesse público.

20. De fato, a exigência de que as atividades internas e permanentes da Administração devam ser prestadas por pessoal com vínculo de subordinação (por meio de cargos ou empregos) tem por finalidade a própria proteção do Estado, como um todo, que deve estar liberto de ingerências de particulares em sua estrutura orgânica.

21. Dentro do aparato administrativo, a hierarquia, como princípio estrutural, deve ser mantida em todas as hipóteses. Logo, admitir a terceirização para atividades permanentes e internas é acolher uma subversão ao princípio hierárquico.

De fato, como bem explanam Antonieta Pereira Vieira, Henrique Pereira Vieira, Madeline Rocha Furtado e Monique Rafaella Rocha Furtado:

> A Administração deve exigir dos seus contratados que sejam especialistas na prestação do serviço, devendo observar nessa relação: a) *a não subordinação direta do pessoal da empresa à contratante*, devendo ser intermediado pela figura do preposto, a quem cabe determinar pontualmente o cumprimento das tarefas diárias pelos terceirizados; (...).[12]
> [*Grifamos*]

Como é possível existir, permanentemente, pessoas dentro da Administração alheias ao poder de comando?

22. Também por esta razão no art. 37, I e II, da CF não se distinguiram as atividades que necessitam de pessoal concursado e as atividades que prescindem deste pessoal. De fato, se não houve esta distinção é porque a Constituição teve a preocupação de confirmar que todas as atividades que compõem a "vida interna" da Administração devam ser realizadas por quem ocupa cargo ou emprego.

23. Por *atividade interna* entenda-se aquela inserida no círculo de atribuições da Administração, ou seja, aquela relacionada à existência dos entes públicos. São as atividades intestinas para prover a própria subsistência dos entes públicos, as que são desenvolvidas pela e para a Administração, correspondentes à sua vida íntima.

24. Logo, para as atividades internas e permanentes da Administração há necessidade de observância do art. 37, I e II, da CF.

25. Pois bem, uma interpretação sistemática já demonstra que os serviços estabelecidos no inciso XXI não podem ser os mesmos a serem preenchidos por concurso público, pois se assim fosse seria impossível a convivência entre os dois dispositivos.

---

12. Antonieta Pereira Vieira, Henrique Pereira Vieira, Madeline Rocha Furtado e Monique Rafaella Rocha Furtado, *Gestão de Contratos de Terceirização na Administração Pública*, 5ª ed., Belo Horizonte, Fórum, 2013, p. 37.

Desse modo, os serviços do inciso XXI, passíveis de terceirização, são aqueles que não constituem atividade permanente e interna da Administração, uma vez que para estas a Administração necessita contratar pessoal, nos termos dos incisos I e II, a fim de integrar seu quadro com os recursos humanos que exercerão as atividades administrativas.

Logo, o inciso XXI do art. 37 da CF não é aplicável às atividades internas e permanentes da Administração.

Aliás, esclareça-se que as atividades internas e permanentes da Administração nem serviços são. São atividades a serem desempenhadas com o escopo de atingir a finalidade para qual a pessoa existe. São meros instrumentos para a realização dos misteres públicos.

Assim, na Administração Pública as atividades permanentes e internas, ainda que não tenham conexão direta com a finalidade pública a ser desempenhada, nada mais são que meios necessários para que o ambiente administrativo possa funcionar adequadamente, livre de ingerências externas, seja de qual natureza forem. De fato, as atividades de limpeza, ascensorista, motorista, secretárias, digitadores, recepcionistas, telefonistas etc., são instrumentos para a consecução das finalidades públicas.

5.4 Da diferença entre atividades internas e permanentes e serviços

26. As atividades internas e permanentes têm caráter perene e são necessárias para o adequado funcionamento da máquina estatal.

27. Como dito, essas atividades não são propriamente serviços. Elas são, em verdade, autosserviços. Quando se está diante de um autosserviço não há que se falar em relação jurídica, pois não há relação interpessoal, intersubjetiva.[13]

Com efeito, "serviço" não se confunde com "autosserviço". Autosserviço é aquele prestado internamente, para a realização das próprias atividades da pessoa. Assim, no autosserviço o prestador e o

---

13. A formalização da estrutura relacional da norma obriga que um sujeito qualquer *S'* mantenha uma relação qualquer *R* em face de *outro* sujeito qualquer *S"*. Pode-se formular o deôntico da norma com os esquemas *S' R S"*, ou *R (S' S")* (Lourival Vilanova, *As Estruturas Lógicas e o Sistema do Direito Positivo*, São Paulo, Ed. RT, 1977).

beneficiário do serviço se confundem (ou, ao menos, deveriam se confundir), já que a prestação é interna, para si próprio. Inexiste, pois, relação jurídica neste caso, na medida em que se está diante de situação em que só existe uma única pessoa realizando atividades que lhe são internas.

Destarte, o trabalho exercido em favor próprio não se reveste das características da espécie "serviço".[14] Tanto isto é verdade, que esta figura, quando desempenhada por particulares, não dá ensejo à cobrança de tributos de qualquer espécie.

28. De fato, o serviço é uma obrigação de fazer prestada "para fora", na situação em que o beneficiário do serviço é diverso daquele que presta o serviço. Isto se faz necessário para que se forme uma relação jurídica, em que um polo é prestador e outro é tomador.

Serviço, pois, relaciona-se a uma ação, a ação de servir. Quem serve, serve a alguém, e não a si próprio. Trata-se de uma "ação realizada por alguém e da qual *outro* terá algum proveito".[15]

Assim, as atividades internas não são serviços propriamente ditos, mas autosserviços, pois não se revestem das características dos serviços.

Logo, se se está diante de um autosserviço, não se está diante de um serviço.

29. Segundo a dicção constitucional, apenas os serviços podem ser terceirizados, pois os autosserviços (que – repita-se – nem serviços são) devem ser prestados pelos regimes constitucionalmente estabelecidos, a saber: o regime de cargo, emprego ou da contratação temporária.

Com efeito, a única forma de manter a convivência entre os incisos I e II do art. 37 da CF com o inciso XXI do mesmo artigo é delimitar o âmbito de aplicação de cada um desses dispositivos.

30. Repita-se: não há discricionariedade para o administrador optar entre realizar um concurso público ou contratar uma empresa privada para a prestação do mesmo serviço. Discricionariedade alguma pode ser tão lata a ponto de tornar letra morta o texto constitucional.

---

14. Aires F. Barreto, *ISS na Constituição e na Lei*, São Paulo, Dialética, 2003, p. 30.
15. Maria Helena Diniz, *Dicionário Jurídico V – 4*, São Paulo, Saraiva, 1998, p. 311.

Para quais serviços, então, é possível a contratação mediante processo de licitação?

31. Entendemos que o art. 37, XXI, da CF, quando dispõe sobre a possibilidade de contratação de serviços, utiliza a palavra "serviço" em seu significado técnico, como uma obrigação de fazer que vincula um prestador e um beneficiário – pessoas diferentes, portanto. Forma--se, deste modo, verdadeira relação jurídica entre o sujeito passivo e o sujeito ativo.

O serviço previsto no inciso XXI do art. 37 da Constituição da República é, então, aquele a ser prestado para *além* do círculo de atribuições internas e permanentes da Administração. Há que ser entendido como um serviço (i) interno e temporário, ou (ii) externo e permanente, ou (iii) externo e temporário.

32. Analisemos, inicialmente, os serviços internos e temporários. Os serviços internos e temporários são aqueles que episodicamente podem ser necessários para a realização de manutenções, consertos, limpezas excepcionais, pinturas episódicas, reparações hidráulicas e elétricas, chaveiro etc.

Neste caso não se está diante de uma atividade diária, corriqueira, permanente ou precípua à continuidade da vida administrativa. Não se trata, pois, de atividade que exija dedicação perene de determinado trabalhador residente. Aqui, o serviço, embora interno, é realmente um serviço, na medida em que se formará uma relação jurídica entre a Administração e uma empresa *expert* no assunto.

A empresa privada, contratada por meio de licitação pública, ingressa na repartição pública, presta o serviço e vai embora, não tendo qualquer caráter de permanência em sua atuação.

Não faz sentido que se realize um concurso público para provimento de cargo ou emprego se o serviço a ser desempenhado não é cotidiano, mas episódico, transitório e – quiçá – por uma única vez.

De fato, a instituição de um cargo ou emprego público para a realização de atividade episódica afronta os princípios da eficiência e razoabilidade, a que está submetida a Administração Pública.

Criar um cargo ou um emprego público com uma atribuição que poderá ou não ser utilizada é situação contrária ao princípio da boa administração, já que existirá um ônus para a origem sem o correlato bônus esperado com sua criação.

5 - ATIVIDADES ESTATAIS E A TERCEIRIZAÇÃO

Assim, por exemplo, instituir um emprego público de chaveiro para um órgão jurídico é algo desarrazoado, já que são raras as vezes em que é necessário o reparo de alguma fechadura ou a confecção de uma nova chave.

33. Logo, a finalidade do art. 37, I e II, é justamente a instrumentalização da Administração Pública por meio de recursos humanos a fim de que esta possa realizar suas atividades cotidianas, permanentes, constantes, para a manutenção da "vida interna" administrativa. O âmbito de aplicação do dispositivo é limitado, e suas balizas são justamente os parâmetros constitucionalmente assegurados da permanência e da intimidade.

34. Assim, para as atividades internas e permanentes é necessária a realização de concurso público para preenchimento de cargos ou empregos, ao passo que para serviços internos e temporários são imperativas a realização de licitação e a contratação de empresa terceirizada.

A distinção é da mais solar evidência: o que é temporário não faz parte do dia a dia da Administração – e, portanto, não pode ser considerado instrumento necessário ao aparato administrativo no exercício de suas atividades cotidianas.

35. E, se não faz parte do aparato administrativo, não pode existir servidor ou empregado público destacado para o exercício de serviço episódico, fora de suas atribuições legais. Esse tipo de serviço (interno e temporário) não exige um posto de trabalho residente, pois, se a Administração necessitar de um técnico residente para a realização destes serviços, a Constituição obriga a realização de concurso público, já que se estaria diante de atividade permanente, regular e interna da Administração – ou seja: o que era considerado serviço passa a ser, diante das características agregadas (permanência e intimidade), um autosserviço.

Como visto, para os autosserviços a única forma de contratação é por meio de concurso público para preenchimento de cargos ou empregos, conforme se trate de atividade que exija as prerrogativas do regime estatutário ou de atividade material subalterna, a ser provida por meio do regime celetista.

36. Assim, os serviços temporários e internos podem ser contratados nos termos do art. 37, XXI, da CF, obedecido o regular processo de licitação previsto na Lei 8.666/1993, já que configuram verdadeiros serviços, na acepção técnica do termo.

Apenas para não deixarmos passar em branco, saliente-se que o próprio art. 37, XXI, da CF estabelece que existem ressalvas, previstas na legislação, quanto à necessidade de processo licitatório. São os casos de dispensa e inexigibilidade de licitação, dispostos, respectivamente, nos arts. 17, 24 e 25 da Lei 8.666/1993.

Diante disto, não pairam dúvidas de que o art. 37, XXI, da CF, ao mencionar a contratação de serviços, está a tratar dos serviços internos e temporários da repartição pública. Mas não é só.

5.5 Das atividades externas e permanentes

37. No que tange às atividades externas e permanentes, estas, igualmente, são caracterizadas como serviços, já que alheias à esfera da vida cotidiana da Administração Pública.

Os serviços externos e permanentes são aqueles voltados para a sociedade em geral. Não estamos, aqui, a tratar dos serviços públicos em sentido estrito,[16] pois estes, como averbamos anteriormente, têm regime próprio, sendo assegurada sua terceirização nos moldes garantidos pela Constituição de 1988.

Os serviços externos e permanentes são os necessários para a manutenção das vias públicas, dos parques, das praças, das praias, da localidade em que se vive. São, em verdade, serviços públicos *uti universi*. Assim, são exemplos de serviços externos: a limpeza pública, a manutenção de semáforos, a limpeza das bocas de lobo, o cultivo da jardinagem das praças, a inserção de radares para fiscalização da velocidade etc.

Estes serviços podem ser prestados por empresas terceirizadas, já que a redação do art. 37, XXI, da CF dispõe que "as obras, *serviços*, compras e alienações *serão* contratados mediante processo de licitação pública".

38. Evidentemente, este "*serão* contratados mediante processo de licitação pública" significa que, se o Estado não os prestar diretamente, terá, obrigatoriamente, que realizar certame licitatório para trespassar esses serviços aos particulares.

---

16. A definição de *serviço público* para Celso Antônio corresponde aos serviços *uti singuli*.

Não há aqui uma obrigatoriedade de terceirização ao particular, mas uma faculdade, nos termos contemplados pela Constituição de 1988.

Logo, o Estado pode tanto prestar um serviço de limpeza pública quanto contratar um particular para o desempenho dessa atividade. Aqui se está diante da discricionariedade administrativa.

39. Assim, se se tratar de serviço externo e permanente, pode a Administração se desincumbir desta prestação, por não se tratar de situação que assegura sua própria manutenção (como ocorre com as atividades internas e permanentes).

Isto porque, se o serviço é para além da intimidade da Administração, trata-se de um serviço cujo prestador e cujo beneficiário são diferentes, não se confundem; e é nesta acepção técnica que deve ser entendido o serviço.

De fato, se o serviço está "fora da vida da Administração" é porque não está a se instrumentalizar o aparato estatal por meio de agentes, mas, sim, a realizar alguma atividade externa para a população. Logo, se é para a coletividade, vê-se que o beneficiário dela não se confunde com o prestador; e se não se confunde com o prestador é porque se está diante de verdadeira obrigação de fazer, isto é, de típica relação de servir, ou seja, de um serviço.

Assim, toda atividade administrativa realizada fora da repartição pública é considerada serviço, e, desta forma, poderá ser efetivada por meio de terceirização.

5.6 Das atividades externas e temporárias

40. As atividades externas e temporárias são aquelas a serem desenvolvidas para além do círculo de atribuições internas da Administração, de forma eventual, episódica ou transitória.

Estas atividades também são consideradas serviços, e, por tal razão, podem ser terceirizadas, nos termos do art. 37, XXI, da Constituição da República.

Quanto ao seu regime jurídico, (i) as atividades externas e temporárias e (ii) as atividades externas e permanentes são ambas consideradas serviços, na acepção técnica do termo.

A diferença principal entre elas seria o fato de que as atividades externas e permanentes podem ser prestadas diretamente pela Administração, por pessoa por ela criada ou, ainda, terceirizadas ao particular, após processo de licitação pública.

Já, as atividades externas e episódicas, se não coincidirem com atribuições já previstas para atividades da Administração, isto é, se forem algo totalmente novo, de que a Administração não detenha *expertise*, convém que sejam prestadas pelo particular, por meio de licitação pública.

41. Ainda, quanto às atividades externas e temporárias, além da possibilidade de terceirização nos termos do art. 37, XXI, a CF abre duas frentes para seu desempenho, a saber: a contratação temporária, prevista no art. 37, IX, e a requisição de serviços.

A contratação temporária já foi objeto de nosso estudo em capítulo anterior (Capítulo 4, item 4.1.4), e é realizada nos termos da Lei 8.745/1993.

42. No que tange à requisição, tem-se que esta é forma de sacrifício de direito, fundada no art. 5º, XXV, da Constituição da República, tendo sido conferida competência exclusiva à União para legislar sobre esse instituto, consoante o art. 22, III, do mesmo diploma.

A requisição de serviços "é o ato pelo qual o Estado, em proveito de um interesse público, constitui alguém, de modo unilateral e autoexecutório, na obrigação de prestar-lhe um serviço ou ceder-lhe *transitoriamente o uso* de uma coisa *in natura*, obrigando-se a indenizar os prejuízos que tal medida *efetivamente* acarretar ao obrigado".[17]

A requisição de serviços tem sempre caráter transitório e pode ser prestada interna ou externamente, o mais comum sendo a prestação de atividade externa. Embora seja instituto jurídico completamente diferente da contratação prevista no art. 37, XXI, da CF, registramos sua existência apenas para anotar a possibilidade de o exercício de uma atividade (i) interna e temporária ou (i) externa e temporária ser realizado por meio da requisição.

43. Carmen Lúcia Antunes Rocha aparta os institutos da requisição de serviços da contratação temporária, nos seguintes termos:

---

17. Celso Antônio Bandeira de Mello, *Curso de Direito Administrativo*, cit., 31ª ed., p. 923.

5 - ATIVIDADES ESTATAIS E A TERCEIRIZAÇÃO

Há se distinguir entre o contratado temporário e o convocado temporário. Este é o que é chamado, impositivamente, para assumir e desempenhar um múnus público e que tem como fundamento uma necessidade prevista e previsível, normalmente aprazada, e que não vincula nem estabelece qualquer vínculo jurídico contratual com a entidade pública. Exemplo disso se tem no caso do mesário em eleições ou do jurado. Não é qualquer deles um contratado, mas um cidadão no exercício de seu dever cívico, que é também um direito político, qual seja, o de participar das coisas de sua cidade.[18]

44. Pois bem, assim, vê-se que as atividades externas, independentemente de serem permanentes ou temporárias, podem sempre ser terceirizadas, obedecidas, é claro, as limitações constitucionais, como o poder de polícia, o fomento por meio do monopólio estatal e os serviços públicos de prestação exclusiva do Estado.

Com isto, delimita-se a possibilidade de terceirização das atividades administrativas para as atividades de: (i) fomento das atividades privadas de interesse coletivo (salvo o monopólio estatal constitucionalmente assegurado); (ii) intervenção em atos e fatos da vida particular para lhes conferir certeza e segurança jurídicas; (iii) serviços públicos (salvo os de prestação exclusiva do Estado); (iv) atividades (serviços) internas e temporárias; (v) atividades (serviços) externas e permanentes; e (vi) atividades (serviços) externas e temporárias.

Isto porque, como visto, nestes casos a Constituição expressamente assegurou a possibilidade de terceirização.

No tocante à instrumentalização através de recursos humanos para a prestação de quaisquer das atividades administrativas internas e permanentes é vedada a terceirização, já que para isto a Constituição expressamente optou pelo seu aprovisionamento por meio de cargo ou emprego público.

Assim, dissentindo da maioria esmagadora da doutrina, que admite, com maior ou menor amplitude,[19] a terceirização de atividades

---

18. Carmen Lúcia Antunes Rocha, *Princípios Constitucionais dos Servidores Públicos*, São Paulo, Saraiva, 1999, pp. 245-246.
19. *Admitem a terceirização de recursos humanos de forma ampla*, ressalvadas as atividades que exigem manifestação de poder de império (polícia, fiscalização, controle, justiça): Marcos Juruena, "Terceirização na Administração Pública e as cooperativas", cit., *Repertório IOB de Jurisprudência* 1ª quinzena de janeiro/1998,

Caderno 1, pp. 16-19; e Flávio Amaral Garcia, "A relatividade da distinção atividade-fim e atividade-meio na terceirização aplicada à Administração Pública", *Revista Brasileira de Direito Público/RBDP* 27, Ano 7, Belo Horizonte, outubro-dezembro/ 2009 (disponível em *http://www.bidforum.com.br/bid/PDI0006.aspx? pdiCntd=64615*, acesso em 29.5.2012).

Admitem a terceirização de recursos humanos de forma mais restrita, considerando não apenas as atividades que exigem manifestação de poder de império, mas também julgam ilegal a terceirização de atividade-fim do órgão, bem como aquelas que possuem carreira estatal própria: Lívia Deprá Camargo Sulzbach, "A responsabilização subsidiária da Administração Pública na terceirização de serviços – Princípio da supremacia do interesse público x dignidade da pessoa humana? – Repercussões do julgamento da ADC 16 pelo STF na Súmula 331 do TST", *Revista LTr* 76/719-739, n. 06, São Paulo, LTr, junho/2012; Dinorá Adelaide Musetti Grotti, "Parcerias na Administração Pública", *Revista de Direito do Terceiro Setor/RDTS* 11/31-113, Ano 6, Belo Horizonte, Fórum, janeiro-junho/2012; Jorge Ulisses Jacoby Fernandes, "Terceirização: restrições e cautelas na aplicação no serviço público", *Fórum de Contratação e Gestão Pública/FCGP* 58, Ano 5, Belo Horizonte, outubro/2006 (disponível em *http://www.bidforum.com.br/bid/PDI0006.aspx?pdiCntd=37804*, acesso em 1.6.2012); Maria Sylvia Zanella Di Pietro, *Parcerias na Administração Pública – Concessão, Permissão, Franquia, Terceirização, Parceria Público-Privada e Outras Formas*, 9ª ed., São Paulo, Atlas, 2012; Rita Tourinho, "A responsabilidade subsidiária da Administração Pública por débitos trabalhistas do contratado: a legalidade frente ao ideal de justiça", *Interesse Público/IP* 66, Ano 13, Belo Horizonte, março-abril/2011 (disponível em *http://www.bidforum.com.br/bid/PDI0006.aspx?pdiCntd =72617*, acesso em 22.6.2012); Denise Hollanda Costa Lima, "As cooperativas de trabalho e a terceirização na Administração Pública", *Fórum de Contratação e Gestão Pública/FCGP* 62, Ano 6, Belo Horizonte, fevereiro/2007 (disponível em *http://www. bidforum.com.br/bid/PDI0006.aspx?pdiCntd=39274*, acesso em 1.6.2012); Eduardo Bittencourt Carvalho, "A legalidade dos contratos entre órgãos da Administração Pública direta e indireta e empresas privadas para locação de mão de obra para terceirizações e/ou serviços assemelhados", *Revista do TCE/SP* 30/55-68, São Paulo, TCE/ SP, agosto-novembro/1995; Rodrigo Curado Fleury, "Terceirização – Administração Pública – Responsabilidade subsidiária", *LTr – Suplemento Trabalhista* 158/859-863, Ano 36, São Paulo, LTr, 2000; Rodrigo de Lacerda Carelli, "Terceirização e intermediação de mão de obra na Administração Pública", *Revista LTr* 67/686-691, n. 06, São Paulo, LTr, junho/2003; Bianca Duarte T. Lobato, "A responsabilidade do Estado nos contratos administrativos para terceirização de serviços", *Fórum de Contratação e Gestão Pública/ FCGP* 98/35-40, Ano 9, Belo Horizonte, Fórum, fevereiro/2010; José dos Santos Carvalho Filho, "Terceirização no setor público: encontros e desencontros", *Revista da Procuradoria-Geral do Município de Belo Horizonte/RPGMBH* 8/179-202, Ano 4, Belo Horizonte, julho-dezembro/2011; José Roberto Freire Pimenta, "A responsabilidade da Administração Pública nas terceirizações, a decisão do STF na ADC 16-DF e a nova redação dos itens IV e V da Súmula 331 do TST", *Revista LTr* 75/775-791, n. 07, São Paulo, LTr, julho/2011; Márcio Túlio Viana, Gabriela Neves Delgado e Helder Santos Amorim, "Terceirização – Aspectos gerais – A última decisão do STF e a Súmula 331 do TST – Novos enfoques", *Revista LTr* 75/282-295, n. 03, São Paulo, LTr, março/2011; Leonardo de Mello Caffaro, "O pós- -Positivismo, o direito do trabalho e a noção de interesse público – A terceirização na

administrativas internas e permanentes, opinamos pela impossibilidade de seu trespasse ao particular, tendo em vista os regimes de cargo e emprego constitucionalmente consagrados para todos os casos de autosserviços.

Apenas para clarificar nosso pensamento: admitimos a contratação de uma empresa para serviços de limpeza urbana e não admitimos a contratação de uma empresa para serviços de limpeza interna de uma repartição.

Por que sustentamos esta tese, se os "serviços" são análogos?

45. Inúmeras são as razões. Vamos a elas: (i) porque a Constituição definiu expressamente regimes jurídicos diversos; (ii) porque a Constituição se preocupou em delimitar um conjunto de regras e princípios para aqueles que internamente trabalham para a Administração; (iii) porque o interesse público exige que pessoas estranhas não convivam dentro da estrutura administrativa; (iv) porque a Administração Pública não pode abdicar de escolher os melhores para trabalharem

Administração Pública e a Súmula 331 do TST em questão", *Revista LTr* 74/1.470-1.484, n. 12, São Paulo, LTr, dezembro/2010; Sérgio Honorato dos Santos, "Reflexões sobre a terceirização legal na Administração Pública", *Boletim de Direito Administrativo/BDA* setembro/2008, São Paulo, NDJ, pp. 1.036-1.044; Reane Viana Macedo, "A responsabilidade da Administração Pública pelos créditos trabalhistas na terceirização de serviços públicos", *LTr – Suplemento Trabalhista* 156/745-775, Ano 46, São Paulo, LTr, 2010; Dora Maria de Oliveira Ramos, *Terceirização na Administração Pública*, São Paulo, LTr, 2001; Antonieta Pereira Vieira, Madeline Rocha Furtado, Monique Rafaella Rocha Furtado e Henrique Pereira Vieira, *Gestão de Contratos de Terceirização na Administração Pública*, cit., 5ª ed., 2013; e Ilse Marcelina Bernardi Lora, "Direitos fundamentais e responsabilidade da Administração Pública na terceirização de serviços – Inconstitucionalidade do § 1º do art. 71 da Lei 8.666/1993", *Revista LTr* 72/931-944, n. 08, São Paulo, LTr, agosto/2008.

Admitem a terceirização de forma excepcional, ou seja, apenas se, além de não estarem em pauta atividades tipicamente estatais, bem como atividades-fim do órgão e atividades próprias de cargos públicos, as atividades acessórias, com a terceirização, produzirem vantagens reais e, sobretudo, obedecerem aos princípios da eficiência e isonomia: Cristiana Fortini e Virginia Kirchmeyer Vieira, "A terceirização pela Administração Pública no direito administrativo: considerações sobre o Decreto 2.271/1997, a Instrução Normativa 2/2008 e suas alterações, a ADC 16 e a nova Súmula 331 do TST", *Revista da Procuradoria-Geral do Município de Belo Horizonte/ RPGMBH* 8/39-55, Ano 4, Belo Horizonte, julho-dezembro/2011.

Não admite a terceirização na Administração Pública: Jorge Luiz Souto Maior, "Terceirização na Administração Pública: uma prática inconstitucional", *Boletim Científico ESMPU* a-4/87-110, n. 17. Brasília, outubro-dezembro/2005.

interna e permanentemente em suas atividades; (v) porque o princípio da hierarquia impede que pessoas de direito privado comandem trabalhadores que laboram em uma repartição pública; (vi) porque os incisos I e II do art. 37 não distinguiu as atividades que podem ser prestadas por empresas das que devem ser preenchidas por servidores ou empregados públicos; (vii) porque discricionariedade alguma pode ser tão lata a ponto de aniquilar o princípio do concurso público; (viii) porque a Constituição, em uma interpretação sistemática, distinguiu "serviço" de "autosserviço", delimitando que apenas os serviços possam ser terceirizados; (ix) porque a Administração não pode se furtar a cumprir as normas trabalhistas e estatutárias previstas na Constituição; e (x) porque o princípio da eficiência – a ser tratado no próximo capítulo – não alberga o fenômeno da terceirização.

Qual seria, então, a natureza jurídica do autosserviço?

46. Autosserviço é, no caso em que estamos tratando, o exercício de uma competência pública. E assim o é porque a teoria da imputação volitiva[20] estabelece que o agente público "é a voz" do Estado, ou seja, há um manejo de competências públicas (deveres-poderes, segundo Celso Antônio Bandeira de Mello) para que as finalidades estatais possam ser concretizadas.

Logo, o autosserviço, para a Administração Pública, nada mais é que o exercício de competência pública, constitucionalmente assegurado, cujo preenchimento dar-se-á obrigatoriamente por concurso público, em regime de cargo ou de emprego.

Veja-se que a competência pública tanto é expedida por atos jurídicos quanto por atos materiais. Ambos são atos da Administração, necessários à consecução de uma finalidade.

Assim, a limpeza de uma repartição pública é ato material expedido pela Administração cuja finalidade é a salubridade local. O fato de não ser um ato jurídico não descaracteriza a atividade como exercício de competência pública.

47. A utilidade da distinção entre "serviço" e "autosserviço" está justamente no fato de esta classificação conseguir apartar – a nosso ver, corretamente – as atividades terceirizáveis das não terceirizáveis. Afora o fato de possuir, ainda que indiretamente, consagração constitucional, tendo em vista o disposto no art. 37, XXI, da CF de 1988.

---

20. Esta teoria foi estudada no Capítulo II, item 2.7.2.

48. Entendemos, pois, que a distinção entre "atividade-fim" e "atividade-meio" não fornece um norte seguro para o administrador saber quais são as atividades passíveis de terceirização.

Com efeito, vê-se que há mais dúvidas do que certezas em torno desta distinção. Trata-se de larga zona de penumbra quanto à aplicação dos conceitos de "atividade-fim" e "atividade-meio".

Nesta seara, calha citar a tão consagrada metáfora da lavra de Genaro Carrió, para quem:

> Há um foco de intensidade luminosa onde se agrupam os exemplos típicos, frente aos quais não se duvida que a palavra seja aplicável. Há uma imediata zona de obscuridade circundante abrangendo todos os casos em que não se duvida que não se aplique a palavra. O trânsito de uma zona à outra é gradual; entre a total luminosidade e a obscuridade total há uma zona de penumbra sem limites precisos. Paradoxalmente ela não começa nem termina em qualquer parte e, sem embargo, existe.[21]

Ademais, afora a zona de penumbra existente, outro problema se coloca: uma atividade pode ser considerada "fim" para um órgão/entidade e "meio" para outro.

De fato, por exemplo, a atividade de digitação é considerada "atividade-meio" para a doutrina e a jurisprudência. Entretanto, esta afirmativa genérica está equivocada, pois para uma entidade criada com o fim exclusivo de processamento de dados a atividade de digitação é "atividade-fim", razão pela qual não poderia ser terceirizada.

Considerando a inexistência de respaldo constitucional bem como a incerteza gerada pela distinção entre "atividade-fim" e "atividade--meio", buscamos demonstrar, através de um norte seguro e constitucional, quais atividades administrativas são terceirizáveis e quais não são.

49. Diante disto, rechaçamos a distinção entre "atividade-fim" e "atividade-meio", apresentando nova classificação, que permite apar-

---

21. Genaro Carrió, *Notas sobre Derecho y Lenguaje*, Buenos Aires, Abeledo-Perrot, 1990, p. 34. No original: "Hay un foco de intensidad luminosa donde se agrupan los ejemplos típicos, aquellos frente a los cuales no se duda que la palabra es aplicable. Hay una mediata zona de oscuridad donde caen todos los casos en los que no se duda que no es. El tránsito de una zona a otra es gradual; entre la total luminosidad y la oscuridad total hay una zona de penumbra sin límites precisos. Paradójicamente ella no empieza ni termina en ninguna parte, y sin embargo existe".

tar, com segurança e praticamente sem "zonas cinzentas", as atividades passíveis de terceirização das atividades não terceirizáveis.

Para sintetizar nosso pensamento, apresenta-se a seguinte tabela contendo o quadro das atividades administrativas terceirizáveis e não terceirizáveis, no que tange à classificação ora proposta.

Localização Necessidade	PERMANENTE	TEMPORÁRIA
INTERNA	NÃO TERCEIRIZÁVEL (autosserviço)	TERCEIRIZÁVEL (serviço)
EXTERNA	TERCEIRIZÁVEL (serviço)	TERCEIRIZÁVEL (serviço)

Vê-se, desta forma, que a única atividade não terceirizável, no que tange à utilização de pessoal, é a atividade interna e permanente, por não estar englobada no rol de serviços previstos no art. 37, XXI, da CF de 1988.

Passemos, então, à análise dos direitos do trabalhador – direitos, estes, que a Administração não se pode se furtar de cumprir.

Capítulo 6
DO PRINCÍPIO DA EFICIÊNCIA, DA TERCEIRIZAÇÃO E DOS DIREITOS DOS TRABALHADORES

6.1 Do princípio da eficiência. 6.2 Da terceirização de atividades internas e permanentes como instrumento de concretização do princípio da eficiência (?): 6.2.1 Da redução do custo de mão de obra – 6.2.2 Da especialização das empresas em atividades que lhes são próprias. 6.3 Das consequências da terceirização de atividades internas e permanentes da Administração Pública.

6.1 Do princípio da eficiência

1. O princípio da eficiência, em uma análise superficial, remete-nos diretamente aos conceitos de economia e eficácia da Administração Pública no que concerne às relações com os administrados.

Na visão de Paulo Modesto[1] a atuação do Estado de forma a obedecer ao princípio da eficiência deve observar um desempenho dentro dos limites legais, que observe o melhor modo para atingir o fim almejado em termos de celeridade e economia e que efetivamente alcance o resultado previsto.

Hely Lopes Meirelles entende que:

---

1. Paulo Modesto, "Notas para um debate sobre o princípio da eficiência", *Revista Trimestral de Direito Público/RTDP* 31/55, São Paulo, Malheiros Editores, 2000. "Diante do que vem de ser dito, pode-se definir o princípio da eficiência como *a exigência jurídica, imposta à Administração Pública e àqueles que lhe fazem as vezes ou simplesmente recebem recursos públicos vinculados de subvenção ou fomento, de atuação idônea, econômica e satisfatória na realização das finalidades públicas que lhe forem confiadas por lei ou por ato ou contrato de direito público*".

O *princípio da eficiência* exige que a atividade administrativa seja exercida com presteza, perfeição e rendimento funcional. É o mais moderno princípio da função administrativa, que já não se contenta em ser desempenhada apenas com legalidade, exigindo resultados positivos para o serviço público e satisfatório atendimento das necessidades da comunidade e de seus membros. (...).[2]

Maria Sylvia Zanella Di Pietro, observando as lições de Hely Lopes Meirelles, assevera:

O princípio da eficiência apresenta, na realidade, dois aspectos: pode ser considerado em relação ao modo de atuação do agente público, do qual se espera o melhor desempenho possível de suas atribuições, para lograr os melhores resultados; e em relação ao modo de organizar, estruturar, disciplinar, a Administração Pública, também com o mesmo objetivo de alcançar os melhores resultados na prestação do serviço público.[3]

2. Em outras palavras, Maria Sylvia Zanella Di Pietro analisa a eficiência estatal sob dois aspectos distintos: o primeiro diz respeito ao agente em si, que deve envidar todos os seus esforços para a melhoria dos resultados advindos da atividade pública; e o segundo versa sobre a própria organização estatal, a qual deve ser eficaz e estruturada de forma a atingir o fim colimado por sua atividade.

Joel de Menezes Niebuhr, ao analisar o tema, discorre sobre o caráter instrumental do princípio da eficiência: "Ela não é um fim em si mesmo. Toda a sua ação é voltada e imprescindível à realização dos valores sociais que traduzem o bem comum, prestando serviços vinculados ao interesse público".[4]

Assim, não se pode negar o caráter acessório do princípio da eficiência, que deve sempre estar atrelado à busca do interesse público. A eficiência não pode ser uma meta em si mesma considerada.

---

2. Hely Lopes Meirelles, *Direito Administrativo Brasileiro*, 40ª ed., São Paulo, Malheiros Editores, 2014, p. 98. Trata-se de princípio introduzido pelos atualizadores do Autor.
3. Maria Sylvia Zanella Di Pietro, *Direito Administrativo*, 25ª ed., São Paulo, Atlas, 2012, p. 83.
4. Joel de Menezes Niebuhr, "Princípio da eficiência: dimensão jurídico-administrativa", *Revista Trimestral de Direito Público/RTDP* 30/138, São Paulo, Malheiros Editores, 2000.

No Direito Italiano, Guido Falzone, em sua obra clássica *Il Dovere di Buona Amministrazione*, já ressaltava:

> Allorchè si sostiene quindi la necessità di una buona amministrazione, non si vuole far riferimento ad un criterio medio, nè precisare che, nello svolgimento di una funzione, di qualunque natura essa sia, il relativo titolare debe uniformarsi ad un prototipo di buon amministratore ed agire come questo si comporterebbe normalmente; ma si vuole sostenere che quello debe, attraverso la sua attività, perseguire i fini che della funzione formano oggetto ed ancora que ciò debe realizzare in maniera quanto più e quanto meglio possibile. Si intende cioè affermare che quell'attività debe svolgersi nel modo più congruo, più opportuno, più adeguato al fine da raggiungere, attraverso la scelta dei mezzi e del tempo di usarli che siano ritenuti i più idonei.[5-6]

Em suma síntese, o entendimento doutrinário apresentado é no sentido de que o princípio da eficiência não possui tão somente um conteúdo econômico, como redução de gastos ou obtenção de lucro, mas, sim, uma estrutura piramidal interdependente, na qual se almeja a satisfação do interesse público, por meio de instrumentos legais, com o menor dispêndio de recursos econômicos possível, sem que isso comprometa a qualidade do serviço prestado.

3. A Emenda Constitucional 19, de 4.6.1998 incluiu no *caput* do art. 37 da CF a obrigatoriedade, por parte dos entes da Administração Pública, de obediência ao princípio da eficiência. Vejamos:

> Art. 37. A Administração Pública direta e indireta de qualquer dos Poderes da União, dos Estados, do Distrito Federal e dos Municípios obedecerá aos princípios de legalidade, impessoalidade, moralidade, publicidade e eficiência e também, ao seguinte: (...).

---

5. Guido Falzone, *Il Dovere di Buona Amministrazione*, Milão, Dott. A. Giuffrè Editore, 1953, pp. 64-65.
6. Tradução livre: "Tão logo, portanto, se se defende a necessidade de uma boa administração, não se referindo a um critério médio, ou somente salientar que, no desempenho de uma função, de qualquer natureza que seja, seu respectivo titular deve conformar-se com o protótipo de um bom administrador e agir como este se comportaria normalmente, mas se sustenta que aquele deve, através de suas atividades, perseguir os fins das funções que formam o objeto e ainda que isto deva realizar-se quanto mais e quanto melhor possível. Com isto, quer-se afirmar que aquela atividade deve se desenvolver do modo mais coerente, mais adequado, mais apropriado, a fim de conseguir, por meio da escolha dos meios e do tempo, utilizar os que são considerados os mais adequados".

Para Sérgio Ferraz e Adilson Abreu Dallari:

A Emenda Constitucional 19, de 4.6.1998, conhecida como "Emenda da Reforma Administrativa", ocasionou profundas modificações na Administração Pública brasileira. O propósito fundamental dessa Reforma era a substituição do antigo modelo burocrático, caracterizado pelo controle rigoroso dos procedimentos, pelo novo modelo gerencial, no qual são abrandados tais controles e incrementados os controles de resultados. Essa linha de pensamento, esse novo valor afirmado pela Constituição, não pode ser ignorada pelo intérprete e aplicador da lei.[7]

Não há negar que houve, efetivamente, uma tentativa de modificação do modelo adotado pela Constituição de 1988. Entretanto, cumpre-nos analisar se este princípio já existia ou se já era obrigatório antes da referida Emenda Constitucional,[8] ou se sua inserção se deu apenas com a aludida Emenda.

Com base nas lições de Paulo Modesto,[9] entendemos que a obrigatoriedade de obediência à eficiência por parte dos entes do Poder Público já se encontrava positivada na Constituição Federal de 1988 em diversas passagens, de forma implícita ou explícita:

Art. 74. Os Poderes Legislativo, Executivo e Judiciário manterão, de forma integrada, sistema de controle interno com a finalidade de: (...); II – comprovar a legalidade e avaliar os resultados, *quanto à eficácia e eficiência*, da gestão orçamentária, financeira e patrimonial nos órgãos e entidades da Administração Federal, bem como da aplicação de recursos públicos por entidades de direito privado; (...). [*Grifamos*]

7. Sérgio Ferraz e Adilson Abreu Dallari, *Processo Administrativo*, 3ª ed., São Paulo, Malheiros Editores, 2012, p. 122.
8. Paulo Modesto, "Notas para um debate sobre o princípio da eficiência", cit., *Revista Trimestral de Direito Público/RTDP* 31/48: "Pode-se polemizar sobre se o princípio da eficiência é 'novo' ou antigo; se é uma exigência inerente ao Estado de Direito Social ou se foi entronizado artificialmente no ordenamento constitucional brasileiro pela Emenda Constitucional 19/1998; se esse princípio podia ser reconhecido no diploma constitucional de 1988 ou se foi o resultado do avanço de alguma ideologia no direto constitucional brasileiro. Pode-se discutir se essa exigência de eficiência produzirá ou não efeitos concretos imediatos ou, ainda, se sua compreensão deve ser diferenciada em relação aos conteúdos que lhe são dados por outras disciplinas no rol das ciências humanas".
9. Paulo Modesto, "Notas para um debate sobre o princípio da eficiência", cit., *Revista Trimestral de Direito Público/RTDP* 31/48.

6 - PRINCÍPIO DA EFICIÊNCIA, TERCEIRIZAÇÃO E DIREITOS

Art. 144. A segurança pública, dever do Estado, direito e responsabilidade de todos, é exercida para a preservação da ordem pública e da incolumidade das pessoas e do patrimônio, através dos seguintes órgãos: (...).
(...).
§ 7º. A lei disciplinará a organização e o funcionamento dos órgãos responsáveis pela segurança pública, *de maneira a garantir a eficiência de suas atividades*. [*Grifamos*]
Art. 175. Incumbe ao Poder Público, na forma da lei, diretamente ou sob regime de concessão ou permissão, sempre através de licitação, a prestação de serviços públicos.
Parágrafo único. A lei disporá sobre: (...); IV – *a obrigação de manter serviço adequado*. [*Grifamos*]

Por meio da simples leitura dos dispositivos extraídos da Constituição Federal resta claro que o princípio da eficiência não é novidade do ordenamento. Desde a promulgação da Carta de 1988 os entes do Poder Público já estavam obrigados a observar as regras que obrigam à prestação de um serviço público eficiente.

Aliás, antes mesmo da Emenda Constitucional 19/1998 a eficiência também já era reconhecida e prestigiada pela jurisprudência, inclusive por julgados extraídos do STF e do STJ.[10]

---

10. "Recurso em mandado de segurança – Administrativo – Administração Pública – Servidor público – Vencimentos – Proventos – Acumulação. A Administração Publica é regida por vários princípios: legalidade, impessoalidade, moralidade e publicidade (Constituição, art. 37). Outros também se evidenciam na Carta Política. Dentre eles, o princípio da eficiência. A atividade administrativa deve orientar-se para alcançar resultado de interesse público. Daí a proibição de acumulação de cargos. As exceções se justificam. O magistério enseja ao professor estudo teórico (teoria geral) de uma área do saber; quanto mais se aprofunda, no âmbito doutrinário, mais preparado se torna para o exercício de atividade técnica. Não há dispersão. Ao contrário, concentração de atividades. Além disso, notório, há deficiência de professores e médicos, notadamente em locais distantes dos grandes centros urbanos. O Estado, outrossim, deve ensejar oportunidade de ingresso em seus quadros, atento aos requisitos de capacidade e comportamento do candidato, para acolher maior número de pessoas e amenizar o seriíssimo problema de carência de trabalho. Nenhuma norma jurídica pode ser interpretada sem correspondência à justiça distributiva. A Constituição não proíbe ao aposentado concorrer a outro cargo público. Consulte-se, entretanto, a teleologia da norma. O Direito não pode, contudo, contornar a proibição de acumular cargos, seja concomitante ou sucessiva. A proibição de acumulação de vencimentos e proventos decorre do princípio que veda a acumulação de cargos. A eficiência não

4. Relevante questão para o desenvolvimento da matéria reside na relação existente entre a legalidade e a eficiência. Em outras palavras: poderia esta prevalecer sobre aquela em situações excepcionais?

Celso Antônio Bandeira de Mello, sobre o princípio da eficiência, é taxativo, e afirma:

> (...), tal princípio não pode ser concebido (entre nós nunca é demais fazer ressalvas óbvias) senão na intimidade do princípio da legalidade, pois jamais uma suposta busca de eficiência justificaria postergação daquele que é o dever administrativo por excelência. O fato é que o princípio da eficiência não parece ser mais do que uma faceta de um princípio mais amplo já superiormente tratado, de há muito, no Direito Italiano: o princípio da "boa administração". (...).[11]

Em consonância com o pensamento de Celso Antônio Bandeira de Mello, Maria Sylvia Zanella Di Pietro também se mostra inflexível quanto à prevalência da legalidade sobre a eficiência, ao lecionar:

> Para salvar os princípios do Estado de Direito, seria indispensável fazer-se uma opção: ou mudar o direito positivo, para fazê-lo acompanhar a nova realidade, se o sistema nele previsto não é considerado adequado para esse fim; ou fazer cumprir as normas legais vigentes, se as mesmas são consideradas necessárias ao exercício da função administrativa do Estado.
>
> O que é inaceitável é a perpetuação e a "oficialização" de um regime paralelo ao direito positivo.[12]

Alexandre Santos de Aragão ensina:

> Uma breve atenção merece a relação entre a eficiência e a tecnicidade do direito público contemporâneo, "tecnicidade relacionada com a

se esgota no exercício da atividade funcional. Alcança arco mais amplo, para compreender também a eficiência para a carreira" (STJ, 6ª Turma, ROMS 5.590-DF, rel. Min. Luiz Vicente Cernicchiaro, j. 16.4.1998, v.u., *DJU* 10.6.1996).

11. Celso Antônio Bandeira de Mello, *Curso de Direito Administrativo*, 31ª ed., São Paulo, Malheiros Editores, 2014, p. 125.

12. Maria Sylvia Zanella Di Pietro, *Parcerias na Administração Pública – Concessão, Permissão, Franquia, Terceirização, Parceria Público-Privada e Outras Formas*, 9ª ed., São Paulo, Atlas, 2012, pp. 307-308.

especificidade das atividades a serem disciplinadas, que necessitam de normas pontuais, remetidas à autonomia de órgãos técnicos, o que assegura organização de setores específicos, assegurando a flexibilidade e a permeabilidade às exigências da sociedade econômica".

O dilema deve, a nosso ver, ser resolvido não pelo menosprezo da lei, mas pela valorização dos seus elementos finalísticos. É sob este prisma que as regras legais devem ser interpretadas e aplicadas, ou seja, todo ato, normativo ou concreto, só será válido ou validamente aplicado se, *ex vi* do princípio da eficiência (art. 37, *caput*, da CF), for a maneira mais eficiente ou, na impossibilidade de se definir esta, se for pelo menos uma maneira razoavelmente eficiente de realização dos objetivos fixados pelo ordenamento jurídico.

O princípio da eficiência de forma alguma visa a mitigar ou a ponderar o princípio da legalidade, mas sim a embeber a legalidade de uma nova lógica, determinando a exsurgência de uma legalidade finalística e material – dos resultados práticos alcançados –, e não mais uma legalidade meramente formal e abstrata.

(...).

Não se trata de descumprir a lei, mas apenas de, no processo de sua aplicação, prestigiar os seus objetivos maiores em relação à observância pura e simples de suas regras, cuja aplicação pode, em alguns casos concretos, se revelar antitéticas àqueles. Há uma espécie de hierarquia imprópria entre as meras regras contidas nas leis e os seus objetivos, de forma que a aplicação daquelas só se legitima enquanto constituir meio adequado à realização destes.[13]

Logo, não se pode submeter a legalidade à eficiência, pois isto abre um espaço para arbitrariedades e favorecimentos ilegítimos. A fluidez do conceito de eficiência permite uma série de justificativas para atos ilegítimos que a observância da estrita legalidade não admite.

A nosso ver, a eficiência não pode servir como desculpa à burla da legalidade em qualquer hipótese, especialmente quando se trata de terceirização de atividades internas e permanentes.

---

13. Alexandre Santos de Aragão, "O princípio da eficiência", *Revista Brasileira de Direito Público/RBDP* 4, Ano 2, Belo Horizonte, janeiro-março/2004 (disponível em *http://www.bidforum.com.br/bid/PDI0006.aspx?pdiCntd=12549*, acesso em 30.7.2013).

6.2 Da terceirização de atividades internas e permanentes[14] como instrumento de concretização do princípio da eficiência (?)

5. Nesta seara, cabem os seguintes questionamentos: *Qual a eficiência que o Estado deve buscar com a terceirização? Seria a eficiência de custo? Seria a eficiência econômica?*

6. Como se sabe, o Estado não é, e nem pode ser, mais um capitalista no sistema. O Estado Social e Democrático de Direito Brasileiro é um Estado provedor, que não existe para lucrar ou auferir ganhos. O Estado Brasileiro, tal qual preconizado pela Constituição de 1988, não foi criado para despender menos, mas para despender melhor, tirando o máximo de proveito que o recurso possui, mas com atenção aos valores supremos da dignidade da pessoa humana e da justiça social.

Recurso algum pode ser utilizado com o fim único de ser mais econômico, mais "barato" ou mais poupado. Até porque, se levada a economia ao extremo, o Estado simplesmente nada faz, para nada gastar.

Ademais, tratando-se de Países do Terceiro Mundo tem-se como "imprescindível não reduzir conceitos como eficiência da Administração à busca da rentabilidade financeira, sendo essenciais valores como a luta contra as desigualdades e a procura pela equidade social".[15]

Como bem acentuou Emerson Gabardo, deve-se entender a eficiência "como um valor dependente de fundamentos por um lado éticos e, por outro, inerentes à justiça como ideal maior do Estado".[16]

Assim, o Estado não é um amealhador de fortunas, a não ser que se queira ver no Estado um produtor de riquezas "a partir da exploração do trabalho alheio, sendo estes, os 'alheios', exatamente os membros da sociedade, que cabe a ele organizar e proteger".[17]

---

14. Neste capítulo trataremos apenas da terceirização de atividades internas e permanentes, que julgamos inconstitucional, pelas razões expostas no capítulo anterior, e que, agora, demonstraremos outra faceta de sua inconstitucionalidade, ante a violação de direitos básicos do trabalhador.
15. Raquel de Melo Urbano de Carvalho, *Curso de Direito Administrativo – Parte Geral, Intervenção do Estado e Estrutura da Administração*, 2ª ed., Salvador, JusPODIVM, 2009, p. 825.
16. Emerson Gabardo, *Princípio Constitucional da Eficiência Administrativa*, São Paulo, Dialética, 2002, p. 146.
17. Jorge Luiz Souto Maior, "Terceirização na Administração Pública: uma prática inconstitucional", *Boletim Científico ESMPU* a-4/100, n. 17, Brasília, outubro-dezembro/2005.

Costuma-se afirmar que a terceirização confere maior eficiência ao Estado, representando a modernização da entidade pública, tendo em vista suas finalidades precípuas.

7. "Antes de mais nada, deve ficar bem claro que o fenômeno da terceirização tem duas finalidades específicas: a redução do custo da mão de obra e a especialização das empresas em atividades que lhes são próprias."[18]

Analisemos, pois, ditas finalidades.

6.2.1 Da redução do custo de mão de obra

8. A primeira questão que se coloca é o problema da redução do custo da mão de obra, elemento que se relaciona, segundo alguns, diretamente à eficiência administrativa.

Segundo Jorge Luiz Souto Maior,[19] para o Estado a redução de custo é imoral, pois o custo é diminuído a partir da perspectiva do direito daquele que desempenha o serviço. Fato é que o direito da sociedade de se prevalecer dos serviços do Estado não pode ser concretizado por meio da redução dos direitos do trabalhador, porque isso seria o mesmo que excluí-lo da condição de membro dessa sociedade ou colocá-lo em uma situação de subcidadania.

9. A eficiência administrativa, portanto, não pode ser realizada com a precarização dos direitos dos trabalhadores.

10. De fato, os direitos dos trabalhadores vêm insculpidos, fundamentalmente, no art. 7º da Constituição da República, que dispõe:

> Art. 7º. São direitos dos trabalhadores urbanos e rurais, além de outros que visem à melhoria de sua condição social: I – relação de emprego protegida contra despedida arbitrária ou sem justa causa, nos termos de lei complementar, que preverá indenização compensatória, dentre outros direitos; II – seguro-desemprego, em caso de desemprego involuntário; III – Fundo de Garantia do Tempo de Serviço; IV – salá-

---

18. Leonardo de Mello Caffaro, "O pós-Positivismo, o direito do trabalho e a noção de interesse público – A terceirização na Administração Pública e a Súmula 331 do TST em questão", *Revista LTr* 74/1.477, n. 12, São Paulo, LTr, dezembro/2010.

19. Jorge Luiz Souto Maior, "Terceirização na Administração Pública: uma prática inconstitucional", cit., *Boletim Científico ESMPU* a-4/100.

rio-mínimo, fixado em lei, nacionalmente unificado, capaz de atender a suas necessidades vitais básicas e às de sua família com moradia, alimentação, educação, saúde, lazer, vestuário, higiene, transporte e previdência social, com reajustes periódicos que lhe preservem o poder aquisitivo, sendo vedada sua vinculação para qualquer fim; V – piso salarial proporcional à extensão e à complexidade do trabalho; VI – irredutibilidade do salário, salvo o disposto em convenção ou acordo coletivo; VII – garantia de salário, nunca inferior ao mínimo, para os que percebem remuneração variável; VIII – décimo terceiro salário com base na remuneração integral ou no valor da aposentadoria; IX – remuneração do trabalho noturno superior à do diurno; X – proteção do salário na forma da lei, constituindo crime sua retenção dolosa; XI – participação nos lucros, ou resultados, desvinculada da remuneração, e, excepcionalmente, participação na gestão da empresa, conforme definido em lei; XII – salário-família pago em razão do dependente do trabalhador de baixa renda nos termos da lei; XIII – duração do trabalho normal não superior a 8 (oito) horas diárias e 44 (quarenta e quatro) semanais, facultada a compensação de horários e a redução da jornada, mediante acordo ou convenção coletiva de trabalho; XIV – jornada de 6 (seis) horas para o trabalho realizado em turnos ininterruptos de revezamento, salvo negociação coletiva; XV – repouso semanal remunerado, preferencialmente aos domingos; XVI – remuneração do serviço extraordinário superior, no mínimo, em 50% (cinquenta por cento) à do normal; XVII – gozo de férias anuais remuneradas com, pelo menos, 1/3 (um terço) a mais do que o salário normal; XVIII – licença à gestante, sem prejuízo do emprego e do salário, com a duração de 120 (cento e vinte) dias; XIX – licença-paternidade, nos termos fixados em lei; XX – proteção do mercado de trabalho da mulher, mediante incentivos específicos, nos termos da lei; XXI – aviso prévio proporcional ao tempo de serviço, sendo no mínimo de 30 (trinta) dias, nos termos da lei; XXII – redução dos riscos inerentes ao trabalho, por meio de normas de saúde, higiene e segurança; XXIII – adicional de remuneração para as atividades penosas, insalubres ou perigosas, na forma da lei; XXIV – aposentadoria; XXV – assistência gratuita aos filhos e dependentes desde o nascimento até 5 (cinco) anos de idade em creches e pré-escolas; XXVI – reconhecimento das convenções e acordos coletivos de trabalho; XXVII – proteção em face da automação, na forma da lei; XXVIII – seguro contra acidentes de trabalho, a cargo do empregador, sem excluir a in-

6 - PRINCÍPIO DA EFICIÊNCIA, TERCEIRIZAÇÃO E DIREITOS

denização a que este está obrigado, quando incorrer em dolo ou culpa; XXIX – ação, quanto aos créditos resultantes das relações de trabalho, com prazo prescricional de 5 (cinco) anos para os trabalhadores urbanos e rurais, até o limite de 2 (dois) anos após a extinção do contrato de trabalho; XXX – proibição de diferença de salários, de exercício de funções e de critério de admissão por motivo de sexo, idade, cor ou estado civil; XXXI – proibição de qualquer discriminação no tocante a salário e critérios de admissão do trabalhador portador de deficiência; XXXII – proibição de distinção entre trabalho manual, técnico e intelectual ou entre os profissionais respectivos; XXXIII – proibição de trabalho noturno, perigoso ou insalubre a menores de 18 (dezoito) e de qualquer trabalho a menores de 16 (dezesseis) anos, salvo na condição de aprendiz, a partir de 14 (quatorze) anos; XXXIV – igualdade de direitos entre o trabalhador com vínculo empregatício permanente e o trabalhador avulso.

Parágrafo único. São assegurados à categoria dos trabalhadores domésticos os direitos previstos nos incisos IV, VI, VII, VIII, X, XIII, XV, XVI, XVII, XVIII, XIX, XXI, XXII, XXIV, XXVI, XXX, XXXI e XXXIII e, atendidas as condições estabelecidas em lei e observada a simplificação do cumprimento das obrigações tributárias, principais e acessórias, decorrentes da relação de trabalho e suas peculiaridades, os previstos nos incisos I, II, III, IX, XII, XXV e XXVIII, bem como a sua integração à previdência social.

Vê-se, então, que foi assegurada uma quantidade de direitos, fruto dos infindáveis anos de luta da classe proletária, para que o trabalhador pudesse se alçar a uma condição digna de existência.

Estes direitos não foram previstos para que pudessem ser relegados justamente por aquele que tem o dever de exigir sua concretização.

A terceirização (de atividades internas e permanentes) na Administração Pública acaba, pois, por subverter a lógica constitucional de proteção aos trabalhadores.

11. Com efeito, a terceirização no setor público é ainda mais perversa do que na esfera privada, pois o que se visa é à contratação sempre pelo menor preço,[20] e toda intenção de tratamento do trabalhador como mercadoria é aviltante.

---

20. Lembre-se que para bens e serviços comuns deverá ser utilizada, obrigatoriamente, a modalidade pregão para a Administração Pública Federal. Como se sabe, o critério de julgamento no pregão é sempre o do menor preço.

E, no caso da Administração Pública, veremos casos em que serão vencedores das licitações aqueles que oferecem os seres humanos de seu estoque pelo menor preço.[21]

Aliás, se os trabalhadores fossem tratados como mercadoria sujeita a concorrência, teriam sua dignidade humana fatalmente vilipendiada, pois lhes faltariam condições mínimas para sobreviver.

A disputa na livre concorrência se faz entre os que possuem, não entre estes e os que não são proprietários. Aqui não há concorrência, mas dominação.[22]

É como bem acentuou Geraldo Ataliba:

(...). A simples atitude de abstenção do Estado diante das gritantes desigualdades sociais e do uso do *poder econômico* pelos grupos que o detêm termina por operar como fator de desigualação, com consequências – até políticas – alarmantes. Daí o impor-se ação positiva e concreta do Estado na promoção efetiva da igualdade, ao lado de legislação compensatória das desigualdades. (...).[23]

12. Assim, a CF de 1988, logo em seu art. 1º, erigiu os fundamentos do Estado Social e Democrático de Direito, e, dessa forma, destacou a importância da dignidade da pessoa humana e dos valores sociais do trabalho, nos seguintes termos:

Art. 1º. A República Federativa do Brasil, formada pela união indissolúvel dos Estados e Municípios e do Distrito Federal, constitui-se em Estado Democrático de Direito e tem como fundamentos: (...); III – a dignidade da pessoa humana; IV – os valores sociais do trabalho e da livre iniciativa; (...).

Igualmente, no art. 193 da CF de 1988 coloca-se como base da ordem social o primado do trabalho. Vejamos:

Art. 193. A ordem social tem como base o primado do trabalho, e como objetivo o bem-estar e a justiça sociais.

21. Rodrigo de Lacerda Carelli, "Terceirização e intermediação de mão de obra na Administração Pública", *Revista LTr* 67/691, n. 06, São Paulo, LTr, junho/2003.
22. Marcel Lopes Machado, "Responsabilidade da Administração Pública direta e indireta na terceirização de serviços", *LTr – Suplemento Trabalhista* 20/91, Ano 48, São Paulo, LTr, 2012.
23. Geraldo Ataliba, *República e Constituição*, 3ª ed., atualizada por Rosolea Miranda Folgosi, São Paulo, Malheiros Editores, 2011, pp. 161-162.

Dessarte, a Constituição da República visou à valorização do ser humano, e em especial do trabalhador.

13. Os valores percebidos pela contraprestação da mais-valia do trabalhador revertem em sustento para si e para sua família. É com esta contraprestação que o trabalhador consegue comprar alimentos para sua subsistência e dos seus. Daí o inegável caráter alimentar do salário do trabalhador.

A importância da valorização do trabalho é tamanha, que Manoel Gonçalves Ferreira Filho, com propriedade, averbou que o direito ao trabalho "deflui diretamente do direito à vida. Para viver, tem o homem de trabalhar. A ordem econômica que lhe rejeitar o trabalho lhe recusa o direito a sobreviver".[24]

No mesmo sentido, Amauri Mascaro Nascimento[25] afirmou que a preocupação com o direito ao trabalho deve-se ao fato de seu fundamento maior ser o próprio direito à vida; afinal, o ser humano, para viver, precisa prover sua subsistência, e o trabalho é o meio adequado para tanto.

Logo, como sustentar que se está salvaguardando o interesse público[26] por meio da proposta mais vantajosa se houve a escolha da

---

24. Manoel Gonçalves Ferreira Filho, *Curso de Direito Constitucional*, 33ª ed., São Paulo, Saraiva, 2007, p. 361.
25. Amauri Mascaro Nascimento, em artigo publicado no jornal *O Estado de S. Paulo* em 27.10.1987, *apud* Yara Chaves Galdino Ramos, *O Direito ao Trabalho e seu Fundamento Constitucional*, tese de Doutorado, São Paulo, USP, 2005, 205 pp. (p. 55).
26. Sobre a clássica distinção, originária da doutrina administrativista italiana (Renato Alessi), entre *interesses públicos primários* e *interesses secundários*, v., por todos, a lição de Celso Antônio Bandeira de Mello:
"Uma vez reconhecido que os interesses públicos correspondem à *dimensão pública dos interesses individuais*, ou seja, que consistem no plexo dos interesses *dos indivíduos **enquanto partícipes da sociedade*** (entificada juridicamente no Estado), nisto incluído o *depósito intertemporal destes mesmos interesses*, põe-se a nu a circunstância de que *não existe coincidência necessária entre interesse público e interesse do Estado* e demais pessoas do direito público.
"É que, além de subjetivar estes interesses, o Estado, tal como os demais particulares, é, também ele, uma pessoa jurídica, que, pois, existe e convive no universo jurídico em concorrência com todos os demais sujeitos de direito. Assim, independentemente do fato de ser, por definição, encarregado dos interesses públicos, o Estado pode ter, tanto quanto as demais pessoas, interesses que lhe são particulares, individuais, e que, tal como os interesses delas, concebidas em suas meras individualidades,

proposta mais danosa ao valor social do trabalho e à dignidade do ser humano justamente pelo Estado, que deveria defender a Constituição, acima de todas as coisas?

Como permitir que o trabalhador receba menos e em condições piores do que aquelas que a Constituição lhe garantiu? Como negar o alimento a quem dele precisa?

Não há, pois, também sob o ângulo do art. 7º da Constituição da República, condições de se sustentar a possibilidade de terceirização na Administração Pública, tendo em vista que os direitos dos trabalhadores devem ser protegidos pelo Estado. Esta proteção, evidentemente, não é apenas no que tange à fiscalização das empresas particulares, mas em especial no cumprimento dos mandamentos constitucionais.

De que adianta exigir que o particular tenha determinada conduta e cumpra os direitos trabalhistas se o Estado se utiliza do subterfúgio denominado "terceirização" para fugir às suas responsabilidades legais?

Como se sabe, o direito do trabalho não se realiza tão facilmente quanto o direito civil. "Enquanto o passageiro de um táxi nem sequer cogita em não pagar a corrida, o empresário tende a aplicar a lei *como*, *quando*, *onde* e *quanto* quer, e assim mesmo *se quiser* – governando-a tal como governa a própria força-trabalho."[27]

---

se encarnam no Estado enquanto pessoa. Estes últimos *não são interesses públicos*, mas interesses individuais do Estado, similares, pois (sob prisma extrajurídico), aos interesses de qualquer outro sujeito. Similares, mas não iguais. Isto porque a generalidade de tais sujeitos pode defender estes interesses individuais, ao passo que o Estado, concebido que é para a realização de interesses públicos (situação, pois, inteiramente diversa da dos particulares), só poderá defender seus próprios interesses privados quando, sobre não se chocarem com os interesses públicos propriamente ditos, coincidam com a realização deles. Tal situação ocorrerá sempre que a norma donde defluem os qualifique como *instrumentais* ao interesse público e na medida em que o sejam, caso em que sua defesa será, *ipso facto*, simultaneamente a defesa de interesses públicos, por concorrerem indissociavelmente para a satisfação deles.

"Esta distinção a que se acaba de aludir, entre interesses públicos propriamente ditos – isto é, interesses primários do Estado – e interesses secundários (que são os últimos a que se aludiu), é de trânsito corrente e moente na doutrina italiana, e a um ponto tal que, hoje, poucos doutrinadores daquele País se ocupam em explicá-los, limitando-se a fazer-lhes menção, como referência a algo óbvio, de conhecimento geral. (...)" (*Curso de Direito Administrativo*, cit., 31ª ed., p. 66).

27. Márcio Túlio Viana, Gabriela Neves Delgado e Helder Santos Amorim, "Terceirização – Aspectos gerais – A última decisão do STF e a Súmula 331 do TST – Novos enfoques", *Revista LTr* 75/283, n. 03, São Paulo, LTr, março/2011.

Não é admissível que o Estado, defensor do cidadão, possa adotar uma conduta que viole frontalmente os direitos dos trabalhadores, relegando-os à condição de subemprego.

14. Como se não bastasse, há outro efeito pouco avaliado, mas nitidamente sinistro, que é o da irresponsabilidade concreta quanto à proteção do meio ambiente de trabalho. Os terceirizados, não se integrando às Comissões Internas de Prevenção de Acidentes/CIPAs e não tendo representação sindical no ambiente de trabalho, subordinam-se a trabalhar nas condições que lhes são apresentadas, sem qualquer possibilidade de rejeição institucional. O meio ambiente do trabalho torna-se, pois, um local sem segurança, sem apoio e sem confiança, gerando aumento sensível de doenças profissionais.[28]

De fato, Márcio Túlio Viana, Gabriela Neves Delgado e Helder Santos Amorim veem na terceirização mais que uma técnica de gerência, veem uma estratégia de poder. Observam que a terceirização:

(...) divide já não apenas trabalho, mas a classe que trabalha, semeando o medo no chão da fábrica e colhendo um novo espécime de trabalhador – mais dócil e solitário, e ao mesmo tempo sempre móvel e ansioso, modelo ideal para um ritmo de trabalho trepidante, mutante e absorvente, tal como as músicas, as modas e tudo o mais que nos cerca.

(...).

Assim, enquanto nos preocupamos apenas com a norma, é o próprio sujeito que se flexibiliza.

(...).

Nesse sentido, talvez se possa dizer que o direito do trabalho não é apenas um conjunto de normas e institutos – mas é o próprio trabalhador. E é por isso que as transformações de um deles provocam transformações no outro. Esse talvez seja o maior problema da terceirização. Embora não seja a única, ela é uma espécie de bomba que ajuda a implodir o direito do trabalho.[29]

15. Ora, os direitos dos trabalhadores são direitos sociais, e estão inseridos no Capítulo II do Título II da Constituição da República, que traz arrolados os direitos e garantias fundamentais.

---

28. Jorge Luiz Souto Maior, "Terceirização na Administração Pública: uma prática inconstitucional", cit., *Boletim Científico ESMPU* a-4/102.

29. Márcio Túlio Viana, Gabriela Neves Delgado e Helder Santos Amorim, "Terceirização – Aspectos gerais – A última decisão do STF e a Súmula 331 do TST – Novos enfoques", cit., *Revista LTr* 75/284-285.

A Constituição de 1988 dividiu os direitos sociais em três partes: na primeira identificou os direitos sociais em sentido estrito (art. 6º), na segunda esmiuçou os direitos individuais dos trabalhadores urbanos, rurais e domésticos (art. 7º) e na terceira disciplinou os direitos coletivos desses trabalhadores (arts. 8º, 9º, 10 e 11).

Para o presente estudo destacamos a importância do art. 7º da CF, o mais vilipendiado pelo instituto da terceirização.

Saliente-se, outrossim, o disposto no art. 5º, § 1º, da CF de 1988, que estabeleceu a aplicabilidade imediata dos direitos e garantias fundamentais, afastando, de uma vez por todas, o viés programático[30-31] que era dado a este tipo de norma.[32]

Como bem advertiu Sérgio Ferraz, o art. 5º da Constituição da República "funda o estatuto básico dos direitos individuais, coletivos e difusos".[33]

Com efeito, a Constituição expressamente assegurou efetividade máxima aos direitos e garantias fundamentais ao estabelecer, no § 1º do art. 5º: "As normas definidoras dos direitos e garantias fundamentais têm aplicação imediata".

30. Segundo José Afonso da Silva, as normas programáticas (i) têm por objeto a disciplina dos interesses econômico-sociais; (ii) não tiveram força suficiente para se desenvolver em sua integralidade, constituindo-se, em princípio, como programa a ser realizado pelo Estado; e (iii) possuem eficácia reduzida (*Aplicabilidade das Normas Constitucionais*, 8ª ed., São Paulo, Malheiros Editores, 2012, pp. 147-148).
31. Carlos Ayres Britto faz belíssima releitura dessas normas ditas programáticas, afirmando que "o novo conceito de normas constitucionais programáticas exige que elas sejam, mais que tudo 'o nervo e a carne' das programações orçamentárias, das concretas políticas públicas e dos atos, acordos e tratados internacionais. Com o quê a Constituição se torna, na prática, o que ela já é em teoria: o mais estrutural, abarcante e permanente projeto nacional de vida. (...) elas, as normas constitucionais programáticas, passam a encarnar o máximo de segurança jurídica" (*O Humanismo como Categoria Constitucional*, Belo Horizonte, Fórum, 2007, p. 103).
32. É esse também o posicionamento de Ingo Wolfgang Sarlet (*A Eficácia dos Direitos Fundamentais*, 3ª ed., Porto Alegre, Livraria do Advogado, 1998, p. 73) e Dalmo de Abreu Dallari ("Os direitos fundamentais na Constituição brasileira", in Demian Fiocca e Eros Roberto Grau (orgs.), *Debate sobre a Constituição de 1988*, São Paulo, Paz e Terra, 2001, pp. 49-67). Nesse texto Dalmo Dallari, a respeito do art. 5º, § 1º, da CF, adverte: "O importante é que essa inovação constitucional anula o argumento, muitas vezes utilizado por advogados e frequentemente acolhido por juízes e tribunais, segundo o qual as normas constitucionais são apenas programáticas e dependem de regulamentação para serem aplicadas" (p. 63).
33. Sérgio Ferraz, *Mandado de Segurança*, São Paulo, Malheiros Editores, 2006, p. 17.

6 - PRINCÍPIO DA EFICIÊNCIA, TERCEIRIZAÇÃO E DIREITOS

Assim, os direitos dos trabalhadores são direitos que possuem aplicabilidade imediata, descendendo diretamente do texto constitucional, não necessitando, pois, de norma superveniente para lhes dar concretude.

Ademais, em outra oportunidade[34] afirmamos a inserção dos direitos sociais como cláusulas pétreas, conferindo-lhes *status* jurídico máximo.

Diante destas considerações, evidente que esses inúmeros direitos não foram encartados na Constituição de 1988 para serem descumpridos, especialmente por quem tem o dever primordial de realizá-los.

Claro está que, apoderando-nos de uma feliz metáfora do inesquecível Geraldo Ataliba,[35] podemos afirmar: "Ninguém construiria uma fortaleza de pedra, colocando-lhe portas de papelão".

De fato: de nada adiantaria inserir tantos direitos trabalhistas, e aludir em inúmeras passagens à importância de assegurá-los, se eles pudessem ser relegados pela Administração, ou seja, "trocados" pelo instituto da terceirização, que nada mais é que a mercantilização do ser humano.

Não se trata de preservar o direito de um indivíduo ou de um grupo de trabalhadores, mas de resguardar o conteúdo essencial dos direitos trabalhistas, cujo cumprimento se reveste de inequívoco interesse público, por se tratar de normas de direito fundamental.

Evidentemente, não podem ser considerados interesse público a burla, o menosprezo, a rejeição, aos direitos dos trabalhadores.

16. Veja-se que simples cálculos matemáticos demonstram que a terceirização é uma forma perversa de exploração do trabalho humano, pois o empregador se apropria de parte do pagamento que poderia ser feito diretamente ao empregado pelo tomador de serviços.

Não há, pois, eficiência que justifique a adoção de um sistema que iniba os direitos dos trabalhadores no ambiente de trabalho.

É dizer: a Constituição não vale só para os outros, mas para a Administração também, e com muito mais razão.

---

34. Carolina Zancaner Zockun, *Da Intervenção do Estado no Domínio Social*, São Paulo, Malheiros Editores, 2009, p. 45.

35. *Apud* Celso Antônio Bandeira de Mello, *Curso de Direito Administrativo*, cit., 31ª ed., p. 362.

Como explana Jorge Luiz Souto Maior:

> Aliás, a terceirização no setor público não deixa de ter uma razão parecida com aquela que a motivou no setor privado, de uma certa represália dos empregadores contra as posturas reivindicatórias dos trabalhadores. Nesse sentido, acaba sendo muito conveniente para a Administração terceirizar em vez de nomear servidores em caráter efetivo, já que isso lhe permite manter de forma mais cômoda o controle sobre os seus administrados, pois se algum terceirizado "causar problema" basta dar um telefonema à empresa e ela demite o empregado ou, no mínimo, recoloca-o em outra empresa para trabalhar. Eliminam-se "problemas" com passeatas, greves e movimentos sindicais, em virtude de não haver a mínima estabilidade (jurídica e fática) do empregado no serviço público.[36]

17. Inúmeros, pois, são os pontos negativos da terceirização para o trabalhador e, consequentemente, para toda a sociedade, já que se constata o aumento da rotatividade dos trabalhadores, com graves sequelas sociais, além do incentivo à redução das retribuições trabalhistas, bem como o fomento do subemprego e do mercado informal.[37]

Pode-se, então, afirmar claramente que a redução de custos não é o fim a ser almejado pelo princípio da eficiência administrativa, na medida em que valores outros, verdadeiras cláusulas pétreas, obstam a uma tentativa de redução de custos por meio da terceirização de atividades internas e permanentes, que, em última análise, configura burla aos direitos dos trabalhadores.

6.2.2 Da especialização das empresas em atividades que lhes são próprias

18. No tocante à especialização das empresas em atividades que lhes são próprias, esta deliberação costuma ser benéfica na iniciativa privada. Entretanto, cumpre registrar que o Estado tem por obrigação constitucional a manutenção de sua própria estrutura, para que sua pró-

---

36. Jorge Luiz Souto Maior, "Terceirização na Administração Pública: uma prática inconstitucional", cit., *Boletim Científico ESMPU* a-4/102.

37. Ronaldo Pamplona Filho, "Terceirização e responsabilidade patrimonial da Administração Pública", *Fórum de Contratação e Gestão Pública/FCGP* 14, Ano 2, Belo Horizonte, fevereiro/2003 (disponível em *http://www.bidforum.com.br/bid/PDI0006.aspx?pdiCntd=7748*, acesso em 8.9.2012).

pria sobrevivência não esteja atrelada a terceiros, senão aos seus próprios agentes, consoante verificamos no capítulo anterior.

Assim, para que o Estado possa manter uma estrutura adequada, ele próprio deve estar apto à prestação de suas atividades internas e permanentes.

Para que o Estado possa efetivamente se especializar nas atividades de caráter interno e permanente existem os cursos de capacitação para os servidores e empregados públicos.

19. O art. 39, § 2º, da CF de 1988, com redação dada pela Emenda Constitucional 19/1998, estabeleceu a necessidade de manutenção das escolas de governo para a formação e aperfeiçoamento dos servidores públicos, nos seguintes termos:

Art. 39. (...).
(...).
§ 2º. A União, os Estados e o Distrito Federal manterão escolas de governo para a formação e o aperfeiçoamento dos servidores públicos, constituindo-se a participação nos cursos um dos requisitos para a promoção na carreira, facultada, para isso, a celebração de convênios ou contratos entre os entes federados.

20. As escolas de governo existem justamente para reciclar, aprimorar e aprofundar os conhecimentos técnicos e manuais de seus servidores e empregados.

Assim, "a obrigação imposta pelo constituinte é de profissionalizar continuamente os servidores públicos".[38]

21. Para Regina Maria Macedo Nery Ferrari,[39] mesmo sem haver previsão constitucional expressa, devem os Municípios manter escolas de governo para a capacitação de seus servidores. Se isto não for possível, os Municípios devem utilizar as escolas de governo dos respectivos Estados ou, ainda, capacitar seus agentes por meio de convênios com as demais entidades da Federação. O que não se pode deixar é de capacitar os servidores.

---

38. Raquel Dias da Silveira, *Profissionalização da Função Pública*, Belo Horizonte, Fórum, 2009, p. 137.
39. Regina Maria Macedo Nery Ferrari, *Direito Municipal*, 2ª ed., São Paulo, Ed. RT, 2005, p. 179.

Grande defensor da valoração do funcionalismo público, Paulo Neves de Carvalho sustentava a tese de que o direito administrativo, sozinho, não resolveria as questões organizacionais e alertava que a Administração Pública não se preocupava em estudar o comportamento do agente público, como pessoa empenhada na consecução dos objetivos fundamentais do Estado. Para o Professor a escola de formação do agente público seria suporte para viabilizar um modelo de gestão pública, acreditando não ser possível avançar na gestão pública, no sentido de progresso de um conhecimento, sem investimento na formação de seus agentes.[40]

Logo, o Estado tem como missão institucional capacitar seus agentes, de modo a que eles desempenhem da forma mais adequada possível suas atribuições, refletindo, pois, em uma melhor prestação de serviços à sociedade.

22. Aliás, esta preocupação em profissionalizar o servidor público surgiu em 1980, no governo militar do General Figueiredo, que, visando a dar dimensão profissional à área de recursos humanos do Governo Federal, criou a Fundação Centro de Formação do Servidor Público/ FUNCEP, cujo estatuto estabelecia que as ações de desenvolvimento de pessoal se limitavam à capacitação de técnicos de nível médio e inferior. Além de estimular atividades socioculturais e recreativas, cabia à FUNCEP implementar treinamentos básicos de funcionários.[41]

Em 1982, em atenção a um pedido do Departamento de Administração do Serviço Público/DASP, o diplomata Sérgio Paulo Rouanet produziu relatório com um estudo comparado entre várias escolas de formação de quadros de servidores no Brasil e na Europa, no qual – inspirado principalmente na experiência francesa – "recomendou a criação de carreira, ou cargos de natureza especial, para o exercício de

---

40. *Apud* Luciana Moraes Raso Sardinha Pinto, "A profissionalização da Administração Pública em conexão com a modernização do Estado: a experiência do Estado de Minas Gerais", *XVII Congreso Internacional del CLAD sobre la Reforma del Estado y de la Administración Pública, Cartagena/Colombia, 30.10-2.11.2012* (disponível em *http://www.dgsc.go.cr/dgsc/documentos/cladxvii/rasoluci.pdf*).
41. Paulo Sérgio de Carvalho, "Formar dirigentes, capacitar gestores, desenvolver gerentes: do que estamos falando? A experiência da ENAP-Brasil no período 2003-2007", *XII Congreso Internacional del CLAD sobre la Reforma del Estado y de la Administración Pública, Santo Domingo/República Dominicana, 30.10-2.11.2007* (disponível em *http://www.enap.gov.br/downloads/clad_paulo.pdf*).

atividades de direção, supervisão e assessoramento nos escalões superiores da burocracia"[42] e a concomitante e necessária implantação de uma escola superior de administração pública.

Em 1986 o Presidente José Sarney propôs uma reforma administrativa para dar mais eficiência e eficácia à máquina pública. Para valorização da função pública e renovação dos quadros burocráticos, resgatou o *Relatório Rouanet*, e por meio do Decreto federal 93.277/1986 criou a Escola Nacional de Administração Pública/ENAP e o Centro de Desenvolvimento da Administração Pública/CEDAM, como integrantes da estrutura da já existente FUNCEP. À ENAP coube a competência de formar quadros superiores da Administração Pública Federal; e ao CEDAM, realizar treinamentos de servidores civis federais.

Em 1990, durante o governo Fernando Collor, houve um desmantelamento da máquina pública, a Lei 8.140/1990 alterou o nome da FUNCEP, que passou a se denominar Escola Nacional de Administração Pública. Além disso, foram proibidos os concursos públicos, e a carreira de Especialista em Políticas Públicas e Gestão Governamental/EPPGG, recém-criada, teve sua implementação interrompida.[43]

Durante o primeiro mandato do presidente Fernando Henrique Cardoso (1994-1998) a ENAP passa a cumprir o papel de formular e difundir as propostas da nova Administração Pública, sob a direção do então criado Ministério da Administração Federal e Reforma do Estado/MARE. Já, no segundo mandato do Presidente FHC (1999-2002) a reforma de Estado perde espaço, e a ideia-força passa a ser a implantação do Plano Plurianual/PPA instituído pela Constituição de 1988. O MARE é extinto, a ENAP passa para o âmbito do Ministério do Planejamento, Orçamento e Gestão/MPOG e se volta à formação de técnicos e dirigentes responsáveis pela implementação e pelo monitoramento do PPA.[44]

---

42. Elisabete Ferrarezi e Adélia Zimbrão, "Formação de carreiras para a gestão pública contemporânea: o caso dos Especialistas em Políticas Públicas e Gestão Governamental", *Revista do Serviço Público* 57/64, janeiro-março/2006.
43. Paulo Sérgio de Carvalho, "Formar dirigentes, capacitar gestores, desenvolver gerentes: do que estamos falando? A experiência da ENAP-Brasil no período 2003-2007", cit., *XII Congreso Internacional del CLAD sobre la Reforma del Estado y de la Administración Pública, Santo Domingo/República Dominicana*, 30.10-2.11.2007 (disponível em *http://www.enap.gov.br/downloads/clad_paulo.pdf*).
44. Idem, ibidem.

Em 2003 o governo do Presidente Luiz Inácio Lula da Silva verifica que "o não investimento regular nos quadros da Administração Pública reduziu a capacidade de governo",[45] havendo uma realidade bastante heterogênea: áreas de excelência em meio a outras extremamente prejudicadas. Assim, retomou-se a regularidade de concursos públicos para carreiras de nível superior e afirmou-se a importância da política de capacitação, traduzida posteriormente no Decreto federal 5.707/2006, que instituiu a Política Nacional de Desenvolvimento de Pessoal/PNDP.

A PNDP afirma-se sobre algumas características importantes: enfatiza uma política de desenvolvimento permanente do servidor público, que valoriza diversas formas de aprendizagem (não reduzida a cursos formais); coloca foco na melhoria da eficiência e da eficácia do serviço público; propõe a gestão por competências, enfatizando a adequação das competências requeridas aos objetivos institucionais; dá importância à capacitação gerencial e à qualificação para ocupação de cargos de direção e assessoramento superior; reconhece o papel das escolas de governo.

23. Diante disso, vê-se que a Administração Pública é – e deve estar – plenamente apta a capacitar seus servidores e empregados, diretamente ou por meio de convênios, de modo a não necessitar distribuir suas atividades internas e permanentes para empresas ditas especializadas.

24. Outro exemplo disto é a licença-capacitação, prevista no art. 87 da Lei 8.112/1990[46] e regulamentada pelo Decreto federal 5.707/2003.

Assim, a ordem jurídica previu diversos instrumentos aptos à capacitação dos servidores e empregados que fazem parte da estrutura orgânica da Administração.

25. Logo, a especialização advinda, em tese, com a terceirização pode (e deve) ser obtida pela Administração por meio da capacitação de seus servidores e empregados públicos.

---

45. Helena Kerr do Amaral, "Conexões estratégicas para o aumento da eficácia das ações de capacitação de dirigentes públicos", *IX Congresso do CLAD*, Madri, 2004 (disponível em *http://www.clad.org.ve/fulltext/0049714.pdf*, acesso em 29.7.2007).

46. Lei 8.112/1990: "Art. 87. Após cada quinquênio de efetivo exercício, o servidor poderá, no interesse da Administração, afastar-se do exercício do cargo efetivo, com a respectiva remuneração, por até 3 (três) meses, para participar de curso de capacitação profissional".

6 - PRINCÍPIO DA EFICIÊNCIA, TERCEIRIZAÇÃO E DIREITOS

26. Não se pode olvidar, outrossim, que com o primado da economia de mercado terceiriza-se em massa, originando, de um lado, empresas competentes com manifesta especialização para concorrer no mercado mas, ao mesmo tempo, fenômenos perversos, como a ação das falsas cooperativas[47] (chamadas por uns de "fraudoperativas" ou "pseudocooperativas") ou dos "laranjas" utilizados como verdadeiros feitores em empresas "de fundo de quintal" apenas para explorar a mão de obra e obter lucro o mais rápido possível, sem qualquer responsabilidade social.[48]

Esses falsos empresários, na verdade, são os "gatos" que, no passado, recrutavam bandos de mendigos, mães solteiras ou crianças para trabalhar nas indústrias.

Considerando que o Estado contrata os serviços de terceirização de atividade interna e permanente sempre pelo menor preço, a chance de contratação deste tipo de empresa inescrupulosa é imensa. Aliás, deparamo-nos com isto diariamente: as empresas não pagam os salários dos terceirizados e, depois, desaparecem, deixando desamparados os trabalhadores e suas famílias.

A sociedade sofre, então, duplamente: pela situação de abandono dos trabalhadores e pela má qualidade na prestação de um serviço deficiente pela Administração, que não conta com pessoal próprio para a realização de suas atividades internas e permanentes.

---

47. Denise Hollanda Costa Lima explica que "Poderá configurar-se a ilicitude da terceirização dependendo da relação mantida entre cooperativa, cooperados e tomadores de serviços, se demonstrada fraude à lei trabalhista. Neste caso é que se observará a existência de 'pseudocooperativas', que se utilizam impropriamente do modelo do cooperativismo para efetuar a mera locação de mão de obra para as tomadoras, a custos reduzidos e em prejuízo dos trabalhadores envolvidos. Com certa frequência, costuma-se denominar tais 'cooperativas' que simplesmente servem de intermediárias na ocupação dos postos de trabalho dos tomadores, estas sendo as verdadeiras empregadoras dos 'cooperados', como 'cooperativas de locação de mão de obra', reservando-se o termo 'cooperativa de trabalho' para designar aquelas que prestam seus serviços a terceiros e cujos cooperados atuam autonomamente, ainda que haja uma coordenação de equipes de forma organizada, sem caracterização da subordinação direta" (*in Terceirização na Administração Pública – As cooperativas de trabalho,* Belo Horizonte, Fórum, 2007, p. 56).
48. Ronaldo Pamplona Filho, "Terceirização e responsabilidade patrimonial da Administração Pública", cit., *Fórum de Contratação e Gestão Pública/FCGP* 14 (disponível em *http://www.bidforum.com.br/bid/PDI0006.aspx?pdiCntd=7748*, acesso em 8.9.2012).

27. Não há negar, entretanto, que, ao longo destes anos, muitos avanços foram obtidos para os trabalhadores, especialmente com o advento do Estado Social de Direito. Mas há ainda muito a evoluir. Não se deve caminhar no sentido inverso, não se pode permitir retrocessos em áreas sensíveis, nas quais a obtenção dos direitos muito custou à classe proletária.

Transformar um Estado em Estado Social é tarefa dificílima. Para Paulo Bonavides[49] este é o verdadeiro problema do direito constitucional de nossa época: descobrir como juridicizar o Estado Social, como estabelecer e inaugurar novas técnicas ou institutos processuais para garantir os direitos sociais básicos, a fim de torná-los efetivos.

Não sabemos como tornar os direitos sociais básicos efetivos, mas podemos afirmar que sua concretização passa muito longe do instituto da terceirização na Administração Pública, que é, indubitavelmente, um retrocesso para a sociedade brasileira.

6.3 Das consequências da terceirização de atividades internas e permanentes da Administração Pública

28. Consoante buscamos demonstrar ao longo do presente estudo, é ilícita a terceirização de atividades internas e permanentes da Administração Pública, seja por violação direta ao art. 37, I e II, da CF de 1988, seja por violação aos direitos sociais, em especial os previstos no art. 7º do mesmo diploma.

29. Assim, a terceirização de atividades internas e permanentes, por constituir burla a mandamentos constitucionais, em especial ao princípio do concurso público, poderia, em tese, ser enquadrada como ato de improbidade administrativa.[50]

30. A CF de 1988, no § 4º do art. 37, dispõe:

---

49. Paulo Bonavides, *Curso de Direito Constitucional*, 29ª ed., São Paulo, Malheiros Editores, 2014, p. 381.
50. Sobre o tema da *improbidade administrativa*, v.: José dos Santos Carvalho Filho, *Improbidade Administrativa*, São Paulo, Atlas, 2012; Francisco Octávio de Almeida Prado, *Improbidade Administrativa*, São Paulo, Malheiros Editores, 2001; Fábio Medina Osório, *Teoria da Improbidade Administrativa*, São Paulo, Ed. RT, 2007; Marcelo Figueiredo, *Probidade Administrativa*, 6ª ed., São Paulo, Malheiros Editores, 2009; e José Roberto Pimenta Oliveira, *Improbidade Administrativa e sua Autonomia Constitucional*, Belo Horizonte, Fórum, 2009.

Art. 37. (...).
(...).

§ 4º. Os atos de improbidade administrativa importarão a suspensão dos direitos políticos, a perda da função pública, a indisponibilidade dos bens e o ressarcimento ao Erário, na forma e gradação previstas em lei, sem prejuízo da ação penal cabível.

José dos Santos Carvalho Filho explana que "a expressão *atos de improbidade* transmite um sentido genérico de grande amplitude, sendo difícil determinar, *a priori*, quais seriam esses atos".[51]

Diante disso, a Lei de Improbidade Administrativa (Lei 8.429/1992) classificou os atos de improbidade em três categorias, conforme os valores ofendidos pelos atos.

31. Assim, no art. 9º relacionou os atos que importam enriquecimento ilícito; no art. 10 arrolou os atos que causam prejuízo ao Erário; e, finalmente, no art. 11 classificou os atos que atentam contra os princípios da Administração Pública.

32. Pois bem, entendemos que, em tese, a terceirização de atividade interna e permanente da Administração Pública poderia ser considerada ato de improbidade administrativa, nos termos do art. 11 da Lei 8.429/1992.[52]

Evidentemente, fala-se aqui em tese, pois existe respaldo legal para a atividade do administrador que realiza a terceirização de atividade interna e permanente.

33. Francisco Octávio de Almeida Prado entende que "a violação dos deveres enumerados [*no art. 11 da Lei de Improbidade Administrativa*] deverá sempre ser dolosa, vale dizer, a conduta do agente público

---

51. José dos Santos Carvalho Filho, *Improbidade Administrativa*, cit., p. 100.
52. Lei 8.429/1992: "Art. 11. Constitui ato de improbidade administrativa que atenta contra os princípios da Administração Pública qualquer ação ou omissão que viole os deveres de honestidade, imparcialidade, legalidade, e lealdade às instituições, e notadamente: I – praticar ato visando fim proibido em lei ou regulamento ou diverso daquele previsto, na regra de competência; II – retardar ou deixar de praticar, indevidamente, ato de ofício; III – revelar fato ou circunstância de que tem ciência em razão das atribuições e que deva permanecer em segredo; IV – negar publicidade aos atos oficiais; V – frustrar a licitude de concurso público; VI – deixar de prestar contas quando esteja obrigado a fazê-lo; VII – revelar ou permitir que chegue ao conhecimento de terceiro, antes da respectiva divulgação oficial, teor de medida política ou econômica capaz de afetar o preço de mercadoria, bem ou serviço".

precisa caracterizar-se como violação consciente desses deveres".[53] Entende o autor que o desvio de finalidade somente se transmuda em ato de improbidade administrativa se, além da ação em desacordo com a vontade legal, houver também a violação consciente de um dos deveres referidos no *caput* do artigo. O que se pune, então, é o desvio qualificado pela ofensa consciente e deliberada a deveres do agente público que refletem princípios retores da atividade administrativa.

34. Já, Fábio Medina Osório admite a modalidade culposa na improbidade administrativa, nos seguintes termos:

> Os tipos culposos da improbidade descendem já da própria Constituição Federal. Nesta, não há restrição alguma à improbidade culposa. Ao contrário, há reforço no sentido da necessária proteção dos valores "eficiência" ou "economicidade", ao abrigo da moral administrativa e de princípios expressos nos arts. 37 ou 70 da CF. Forte no princípio democrático, a LGIA optou pela eleição da improbidade culposa como modalidade de ilícito. Não desrespeitou o comando do art. 37, § 4º, da CF, que prevê uma série de sanções aos atos ímprobos, porque o castigo reservado ao ilícito culposo haverá, como ocorre nos demais tipos de ilícitos, de ser balanceado e ponderado, em consonância com o postulado ou princípio da proporcionalidade.[54]

Evidentemente, está-se, aqui, a tratar de dolo ou culpa, ou seja, de responsabilidade subjetiva, jamais de responsabilidade objetiva, do agente. De fato, "o núcleo da norma está direcionado para a inadmissibilidade de tipificação ou aplicação de sanção estatal fundada na *responsabilidade objetiva*".[55]

De qualquer forma, a admissão da modalidade culposa dos atos de improbidade administrativa acaba por reduzir qualquer ilegalidade a um ato de improbidade, dando ensejo à aplicação das severas sanções previstas no art. 12. Veja-se que esta situação viola frontalmente o princípio da proporcionalidade, que norteia todo o ordenamento jurídico. "O resultado será a injustiça flagrante, se tomada a lei ao pé da letra."[56]

---

53. Francisco Octávio de Almeida Prado, *Improbidade Administrativa*, cit., p. 126.
54. Fábio Medina Osório, *Teoria da Improbidade Administrativa*, cit., p. 270.
55. José Roberto Pimenta Oliveira, *Improbidade Administrativa e sua Autonomia Constitucional*, cit., p. 215.
56. Marcelo Figueiredo, *Probidade Administrativa*, cit., 6ª ed., p. 117.

35. Como bem salientou Márcio Cammarosano:

> Mas o que verificamos, procedendo ao exame da Lei 8.429, de 2.6.1992, é que ela, na sua letra, vai longe demais, prescrevendo constituir também ato de improbidade administrativa qualquer ação ou omissão, mesmo culposa, que enseja perda patrimonial de entidades referidas no seu art. 1º (art. 10), exigindo mesmo do intérprete e aplicador muita prudência para que não considere também, em face do disposto no art. 11, *caput*, ato de improbidade qualquer comportamento ou ato ofensivo à lei decorrente de mero erro de fato ou de direito.[57]

Diante disso, não admitimos a modalidade culposa para os atos de improbidade administrativa a que alude o art. 11 da Lei 8.429/1992.

36. Pois bem, o art. 12 do mesmo diploma legal estabelece que, independentemente das sanções penais, civis e administrativas previstas na legislação específica, está o responsável pelo ato de improbidade, na hipótese prevista no art. 11, sujeito às seguintes cominações, que podem ser aplicadas isolada ou cumulativamente, de acordo com a gravidade do fato: ressarcimento integral do dano, se houver; perda da função pública; suspensão dos direitos políticos de 3 a 5 anos; pagamento de multa civil de até 100 vezes o valor da remuneração percebida pelo agente; e proibição de contratar com o Poder Público ou receber benefícios ou incentivos fiscais ou creditícios, direta ou indiretamente, ainda que por intermédio de pessoa jurídica da qual seja sócio majoritário, pelo prazo de 3 anos.

37. Assim, a terceirização de atividades internas e permanentes, em tese, poderia dar ensejo a uma responsabilização por improbidade administrativa, avaliada a existência de dolo. Para os autores que entendem existir modalidade culposa seria ainda mais fácil a admissão da improbidade administrativa.

Sem embargo, embora a terceirização de atividade interna e permanente da Administração, a nosso ver, seja inconstitucional e, em tese, possa ocorrer a prática de ato de improbidade administrativa, não seria possível haver responsabilização dos agentes que utilizarem esse instituto.

---

57. Márcio Cammarosano, *O Princípio Constitucional da Moralidade e o Exercício da Função Administrativa*, Belo Horizonte, Fórum, 2006, p. 110.

Isto porque enquanto não houver declaração de inconstitucionalidade por parte do STF esta forma de terceirização continuará vigendo, constituindo-se válida perante o ordenamento jurídico.

Assim, embora em tese possa haver a dita responsabilização por improbidade administrativa, na prática ela se torna inviável, já que o agente sempre poderá alegar que agiu dentro dos ditames da lei, e ela (a lei), enquanto não for declarada inconstitucional pelo órgão competente, continuará a existir validamente no sistema.

Com isto encerramos nosso estudo sobre terceirização na Administração Pública, rechaçando a classificação que aparta as atividades administrativas em atividades-fim e atividades-meio, propondo uma nova classificação, baseada em critérios exclusivamente constitucionais, a saber: temporariedade/permanência e intimidade/exterioridade.

38. Com base nestes critérios afirmamos a inconstitucionalidade da terceirização para atividades internas e permanentes da Administração e a constitucionalidade da terceirização relativa às (i) atividades (serviços) internas e temporárias; (ii) atividades (serviços) externas e temporárias; e (iii) atividades (serviços) externas e permanentes.

CONCLUSÕES

1. A terceirização é instituto oriundo da Ciência da Administração que visa à redução de custos, bem como à especialização das atividades empresariais, na medida em que permite a maior concentração da empresa em sua atividade-fim, para a qual foi estabelecida, trespassando a outras empresas normalmente as atividades-meio, que não constituem o foco principal de sua existência.

2. Com relação às atividades terceirizadas, a jurisprudência e a doutrina costumam diferenciá-las em atividades-meio e atividades-fim. Costuma-se entender por atividades-fim aquelas relacionadas com objetivo final da empresa, e atividades-meio aquelas referentes ao suporte ou apoio necessário para o processo produtivo.

3. A ideia de terceirização surgiu após a Revolução Industrial. No começo do século XX os Estados Unidos e a Alemanha despontaram como grandes potências industriais.

4. Os modelos de gerenciamento de produção automobilística foram, por assim dizer, o berço da terceirização. São eles: o fordismo, o volvismo e o toyotismo.

5. A terceirização no Brasil foi iniciada durante o governo Fernando Collor, mas teve seu ápice nos dois mandatos de Fernando Henrique Cardoso, que buscou introduzir uma reforma que se coadunasse com as posições neoliberais.

6. Como não há um conceito legal de terceirização, uma vez que este é oriundo da Ciência da Administração, cada doutrinador apresenta uma definição diferente para esse fenômeno.

7. Entendemos por *terceirização na Administração Pública* o trespasse do exercício – não da titularidade – de atividades jurídicas ou materiais, realizadas no exercício de função administrativa, ou seja, sob a égide de um regime de direito público, a pessoas físicas ou jurídicas que, de algum modo, estejam habilitadas a desempenhá-las, em consonância com o disposto na Constituição da República.

8. A função administrativa, como exercício de um *munus* público, é indelegável. Entretanto, algumas atividades relacionadas à função administrativa podem ser transferidas aos particulares.

9. No exercício de sua função administrativa, o Estado desempenha as seguintes atividades: (i) poder de polícia; (ii) fomento e auxílio no desenvolvimento e expansão de atividades privadas de interesse coletivo; (iii) intervenção em atos e fatos da vida particular para lhes conferir certeza e segurança jurídicas; (iv) serviços públicos; e (v) instrumentalização através de recursos humanos e materiais para a prestação de quaisquer de suas atividades.

10. Após a análise de cada uma das atividades desempenhadas no exercício da função administrativa, chegamos à conclusão de que algumas atividades são terceirizáveis, e outras não.

11. No que tange ao poder de polícia, seu núcleo decisório é indelegável, e, desta forma, não é passível de terceirização. Entretanto, as atividades acessórias, instrumentais, posteriores ou antecedentes, podem ser terceirizadas.

12. Com relação ao fomento estatal, entendemos ser este passível de terceirização, salvo no que tange ao monopólio estatal constitucionalmente assegurado.

13. No tocante à atividade notarial e registral, esta é atividade cuja terceirização (no sentido amplo que adotamos) é imprescindível, nos termos do art. 236 da CF de 1988.

14. No que concerne aos serviços públicos, a Constituição de 1988 possibilitou de forma expressa a terceirização, por meio da concessão, permissão ou, em determinadas hipóteses, por autorização.

15. Já, a instrumentalização por meio de recursos materiais se dá pelas aquisições de bens necessários ao desempenho da atividade administrativa. Assim, não há que se falar em terceirização, uma vez que não há trespasse de atividade ao particular, mas mera obtenção de materiais para uso nas repartições públicas e demais logradouros.

16. Finalmente, a instrumentalização por meio de recursos humanos é atividade de suma importância para a sociedade, pois sem ela atividade estatal alguma poderia ser realizada. Diante disto, concentramos nossos estudos nesta forma de terceirização.

17. A terceirização para a instrumentalização do Estado por meio de recursos humanos, segundo a doutrina predominante, tem assento constitucional no art. 37, XXI. Assim, não se tratando de atividade típica do Estado, em que se exija o poder de império, é possível (e, para muitos, desejável) a utilização da terceirização.

18. Desta forma, ganha relevância a distinção entre atividade-fim e atividade-meio, destacando-se não ser possível a terceirização, na Administração Pública, para as atividades-fim, sendo viável a terceirização para atividades-meio.

19. Ocorre que o critério que aparta as atividades-fim das atividades-meio é extremamente impreciso, gerando, pois, dúvidas de toda a sorte em sua aplicação prática.

20. De qualquer forma, para as atividades-fim consagrou-se a necessidade de realização de concurso público, ao passo que para as atividades-meio é admitido o uso da terceirização.

21. Analisando a legislação de regência, verificou-se a distinção entre terceirização de serviços (lícita) e terceirização de mão de obra (ilícita). Foi examinada, outrossim, a atual posição jurisprudencial a respeito da matéria, em especial a questão da Súmula 331 do TST frente à ADC 16, que declarou constitucional o § 1º do art. 71 da Lei 8.666/1993.

22. A declaração de constitucionalidade do § 1º do art. 71 da Lei 8.666/1993 fez cair por terra a responsabilização automática da Administração Pública com relação aos terceirizados quando da inadimplência por parte da prestadora de serviços.

23. No caso de terceirização na Administração Pública, o Poder Público, ao contratar a empresa prestadora de serviço, tem o dever de fiscalizar se sua atuação obedece aos ditames constitucionais e à legislação trabalhista.

24. Para a proteção do princípio da dignidade da pessoa humana, bem como para a preservação dos direitos do trabalhador, incumbe a Administração à fiscalização do efetivo cumprimento das obrigações trabalhistas, previamente ao adimplemento da parcela contratual devida à prestadora de serviços.

25. Sem a efetiva fiscalização, que deverá ter o efeito concreto de verificar o resultado do pagamento das verbas trabalhistas, a Administração Pública responderá pelo *quantum* devido aos terceirizados, uma vez que não somente tinha o dever de evitar o dano, mas a real possibilidade de impedir que este ocorresse.

26. Logo, se se verificar que o comportamento negligente da Administração Pública provocou lesão aos direitos fundamentais do trabalhador, deve-se reconhecer o direito à reparação, nos moldes do art. 37, § 6º, da Constituição da República.

27. A Lei de Responsabilidade Fiscal tratou do fenômeno da terceirização sob o aspecto da despesa com pessoal.

28. A terceirização (lícita ou ilícita) dá ensejo a gastos públicos. Assim, para que a Administração Pública não gaste recursos públicos para além dos limites estabelecidos pela LRF, criou-se um mecanismo que equipara, para fins de despesas com pessoal, os ilicitamente terceirizados com os servidores e empregados públicos.

29. Para boa parte da doutrina o art. 18, § 1º, da LRF estabelece que os dispêndios com a terceirização ilícita deverão ser computados como gastos com pessoal e entrar nos limites estabelecidos pela LRF. Já, no caso de terceirização de serviços (terceirização lícita), esta seria enquadrada nos "Gastos com Serviços de Terceiros e Encargos", não sendo, desta forma, computada para fins de cálculo do limite de gastos com pessoal.

30. O art. 37, I, da Constituição da República reporta-se a três figuras distintas de relacionamento de pessoal, a saber: o cargo, o emprego público e a função pública.

31. Existem quatro tipos de cargos públicos, dependendo da forma de provimento, a saber: (i) o cargo eletivo; (ii) o cargo vitalício; (iii) o cargo em comissão; e (iv) o cargo efetivo.

32. O cargo efetivo está sob a égide do regime estatutário, e este se caracteriza pelo fato de o Estado, ressalvadas as disposições constitucionais obstativas, poder modificar legislativamente o regime jurídico de seus servidores, inexistindo a garantia de que permanecerão sempre disciplinados pelas disposições vigentes quando de sua admissão.

33. A Constituição e as leis conferem aos servidores públicos detentores de cargo efetivo um conjunto de prerrogativas a fim de lhes garantir condições favoráveis a uma atuação neutra, imparcial, técnica e livre de influências políticas.

34. No que tange aos empregos públicos, temos que estes são centros de encargos de trabalho permanentes a serem preenchidos por agentes contratados para exercê-los, sob regime celetista, com as inevitáveis influências advindas da natureza governamental da contratante.

35. Os empregos públicos também são preenchidos por concurso público, porém aos empregados públicos não são conferidas as mesmas prerrogativas dos servidores públicos detentores de cargo de provimento efetivo, pois estes núcleos de trabalho estão predispostos a atividades que não exigem o mesmo rigor e impessoalidade que os cargos efetivos. O emprego público deve ser utilizado para as atividades materiais subalternas.

36. Já, as funções públicas são plexos unitários de atribuições, criados por lei, vocacionados a encargos de direção, chefia ou assessoramento, a serem desempenhados por titular de cargo efetivo da confiança da autoridade que as escolhe.

37. No tocante à contratação temporária do art. 37, IX, da CF, tem-se que esta é realizada também sob regime público especial, utilizado em situações excepcionais. Considerando a necessidade e a urgência do pessoal temporário, não se realiza concurso público.

38. Já, para o provimento de cargos públicos de natureza efetiva e de empregos públicos a Constituição assegurou que o ingresso se dará por meio do concurso público.

39. O concurso público é, pois, procedimento administrativo que visa ao preenchimento de cargos públicos de natureza efetiva ou empregos públicos, a fim de instrumentalizar o aparato administrativo por meio de recursos humanos, assegurando a efetiva observância do princípio da isonomia.

40. O concurso público é instituto garantidor da sociedade, tanto que o Estado não pode abdicar de escolher os melhores candidatos para prestar a atividade para qual foi aberta a seleção, uma vez que, em última análise, esta atividade, direta ou indiretamente, sempre se volta para a sociedade.

41. A Constituição, ao tratar exaustivamente do regime de pessoal, admitiu apenas e tão somente três regimes para que uma pessoa física possa ingressar nos quadros da Administração, desempenhando função administrativa. São eles: (i) o regime estatutário; (ii) o regime contratual celetista; e (iii) o regime jurídico especial (para os servidores públicos temporários).

42. É possível que dentro de uma mesma pessoa jurídica convivam cargos públicos e empregos públicos sem que, com isto, haja violação do mandamento constitucional que assegura o Regime Jurídico Único.

43. A regra é a de que somente poderão ser preenchidos com cargos públicos os casos em que as prerrogativas forem necessárias para o adequado desempenho da competência pública, a fim de que o servidor não possa ser coagido a atuar de tal ou qual maneira, conforme o interesse do governante. Caso contrário as ocupações deverão ser obrigatoriamente preenchidas por empregos públicos.

44. As atividades administrativas decorrem das competências públicas estabelecidas pela lei. É a lei ou a Constituição que confere ao agente o exercício de uma competência pública, para o atendimento de uma finalidade pública.

45. O fundamento constitucional para a terceirização de atividades administrativas que envolvam a necessidade de recursos humanos, consoante a doutrina, é o art. 37, XXI.

46. O disposto no inciso XXI do art. 37 da CF não pode contrariar a regra fixada nos incisos I e II do mesmo artigo.

47. O administrador não pode, discricionariamente, escolher se utilizará, ou não, os regimes constitucionalmente assegurados, podendo dispensá-los para a contratação de empresa interposta, que, pelo menor preço, celebrará negócio jurídico com a Administração.

48. Se não se distingue, no art. 37, I e II, quais serviços podem ser contratados por interposta pessoa, deve existir um discrímen constitucional para que alguns serviços possam ser prestados por empresas terceirizadas e outros somente possam ser exercidos por quem ocupa cargo ou emprego.

49. Analisando a Constituição de 1988, vê-se que em momento algum é possível encontrar respaldo para a distinção entre atividade-fim e atividade-meio, especialmente com o propósito de se realizar a terceirização.

50. No que tange à instrumentalização de recursos humanos, não há previsão constitucional para a terceirização.

CONCLUSÕES

51. Há um fator constitucional que aparta as atividades administrativas, a saber: existem atividades permanentes e atividades temporárias.

52. Este critério que diferencia as atividades permanentes das atividades temporárias, entretanto, isoladamente considerado, é insuficiente para apartarmos as atividades terceirizáveis das não terceirizáveis. Para que haja um vetor seguro na distinção entre atividades terceirizáveis e atividades não terceirizáveis é necessário, ainda, se conjugar outro critério, também constitucionalmente assegurado, a saber: o critério de a atividade ser interna ou ser uma atividade externa.

53. As atividades administrativas podem ser apartadas em (i) atividades internas ou externas e em (ii) atividades temporárias ou permanentes. Assim, temos quatro combinações possíveis de atividades administrativas "recrutadoras" de pessoal, a saber: (i) atividade interna e permanente; (ii) atividade externa e permanente; (iii) atividade interna e temporária; e (iv) atividade externa e temporária.

54. A Administração Pública, para sua adequada sobrevivência e correta observância do interesse público, necessita de pessoal permanente para o melhor desenvolvimento de suas atividades.

55. Para as atividades internas e permanentes da Administração há necessidade de observância do art. 37, I e II, da CF. Uma interpretação sistemática já demonstra que os serviços estabelecidos no inciso XXI não podem ser os mesmos a serem preenchidos por concurso público, pois se assim fosse seria impossível a convivência entre os dois dispositivos.

56. O inciso XXI do art. 37 da CF não é aplicável às atividades internas e permanentes da Administração.

57. As atividades internas e permanentes da Administração nem serviços são. São atividades a serem desempenhadas com o escopo de atingir a finalidade para qual a pessoa existe. São meros instrumentos para a realização dos misteres públicos. Elas são, em verdade, autosserviços. Quando se está diante de um autosserviço não há que se falar em relação jurídica, pois não há relação interpessoal, intersubjetiva.

58. O serviço previsto no inciso XXI do art. 37 da CF de 1988 é, então, aquele a ser prestado para *além* do círculo de atribuições internas e permanentes da Administração. Há que ser entendido como um serviço (i) interno e temporário, ou (ii) externo e permanente, ou (iii) externo e temporário.

59. Delimita-se a possibilidade de terceirização das atividades administrativas para as atividades de: (i) fomento das atividades privadas de interesse coletivo (salvo o monopólio estatal constitucionalmente assegurado); (ii) intervenção em atos e fatos da vida particular para lhes conferir certeza e segurança jurídicas; (iii) serviços públicos (salvo os de prestação exclusiva do Estado); (iv) atividades (serviços) internas e temporárias; (v) atividades (serviços) externas e permanentes; e (vi) atividades (serviços) externas e temporárias.

60. No tocante à instrumentalização através de recursos humanos para a prestação de quaisquer das atividades administrativas internas e permanentes é vedada a terceirização, já que para isto a Constituição expressamente optou pelo seu aprovisionamento por meio de cargo ou emprego público.

61. O Estado Brasileiro, tal qual preconizado pela Constituição de 1988, não foi criado para despender menos, mas para despender melhor, tirando o máximo de proveito que o recurso possui, mas com atenção aos valores supremos da dignidade da pessoa humana e da justiça social.

62. A eficiência administrativa não pode ser realizada com a precarização dos direitos dos trabalhadores.

63. A terceirização (de atividades internas e permanentes) na Administração Pública acaba, pois, por subverter a lógica constitucional de proteção aos trabalhadores.

64. O fenômeno da terceirização tem duas finalidades específicas: a redução do custo da mão de obra e a especialização das empresas em atividades que lhes são próprias.

65. A redução de custos não é o fim a ser almejado pelo princípio da eficiência administrativa, na medida em que valores outros, verdadeiras cláusulas pétreas, obstam a uma tentativa de redução de custos por meio da terceirização de atividades internas e permanentes.

66. No tocante à especialização das empresas em atividades que lhes são próprias, cumpre registrar que o Estado tem por obrigação constitucional a manutenção de sua própria estrutura, para que sua própria sobrevivência não esteja atrelada a terceiros, senão aos seus próprios agentes.

67. As escolas de governo existem para reciclar, aprimorar e aprofundar os conhecimentos técnicos e manuais de seus servidores e empregados.

68. A terceirização de atividades internas e permanentes, por constituir burla a mandamentos constitucionais, em especial ao princípio do concurso público, poderia, em tese, ser enquadrada como ato de improbidade administrativa.

69. Ao final, rechaçando a classificação que aparta as atividades administrativas em atividades-fim e atividades-meio e propondo nova classificação, baseada em critérios exclusivamente constitucionais – a saber: temporariedade/permanência e intimidade/exterioridade –, afirmamos a inconstitucionalidade da terceirização para atividades internas e permanentes da Administração e a constitucionalidade da terceirização relativa às (i) atividades (serviços) internas e temporárias; (ii) atividades (serviços) externas e temporárias; e (iii) atividades (serviços) externas e permanentes.

REFERÊNCIAS BIBLIOGRÁFICAS

AGHIARIAN, Samia Fátima Dias. "STF: constitucionalidade do art. 7º da Lei 8.666/1993 e a Súmula 331 do TST". *LTr – Suplemento Trabalhista* 068/349-352. Ano 47. São Paulo, LTr, 2011.

ALESSI, Renato. *Principi di Diritto Amministrativo*. 4ª ed. Milão, Giuffrè Editore, 1978.

ALMEIDA, Fernando Dias Menezes de. *Contrato Administrativo*. São Paulo, Quartier Latin, 2012.

ALMEIDA FILHO, Roberto Nóbrega de. "Terceirização na Administração Pública e suas consequências no âmbito da Justiça do Trabalho". *Revista do TRT-15ª Região* 40/187-196. 2012.

ALMEIDA PRADO, Francisco Octávio de. *Improbidade Administrativa*. São Paulo, Malheiros Editores, 2001.

AMARAL, Helena Kerr do. "Conexões estratégicas para o aumento da eficácia das ações de capacitação de dirigentes públicos". *IX Congresso do CLAD*. Madri, 2004 (disponível em *http://www.clad.org.ve/fulltext/0049714.pdf*, acesso em 29.7.2007).

AMORIM, Helder Santos, DELGADO, Gabriela Neves, e VIANA, Márcio Túlio. "Terceirização – Aspectos gerais – A última decisão do STF e a Súmula 331 do TST – Novos enfoques". *Revista LTr* 75/282-295. N. 3. São Paulo, LTr, março/2011.

ARAGÃO, Alexandre Santos de. "O princípio da eficiência". *Revista Brasileira de Direito Público/RBDP* 4. Ano 2, Belo Horizonte, janeiro-março/2004 (disponível em *http://www.bidforum.com.br/bid/PDI0006.aspx?pdiCntd=12549*, acesso em 30.7.2013).

ARAÚJO, Edmir Netto de. *Curso de Direito Administrativo*. São Paulo, Saraiva, 2005; 5ª ed. São Paulo, Saraiva, 2010.

ATALIBA, Geraldo. *República e Constituição*. 3ª ed., atualizada por Rosolea Miranda Folgosi. São Paulo, Malheiros Editores, 2011.

BACELLAR FILHO, Romeu Felipe. "O concurso público e o processo administrativo". In: MOTTA, Fabrício (coord.). *Concurso Público e Constituição*. Belo Horizonte, Fórum, 2005.

——————, e HACHEM, Daniel Wunder (coords.). *Direito Administrativo e Interesse Público. Estudos em Homenagem ao Professor Celso Antônio Bandeira de Mello*. Belo Horizonte, Fórum, 2010.

BANDEIRA DE MELLO, Celso Antônio. *Apontamentos sobre os Agentes e Órgãos Públicos*. 1ª ed., 5ª tir. São Paulo, Ed. RT, 1987.

——————. *Curso de Direito Administrativo*. 31ª ed. São Paulo, Malheiros Editores, 2014.

——————. *Discricionariedade e Controle Jurisdicional*. 2ª ed., 11ª tir. São Paulo, Malheiros Editores, 2012.

——————. *Natureza e Regime Jurídico das Autarquias*. São Paulo, Ed. RT, 1968.

——————. *O Conteúdo Jurídico do Princípio da Igualdade*. 3ª ed., 22ª tir. São Paulo, Malheiros Editores, 2013.

——————. *Prestação de Serviços Públicos e Administração Indireta*. 2ª ed. São Paulo, Ed. RT, 1983.

—————— (org.). *Estudos em Homenagem a Geraldo Ataliba Direito 2 – Direito Administrativo e Constitucional*. São Paulo, Malheiros Editores, 1997.

BANDEIRA DE MELLO, Oswaldo Aranha. *Princípios Gerais de Direito Administrativo*. 3ª ed., 2ª tir., vol. I. São Paulo, Malheiros Editores, 2010; vol. II. Rio de Janeiro, Forense, 1969.

BARRETO, Aires F. *ISS na Constituição e na Lei*. São Paulo, Dialética, 2003.

BARROSO, Luís Roberto. *Curso de Direito Constitucional Contemporâneo*. 4ª ed. São Paulo, Saraiva, 2013.

BEZNOS, Clóvis. *Poder de Polícia*. São Paulo, Ed. RT, 1979.

BOHNERT, Luciana Neves. "Ação Declaratória de Constitucionalidade 16: nova visão para a responsabilização da Administração Pública nos encargos trabalhistas de contratos de terceirização". *Interesse Público/IP* 69/291-303. Ano 13. Belo Horizonte, Fórum, setembro-outubro/2011.

Boletim Estatístico de Pessoal 199. Novembro/2012, pp. 41-43. Disponível em http://www.servidor.gov.br/publicacao/boletim_estatistico/bol_estatistico_12/Bol199_Nov2012.pdf (acesso em 8.1.2013).

BONAVIDES, Paulo. *Curso de Direito Constitucional*. 29ª ed. São Paulo, Malheiros Editores, 2014.

BRAMANTE, Ivani Contini. "A aparente derrota da Súmula 331/TST e a responsabilidade do Poder Público na terceirização". *Revista Trabalhista Direito e Processo* 37/93-114. Ano 10. Brasília, janeiro-março/2011.

BRITTO, Carlos Ayres. *O Humanismo como Categoria Constitucional*. Belo Horizonte, Fórum, 2007.

CAETANO, Marcello. *Princípios Fundamentais de Direito Administrativo*. Rio de Janeiro, Forense, 1977.

CAFFARO, Leonardo de Mello. "O pós-Positivismo, o direito do trabalho e a noção de interesse público – A terceirização na Administração Pública e a Súmula 331 do TST em questão". *Revista LTr* 74/1.470-1.484. N. 12. São Paulo, LTr, dezembro/2010.

CAMMAROSANO, Márcio. "O Estado empregador". In: BANDEIRA DE MELLO, Celso Antônio (coord.). *Curso de Direito Administrativo*. São Paulo, Ed. RT, 1986 (pp. 50-66).

——————. *O Princípio Constitucional da Moralidade e o Exercício da Função Administrativa*. Belo Horizonte, Fórum, 2006.

——————. *Provimento de Cargos Públicos no Direito Brasileiro*. São Paulo, Ed. RT, 1984.

CARELLI, Rodrigo de Lacerda. "Terceirização e intermediação de mão de obra na Administração Pública". *Revista LTr* 67/686-691. N. 06. São Paulo, LTr, junho/2003.

CARRIÓ, Genaro. *Notas sobre Derecho y Lenguaje*. Buenos Aires, Abeledo-Perrot, 1990.

CARVALHO, Eduardo Bittencourt. "A legalidade dos contratos entre órgãos da Administração Pública direta e indireta e empresas privadas para locação de mão de obra para terceirizações e/ou serviços assemelhados". *Revista do TCE/SP* 30/55-68. São Paulo, TCE/SP, agosto-novembro/1995.

CARVALHO, Paulo Sérgio de. "Formar dirigentes, capacitar gestores, desenvolver gerentes: do que estamos falando? A experiência da ENAP-Brasil no período 2003-2007". *XII Congreso Internacional del CLAD sobre la Reforma del Estado y de la Administración Pública, Santo Domingo/República Dominicana, 30.10-2.11.2007* (disponível em *http://www.enap.gov.br/downloads/clad_paulo.pdf*).

CARVALHO, Raquel de Melo Urbano de. *Curso de Direito Administrativo – Parte Geral, Intervenção do Estado e Estrutura da Administração*. 2ª ed. Salvador, JusPODIVM, 2009.

CARVALHO FILHO, José dos Santos. *Improbidade Administrativa*. São Paulo, Atlas, 2012.

——————. "Terceirização no setor público: encontros e desencontros". In: FORTINI, Cristiana (coord.). *Terceirização na Administração: Estudos em Homenagem ao Professor Pedro de Almeida Dutra*. 2ª ed. Belo Horizonte, Fórum, 2012 (pp. 47-

70); *Revista da Procuradoria-Geral do Município de Belo Horizonte/RPGMBH* 8/179-202. Ano 4. Belo Horizonte, julho-dezembro/2011.

CASTRO, Carlos Borges de. *Regime Jurídico da CLT no Funcionalismo*. São Paulo, Saraiva, 1981.

CASTRO, José Nilo de. *Responsabilidade Fiscal nos Municípios*. Belo Horizonte, Del Rey, 2001.

CAVALCANTE, Jouberto de Quadros Pessoa, e JORGE NETO, Francisco Ferreira. "A terceirização na Administração Pública e constitucionalidade do art. 71 da Lei 8.666/1993, declarada pelo STF (novembro/2010)". *Justiça do Trabalho* 27/7-18. N. 323. Porto Alegre, novembro/2010.

CAVALCANTE JR., Ophir. *A Terceirização das Relações Laborais*. São Paulo, LTr, 1996.

CAVALCANTI, Amaro. *Responsabilidade Civil do Estado*. Rio de Janeiro, Laemmert, 1905.

CELY, Martha Lucía Bautista, e SILVEIRA, Raquel dias da (coords.). *Direito Disciplinário Internacional/Derecho Disciplinario Internacional* – Vol. *1*. Belo Horizonte, Fórum, 2011.

CIRNE LIMA, Ruy. *Princípios de Direito Administrativo*. 3ª ed. Porto Alegre, Sulina, 1954.

COMPARATO, Fábio Konder. "Ensaio sobre o juízo de constitucionalidade de políticas públicas". In: BANDEIRA DE MELLO, Celso Antônio (org.). *Estudos em Homenagem a Geraldo Ataliba Direito 2 – Direito Administrativo e Constitucional*. São Paulo, Malheiros Editores, 1997 (pp. 343-359).

COUTO E SILVA, Almiro do. "Privatização no Brasil e o novo exercício de funções públicas por particulares: serviço público 'à brasileira'"?. *Revista da Procuradoria-Geral do Estado* (do Rio Grande do Sul) 27/209-237. N. 57. Porto Alegre, Procuradoria-Geral do Estado do Rio Grande do Sul, 2003.

DALLARI, Adilson Abreu. *Regime Constitucional dos Servidores Públicos*. 2ª ed. São Paulo, Ed. RT, 1992.

—————, e FERRAZ, Sérgio. *Processo Administrativo*. 3ª ed. São Paulo, Malheiros Editores, 2012.

DALLARI, Dalmo de Abreu. "Os direitos fundamentais na Constituição brasileira". In: FIOCCA, Demian, e GRAU, Eros Roberto (orgs.). *Debate sobre a Constituição de 1988*. São Paulo, Paz e Terra, 2001 (pp. 49-67).

DELGADO, Gabriela Neves, AMORIM, Helder Santos, e VIANA, Márcio Túlio. "Terceirização – Aspectos gerais – A última decisão do STF e a Súmula 331 do TST – Novos enfoques". *Revista LTr* 75/282-295. N. 3. São Paulo, LTr, março/2011.

DELGADO, Maurício Godinho. *Curso de Direito do Trabalho*. 10ª ed. São Paulo, LTr, 2011.

DEPARTAMENTO INTERSINDICAL DE ESTATÍSTICAS E ESTUDOS SOCIOECONÔMICOS/DIEESE. *O Processo de Terceirização e seus Efeitos sobre os Trabalhadores no Brasil*. Sistema de Acompanhamento de Contratações Coletivas/ SACC-DIEESE. Disponível em *http://portal.mte.gov.br/data/files/FF8080812BA-5F4B7012BAAF91A9E060F/Prod03_2007.pdf*.

DI DÁRIO, Euclides Tonino. *A Terceirização e o Respeito aos Direitos Fundamentais*. Dissertação de Mestrado em Direito do Trabalho. São Paulo, PUC/SP (184 pp.).

DI PIETRO, Maria Sylvia Zanella. *Direito Administrativo*. 25ª ed. São Paulo, Atlas, 2012.

—————. *Parcerias na Administração Pública – Concessão, Permissão, Franquia, Terceirização, Parceria Público-Privada e Outras Formas*. 9ª ed. São Paulo, Atlas, 2012.

—————, FERRAZ, Luciano de Araújo, e MOTTA, Fabrício. *Servidores Públicos na Constituição de 1988*. São Paulo, Atlas, 2011.

DINIZ, Maria Helena. *Dicionário Jurídico V – 2*. São Paulo, Saraiva, 1998; *Dicionário Jurídico V – 4*. São Paulo, Saraiva, 1998.

ENTERRÍA, Eduardo García de, e FERNÁNDEZ, Tomás-Ramón. *Curso de Derecho Administrativo*. Madri, Editorial Civitas, 1977.

FABRE, Flávia Moraes Barros Michele. *Terceirização na Administração Pública*. Dissertação de Mestrado. São Paulo, PUC/SP (235 pp.).

FALZONE, Guido. *Il Dovere di Buona Amministrazione*. Milão, Dott. A. Giuffrè Editore, 1953.

FERNANDES, Jorge Ulisses Jacoby. "Terceirização: restrições e cautelas na aplicação no serviço público". *Fórum de Contratação e Gestão Pública/FCGP* 58. Ano 5. Belo Horizonte, outubro/2006 (disponível em *http://www.bidforum.com.br/bid/PDI0006.aspx?pdiCntd=37804*, acesso em 1.6.2012).

FERRAREZI, Elisabete, e ZIMBRÃO, Adélia. "Formação de carreiras para a gestão pública contemporânea: o caso dos Especialistas em Políticas Públicas e Gestão Governamental". *Revista do Serviço Público* 57. Janeiro-março/2006.

FERRARI, Regina Maria Macedo Nery. *Direito Municipal*. 2ª ed. São Paulo, Ed. RT, 2005.

FERRAZ, Luciano de Araújo. "Lei de Responsabilidade Fiscal e a terceirização de mão de obra no serviço público". *Revista Eletrônica de Direito Administrativo Econômico/REDAE* 8. Salvador, Instituto Brasileiro de Direito Público, novembro-dezembro/2006-janeiro/2007 (disponível em *http://www.direitodoestado.com.br*, acesso em 30.12.2012).

—————, DI PIETRO, Maria Sylvia Zanella, e MOTTA, Fabrício. *Servidores Públicos na Constituição de 1988*. São Paulo, Atlas, 2011.

FERRAZ, Sérgio. *Mandado de Segurança*. São Paulo, Malheiros Editores, 2006.

—————, e DALLARI, Adilson Abreu. *Processo Administrativo*. 3ª ed. São Paulo, Malheiros Editores, 2012.

FERREIRA, Daniel. *Sanções Administrativas*. São Paulo, Malheiros Editores, 2001.

FERREIRA FILHO, Manoel Gonçalves. *Curso de Direito Constitucional*. 33ª ed. São Paulo, Saraiva, 2007.

FIGUEIREDO, Lúcia Valle. *Curso de Direito Administrativo*. 9ª ed. São Paulo, Malheiros Editores, 2008.

FIGUEIREDO, Marcelo. *Probidade Administrativa*. 6ª ed. São Paulo, Malheiros Editores, 2009.

FIOCCA, Demian, e GRAU, Eros Roberto (orgs.). *Debate sobre a Constituição de 1988*. São Paulo, Paz e Terra, 2001.

FLEURY, Rodrigo Curado. "Terceirização – Administração Pública – Responsabilidade subsidiária". *LTr – Suplemento Trabalhista* 158/859-863. Ano 36. São Paulo, LTr, 2000.

FORTINI, Cristiana, e PIEVE, Flávia Cristina Mendonça Faria da. "As terceirizações e as contratações temporárias realizadas pela Administração Pública: distinções entre as duas figuras e o impacto na LRF". In: FORTINI, Cristiana (coord.). *Terceirização na Administração: Estudos em Homenagem ao Professor Pedro de Almeida Dutra*. 2ª ed. Belo Horizonte, Fórum, 2012 (pp. 11-30).

FORTINI, Cristiana, e VIEIRA, Virginia Kirchmeyer. "A terceirização pela Administração Pública no direito administrativo: considerações sobre o Decreto 2.271/1997, a Instrução Normativa 2/2008 e suas alterações, a ADC 16 e a nova Súmula 331 do TST". *Revista da Procuradoria-Geral do Município de Belo Horizonte/RPGMBH* 8/39-55. Ano 4. Belo Horizonte, julho-dezembro/2011.

FORTINI, Cristiana (coord.). *Terceirização na Administração Pública – Estudos em Homenagem ao Professor Pedro Paulo de Almeida Dutra*. 2ª ed. Belo Horizonte, Fórum, 2012.

FREITAS, Juarez. *A Interpretação Sistemática do Direito*. 5ª ed. São Paulo, Malheiros Editores, 2010.

—————. "Poder de polícia administrativa – Novas reflexões". *Boletim de Direito Administrativo/BDA* 6/657-668. São Paulo, Nova Dimensão, junho/2006.

————— (org.). *Responsabilidade Civil do Estado*. São Paulo, Malheiros Editores, 2006.

FURTADO, Madeline Rocha, FURTADO, Monique Rafaella Rocha, VIEIRA, Antonieta Pereira, e VIEIRA, Henrique Pereira. *Gestão de Contratos de Terceirização na Administração Pública*. 5ª ed. Belo Horizonte, Fórum, 2013.

FURTADO, Monique Rafaella Rocha, FURTADO, Madeline Rocha, VIEIRA, Antonieta Pereira, e VIEIRA, Henrique Pereira. *Gestão de Contratos de Terceirização na Administração Pública*. 5ª ed. Belo Horizonte, Fórum, 2013.

GABARDO, Emerson. *Interesse Público e Subsidiariedade*. Belo Horizonte, Fórum, 2009.

——————. *Princípio Constitucional da Eficiência Administrativa*. São Paulo, Dialética, 2002.

GARCIA, Flávio Amaral. "A relatividade da distinção atividade-fim e atividade-meio na terceirização aplicada à Administração Pública". *Revista Brasileira de Direito Público/RBDP* 27. Ano 7. Belo Horizonte, outubro-dezembro/2009 (disponível em *http://www.bidforum.com.br/bid/PDI0006.aspx?pdiCntd=64615*, acesso em 29.5.2012).

GARRIDO FALLA, Fernando. *Tratado de Derecho Administrativo – Volumen II*. 11ª ed. Madri, Editorial Tecnos, 2002.

——————. *Tratado de Derecho Administrativo*. 2ª ed. Madri, Tecnos, 1958.

GASPARINI, Diógenes. *Direito Administrativo*. 9ª ed. São Paulo, Saraiva, 2004.

GEMIGNANI, Tereza Aparecida Asta. "Art. 71 da Lei 8.666/1993 e Súmula 331 do c. TST: poderia ser diferente?". *Revista do TRT-9ª Região* 65/479-508. Ano 35. Curitiba, julho-dezembro/2010.

GHIGLIANI, Alejandro M., GUARINONI, Ricardo V., e GUIBOURG, Ricardo. *Introducción al Conocimiento Científico*. 11ª ed. Buenos Aires, Eudeba, 1994.

GORZ, André. *Misérias do Presente, Riqueza do Possível*. Trad. de Ana Montoia. São Paulo, Annablume, 2004.

GOUNET, Thomas. *Fordismo e Toyotismo na Civilização do Automóvel*. São Paulo, Boitempo Editorial, 2002.

GRAU, Eros Roberto, e FIOCCA, Demian (orgs.). *Debate sobre a Constituição de 1988*. São Paulo, Paz e Terra, 2001.

GROTTI, Dinorá Adelaide Musetti. "Parcerias na Administração Pública". *Revista de Direito do Terceiro Setor/RDTS* 11/31-113. Ano 6. Belo Horizonte, Fórum, janeiro-junho/2012.

——————. "Poder de polícia". Palestra proferida no Seminário Nacional de Direito Administrativo/Edição Comemorativa dos 20 Anos da NDJ. *Boletim de Direito Administrativo/BDA* 7/753-758. São Paulo, Nova Dimensão, junho/2006.

GUARINONI, Ricardo V., GHIGLIANI, Alejandro M., e GUIBOURG, Ricardo. *Introducción al Conocimiento Científico*. 11ª ed. Buenos Aires, Eudeba, 1994.

GUASTI, Paula Corrêa, e LEITE, Carlos Henrique Bezerra. "A (ir)responsabilidade da Administração Pública nas terceirizações diante da ADC 16 e da nova redação da Súmula 331 do TST". *Revista dos Tribunais/RT* 917/387-404. São Paulo, Ed. RT, março/2012.

GUIBOURG, Ricardo, GHIGLIANI, Alejandro M., e GUARINONI, Ricardo V. *Introducción al Conocimiento Científico*. 11ª ed. Buenos Aires, Eudeba, 1994.

GUINO, Fabíola Atz. "Aspectos materiais e processuais da responsabilidade da Administração Pública nas terceirizações". *LTr – Suplemento Trabalhista* 078/427-432. Ano 48. São Paulo, LTr, 2012.

HACHEM, Daniel Wunder. *Princípio Constitucional da Supremacia do Interesse Público*. Belo Horizonte, Fórum, 2011.

—————, e BACELLAR FILHO, Romeu Felipe (coords.). *Direito Administrativo e Interesse Público. Estudos em Homenagem ao Professor Celso Antônio Bandeira de Mello*. Belo Horizonte, Fórum, 2010.

HARADA, Kiyoshi. *Direito Financeiro e Tributário*. 15ª ed. São Paulo, Atlas, 2006.

HENRIQUE, Carlos Augusto Junqueira. "Enunciado da Súmula 331 do TST. Uma desconcertante tentativa de atualização jurisprudencial". *Repertório IOB de Jurisprudência* 03/88-91. Vol. II. São Paulo, IOB, 1ª quinzena de fevereiro/2011.

HUTCHINSON, Tomás. "Principio de legalidad. Discrecionalidad y arbitrariedad". *Revista Jurídica de Buenos Aires* 2005. Buenos Aires, Abeledo-Perrot/LexisNexis.

JORGE NETO, Francisco Ferreira, e CAVALCANTE, Jouberto de Quadros Pessoa. "A terceirização na Administração Pública e constitucionalidade do art. 71 da Lei 8.666/1993, declarada pelo STF (novembro/2010)". *Justiça do Trabalho* 27/7-18. N. 323. Porto Alegre, novembro/2010.

JUSTEN FILHO, Marçal. *Curso de Direito Administrativo*. 8ª ed. Belo Horizonte, Fórum, 2012.

LEITE, Carlos Henrique Bezerra, e GUASTI, Paula Corrêa. "A (ir)responsabilidade da Administração Pública nas terceirizações diante da ADC 16 e da nova redação da Súmula 331 do TST". *Revista dos Tribunais/RT* 917/387-404. São Paulo, Ed. RT, março/2012.

LIMA, Denise Hollanda Costa. "As cooperativas de trabalho e a terceirização na Administração Pública". *Fórum de Contratação e Gestão Pública/FCGP* 62. Ano

6. Belo Horizonte, fevereiro/2007 (disponível em *http://www.bidforum.com.br/bid/PDI0006.aspx?pdiCntd=39274*, acesso em 1.6.2012).

──────────. *Terceirização na Administração Pública – As Cooperativas de Trabalho*. Belo Horizonte, Fórum, 2007.

LOBATO, Bianca Duarte T. "A responsabilidade do Estado nos contratos administrativos para terceirização de serviços". *Fórum de Contratação e Gestão Pública/FCGP* 98/35-40. Ano 9. Belo Horizonte, Fórum, fevereiro/2010.

LORA, Ilse Marcelina Bernardi. "Direitos fundamentais e responsabilidade da Administração Pública na terceirização de serviços – Inconstitucionalidade do § 1º do art. 71 da Lei 8.666/1993". *Revista LTr* 72/931-944. N. 08. São Paulo, LTr, agosto/2008.

LUNARDELLI, Regina Andrea Accorsi. *Tributação do Terceiro Setor*. São Paulo, Quartier Latin, 2006.

MACEDO, Reane Viana. "A responsabilidade da Administração Pública pelos créditos trabalhistas na terceirização de serviços públicos". *LTr – Suplemento Trabalhista* 156/747-775. Ano 46. São Paulo, LTr, 2010.

MACHADO, Marcel Lopes. "Responsabilidade da Administração Pública direta e indireta na terceirização de serviços". *LTr – Suplemento Trabalhista* 20/89-94. Ano 48. São Paulo, LTr, 2012.

MARTINS, Sérgio Pinto. *A Terceirização e o Direito do Trabalho*. 12ª ed. São Paulo, Atlas, 2012.

MEIRELLES, Hely Lopes. *Direito Administrativo Brasileiro*. 40ª ed. São Paulo, Malheiros Editores, 2014.

──────────. *Direito Municipal Brasileiro*. 17ª ed., 2ª tir. (coord. de Adilson Abreu Dallari). São Paulo, Malheiros Editores, 2014.

MELLO, Rafael Munhoz de. *Princípios Constitucionais de Direito Administrativo Sancionador*. São Paulo, Malheiros Editores, 2007.

MODESTO, Paulo. "Notas para um debate sobre o princípio da eficiência". *Revista Trimestral de Direito Público/RTDP* 31/47-55. São Paulo, Malheiros Editores, 2000.

MONTESQUIEU, Charles de Secondat, Baron de. *L'Esprit des Lois*. Paris, Garnier Frères, Libraires-Éditeurs, 1869.

MOREIRA NETO, Diogo de Figueiredo. *Curso de Direito Administrativo*. 14ª ed. Rio de Janeiro, Forense, 2005.

──────────. *Mutações do Direito Administrativo*. Rio de Janeiro, Renovar, 2000.

MOTTA, Fabrício, DI PIETRO, Maria Sylvia Zanella, e FERRAZ, Luciano de Araújo. *Servidores Públicos na Constituição de 1988*. São Paulo, Atlas, 2011.

MOTTA, Fabrício (coord.). *Concurso Público e Constituição*. Belo Horizonte, Fórum, 2005.

MUKAI, Toshio. "Supremo derruba o Enunciado 331/TST". *Fórum de Contratação e Gestão Pública/FCGP* 110. Ano 10. Belo Horizonte, Fórum, fevereiro/2011 (disponível em *http://www.bidforum.com.br/bid/PDI0006.aspx?pdiCntd=71872*, acesso em 17.8.2012).

NIEBUHR, Joel de Menezes. "Princípio da eficiência: dimensão jurídico-administrativa". *Revista Trimestral de Direito Público/RTDP* 30/134-140. São Paulo, Malheiros Editores, 2000.

OLIVEIRA, José Roberto Pimenta. *Improbidade Administrativa e sua Autonomia Constitucional*. Belo Horizonte, Fórum, 2009.

OLIVEIRA, Régis Fernandes de. *Curso de Direito Financeiro*. São Paulo, Ed. RT, 2006.

—————. *Infrações e Sanções Administrativas*. 3ª ed. São Paulo, Saraiva, 2012.

—————. *Servidores Públicos*. 2ª ed. São Paulo, Malheiros Editores, 2008.

OSÓRIO, Fábio Medina. *Direito Administrativo Sancionador*. 2ª ed. São Paulo, Ed. RT, 2005.

—————. *Teoria da Improbidade Administrativa*. São Paulo, Ed. RT, 2007.

PAMPLONA FILHO, Rodolfo. "Terceirização e responsabilidade patrimonial da Administração Pública". *Fórum de Contratação e Gestão Pública/FCGP* 14. Ano 2. Belo Horizonte, fevereiro/2003 (disponível em *http://www.bidforum.com.br/bid/PDI0006.aspx?pdiCntd=7748*, acesso em 8.9.2012).

PEREIRA, Cesar A. Guimarães. *Usuários de Serviços Públicos*. São Paulo, Saraiva, 2006.

PIEVE, Flávia Cristina Mendonça Faria da, e FORTINI, Cristiana. "As terceirizações e as contratações temporárias realizadas pela Administração Pública: distinções entre as duas figuras e o impacto na LRF". In: FORTINI, Cristiana (coord.). *Terceirização na Administração: Estudos em Homenagem ao Professor Pedro de Almeida Dutra*. 2ª ed. Belo Horizonte, Fórum, 2012 (pp. 11-30).

PIMENTA, José Roberto Freire. "A responsabilidade da Administração Pública nas terceirizações, a decisão do STF na ADC 16-DF e a nova redação dos itens IV e V da Súmula 331 do TST". *Revista LTr* 75/775-791. N. 07. São Paulo, LTr, julho/2011.

PINTO, Luciana Moraes Raso Sardinha. "A profissionalização da Administração Pública em conexão com a modernização do Estado: a experiência do Estado de Minas Gerais". *XVII Congreso Internacional del CLAD sobre la Reforma del*

Estado y de la Administración Pública, Cartagena/Colombia, 30.10-2.11.2012 (disponível em *http://www.dgsc.go.cr/dgsc/documentos/cladxvii/rasoluci.pdf*).

PONTES FILHO, Valmir. *Poder, Direito e Constituição*. Belo Horizonte, Fórum, 2010.

PROUDHON, Pierre Joseph. *A Propriedade é um Roubo e Outros Escritos Anarquistas*. L&PM Editores, Coleção L&PM Pocket, 1998.

RAMOS, Dora Maria de Oliveira. *Terceirização na Administração Pública*. São Paulo, LTr, 2001.

RAMOS, Yara Chaves Galdino. *O Direito ao Trabalho e seu Fundamento Constitucional*. Tese de Doutorado. São Paulo, USP, 2005 (205 pp.).

RIBEIRO, Luís Paulo Aliende. *Regulação da Função Pública Notarial e de Registro*. São Paulo, Saraiva, 2009.

RIGOLIN, Ivan Barbosa. *O Servidor Público na Constituição de 1988*. São Paulo, Saraiva, 1989.

ROCHA, Carmen Lúcia Antunes. *Princípios Constitucionais dos Servidores Públicos*. São Paulo, Saraiva, 1999.

ROCHA, Sílvio Luís Ferreira da. *Manual de Direito Administrativo*. São Paulo, Malheiros Editores, 2013.

——————. *Terceiro Setor*. 2ª ed. São Paulo, Malheiros Editores, 2006.

ROMANO, Santi. *Princípios de Direito Constitucional Geral*. Trad. de Maria Helena Diniz. São Paulo, Ed. RT, 1977.

ROSSI, Sérgio Ciquera, e TOLEDO JR., Flávio C. de. *Lei de Responsabilidade Fiscal*. 3ª ed. São Paulo, NDJ, 2005.

SANTOS, Sérgio Honorato dos. "Reflexões sobre a terceirização legal na Administração Pública". *Boletim de Direito Administrativo/BDA* setembro/2008. São Paulo, NDJ (pp. 1.036-1.044).

SARLET, Ingo Wolfgang. *A Eficácia dos Direitos Fundamentais*. 3ª ed. Porto Alegre, Livraria do Advogado, 1998.

SILVA, José Afonso da. *Aplicabilidade das Normas Constitucionais*. 8ª ed. São Paulo, Malheiros Editores, 2012.

SILVEIRA, Raquel Dias da. *Profissionalização da Função Pública*. Belo Horizonte, Fórum, 2009.

——————, e CELY, Martha Lucía Bautista (coords.). *Direito Disciplinário Internacional/**Derecho Disciplinario Internacional** – Vol. 1*. Belo Horizonte, Fórum, 2011.

REFERÊNCIAS BIBLIOGRÁFICAS

SOUTO, Marcos Juruena Villela. "Terceirização na Administração Pública e as cooperativas". *Repertório IOB de Jurisprudência* 1ª quinzena de janeiro/1998. São Paulo, IOB (Caderno 1, pp. 16-19).

SOUTO MAIOR, Jorge Luiz. "Terceirização na Administração Pública: uma prática inconstitucional". *Boletim Científico ESMPU* a-4/87-110. N. 17. Brasília, outubro-dezembro/2005; *Revista LTr* 70. N. 11. São Paulo, LTr, novembro/2006.

SOUZA, Leandro Marins de. *A Tributação do Terceiro Setor no Brasil*. São Paulo, Dialética, 2004.

STASSINOPOULOS, Michel. *Traité des Actes Administratifs*. Atenas, Librairie Sirey, 1954.

STOCO, Rui. *Tratado de Responsabilidade Civil*. São Paulo, Ed. RT, 2004.

SULZBACH, Lívia Deprá Camargo. "A responsabilização subsidiária da Administração Pública na terceirização de serviços – Princípio da supremacia do interesse público *x* dignidade da pessoa humana? – Repercussões do julgamento da ADC 16 pelo STF na Súmula 331 do TST". *Revista LTr* 76/719-739. N. 06. São Paulo, LTr, junho/2012.

TÁCITO, Caio. *Temas de Direito Público (Estudos e Pareceres) 1º Volume*. Rio de Janeiro, Renovar, 1997.

TOLEDO JR., Flávio C. de, e ROSSI, Sérgio Ciquera. *Lei de Responsabilidade Fiscal*. 3ª ed. São Paulo, NDJ, 2005.

TOURINHO, Rita. "A responsabilidade subsidiária da Administração Pública por débitos trabalhistas do contratado: a legalidade frente ao ideal de justiça". In: FORTINI, Cristiana (coord.). *Terceirização na Administração: Estudos em Homenagem ao Professor Pedro de Almeida Dutra*. 2ª ed. Belo Horizonte, Fórum, 2012 (pp 89-109); *Interesse Público/IP* 66. Ano 13. Belo Horizonte, março -abril/2011 (disponível em *http://www.bidforum.com.br/bid/PDI0006.aspx?pdi Cntd=72617*, acesso em 22.6.2012).

VIANA, Márcio Túlio, AMORIM, Helder Santos, e DELGADO, Gabriela Neves. "Terceirização – Aspectos gerais – A última decisão do STF e a Súmula 331 do TST – Novos enfoques". *Revista LTr* 75/282-295. N. 3. São Paulo, LTr, março/2011.

VIEIRA, Antonieta Pereira, FURTADO, Madeline Rocha, FURTADO, Monique Rafaella Rocha, e VIEIRA, Henrique Pereira. *Gestão de Contratos de Terceirização na Administração Pública*. 5ª ed. Belo Horizonte, Fórum, 2013.

VIEIRA, Henrique Pereira, FURTADO, Madeline Rocha, FURTADO, Monique Rafaella Rocha, e VIEIRA, Antonieta Pereira. *Gestão de Contratos de Terceirização na Administração Pública*. 5ª ed. Belo Horizonte, Fórum, 2013.

VIEIRA, Raphael Diógenes Serafim. *Servidor Público Temporário*. Viçosa, UFV, 2007.

VIEIRA, Virginia Kirchmeyer, e FORTINI, Cristiana. "A terceirização pela Administração Pública no direito administrativo: considerações sobre o Decreto 2.271/1997, a Instrução Normativa 02/2008 e suas alterações, a ADC 16 e a nova Súmula 331 do TST". *Revista da Procuradoria-Geral do Município de Belo Horizonte/RPGMBH* 8/39-55. Ano 4. Belo Horizonte, julho-dezembro/2011.

VILANOVA, Lourival. *As Estruturas Lógicas e o Sistema do Direito Positivo*. São Paulo, Ed. RT, 1977.

VILLA, Jesús Leguina. *La Responsabilidad Civil de la Administración Pública*. Madri, Editorial Tecnos, 1970.

VIOLIN, Tarso Cabral. "Estado, ordem social e privatização: as terceirizações ilícitas da Administração Pública por meio das Organizações Sociais, OSCIPs e demais entidades do 'Terceiro Setor'". In: FORTINI, Cristiana (coord.). *Terceirização na Administração Pública – Estudos em Homenagem ao Professor Pedro Paulo de Almeida Dutra*. 2ª ed. Belo Horizonte, Fórum, 2012 (pp. 111-124).

VITTA, Heraldo Garcia. *A Sanção no Direito Administrativo*. São Paulo, Malheiros Editores, 2003.

WOOD JR., T. "Fordismo, toyotismo e volvismo: os caminhos da indústria em busca do tempo perdido". *Revista de Administração de Empresas/RAE* 32/6-18. São Paulo, 1992.

ZANCANER, Weida. *Da Responsabilidade Extracontratual da Administração Pública*. São Paulo, Ed. RT, 1981.

—————. "Razoabilidade e moralidade". In: BANDEIRA DE MELLO, Celso Antônio (org.). *Estudos em Homenagem a Geraldo Ataliba 2 – Direito Administrativo e Constitucional*. São Paulo, Malheiros Editores, 1997 (pp. 619-632).

ZIMBRÃO, Adélia, e FERRAREZI, Elisabet. "Formação de carreiras para a gestão pública contemporânea: o caso dos Especialistas em Políticas Públicas e Gestão Governamental". *Revista do Serviço Público* 57. Janeiro-março/2006.

ZOCKUN, Carolina Zancaner. *Da Intervenção do Estado no Domínio Social*. São Paulo, Malheiros Editores, 2009.

—————. "Da responsabilidade do Estado na omissão da fiscalização ambiental". In: FREITAS, Juarez (org.). *Responsabilidade Civil do Estado*. São Paulo, Malheiros Editores, 2006 (pp. 70-88).

—————. "Sujeição especial e regime jurídico da função pública no Estado de Direito Democrático e Social". In: CELY, Martha Lucía Bautista, e SILVEIRA,

Raquel Dias da (coords.). *Direito Disciplinário Internacional/**Derecho Disciplinario Internacional** – Vol. 1*. Belo Horizonte, Fórum, 2011 (pp. 271-283).

ZOCKUN, Maurício. *A Responsabilidade Patrimonial do Estado*. São Paulo, Malheiros Editores, 2010.

————. "Carreira notarial e registral: possibilidade, conveniência ou necessidade?". *Revista Trimestral de Direito Público/RTDP* 54/105-115. São Paulo, Malheiros Editores, 2011.

ZYMLER, Benjamin. "Contratação indireta de mão de obra *versus* terceirização". *Revista do Tribunal de Contas da União/TCU* 29/37-56. N. 75. Brasília, janeiro-março/1998.

ÍNDICE REMISSIVO

(Os números em negrito correspondem aos capítulos; os números depois da barra correspondem aos parágrafos dos capítulos, com remissões também aos rodapés.)

AÇÃO DECLARATÓRIA DE CONSTITUCIONALIDADE/ADC 16/STF
– art. 71 da Lei 8.666/1993: **3**/36, 46
– dever de fiscalizar: **3**/35
– julgamento: **3**/34
– responsabilidade da Administração Pública: **3**/43

ATIVIDADE CERTIFICADORA
– conceito: **2**/10
– delegação: **2**/25, 26
– como atividade jurídica: **2**/27
– terceirização: **2**/28

ATOS ADMINISTRATIVOS
– de gestão: **2**/rodapé 52
– de império: **2**/rodapé 52

AUTOSSERVIÇO
– conceito: **5**/27
– distinção com serviço: **5**/28, 47
– natureza jurídica: **5**/46
– obrigatoriedade de concurso público: **5**/35
– vedação à terceirização: **5**/29

CARGO PÚBLICO
– definição: **4**/2
– efetivo: **4**/7, 8
– eletivo: **4**/4
– em comissão: **4**/6, 13
– na Constituição de 1988: **4**/1, 34
– prerrogativas: **4**/9
– quando é obrigatório: **4**/35, 36, 38, 40
– regime estatutário: **4**/8, 31, 32, 36
– tipos: **4**/3
– vitalício: **4**/5

CERTIFICAÇÃO: v. **ATIVIDADE CERTIFICADORA**

COMPETÊNCIAS PÚBLICAS
– autosserviço: **5**/47
– conceito: **4**/41
– características: **4**/42
– repasse (terceirização): **4**/43

CONCURSO PÚBLICO
– alcance: **5**/17, 33
– conceito: **4**/28
– desnecessidade na contratação temporária: **4**/22
– discricionariedade: **3**/7; **5**/30 e rodapé 10
– na Constituição de 1988: **3**/4; **4**/23
– objetivos: **4**/29; **5**/18
– obrigatoriedade: **4**/24, 27; **5**/4, 6, 35

– primeira investidura: **4**/25
– provimento de cargo efetivo: **4**/7
– terceirização: **3**/6, 21; **4**/30
– transposição: **4**/rodapé 33, 26

CONTRATAÇÃO TEMPORÁRIA
– atividades externas e temporárias: **5**/41
– como função pública: **4**/20
– definição: **4**/14
– distinção com a requisição de serviços: **5**/43
– lei: **4**/rodapé 18
– regime celetista: **4**/18
– regime jurídico: **4**/15, 16, 17
– regime especial: **4**/19, 31, 34
– requisitos: **4**/21
– seleção objetiva: **4**/22

COOPERATIVAS: **1**/rodapé 32; **6**/26

EMPREGO PÚBLICO
– admissibilidade: **4**/37
– definição: **4**/10
– motivação para dispensa: **4**/11
– na Constituição de 1988: **4**/1, 34
– quando é obrigatório: **4**/35, 38, 39
– regime celetista: **4**/18, 31

ESCOLA DE GOVERNO
– e terceirização: **6**/23
– finalidades: **6**/20
– na Constituição de 1988: **6**/19
– nos Municípios: **6**/21
– origem: **6**/22

ESTADO
– pessoa jurídica: **2**/rodapé 61
– teoria do órgão: **2**/44 e rodapé 62

ESTADO SOCIAL
– avanços: **6**/27
– conceito: **1**/4

– e princípio da eficiência: **6**/6
– fundamentos: **6**/12
– na Constituição de 1988: **1**/11, 19

FOMENTO
– conceito: **2**/9, 19
– direto e indireto: **2**/22
– econômico: **2**/20
– monopólio estatal: **2**/24
– social: **2**/21
– terceirização: **2**/22, 23

FORDISMO
– definição: **1**/6
– crise: **1**/7

FUNÇÃO ADMINISTRATIVA
– atividades: **2**/7, 13
– conceito: **2**/4
– fomento: **2**/9, 19, 20, 21, 22
– instrumentalização através de recursos humanos e materiais: **2**/12, 40
– intervenção em atos e fatos da vida particular para lhes conferir certeza e segurança jurídicas: **2**/10, 25, 26, 27
– poder de polícia: **2**/8, 14, 15, 16, 17, 18
– princípio da legalidade: **2**/5, 6
– serviços públicos: **2**/11, 29

FUNÇÃO PÚBLICA
– contratação temporária: **4**/20, 31
– definição: **4**/12
– distinção para o cargo em comissão: **4**/13
– na Constituição de 1988: **4**/1, 34

FUNÇÕES DO ESTADO
– administrativa: **2**/4
– jurisdicional: **2**/3
– legislativa: **2**/2
– tripartição de funções: **2**/1
– princípio da legalidade: **2**/5, 6

HIERARQUIA
– princípio: **5**/21

IMPROBIDADE ADMINISTRATIVA
– classificação dos atos de improbidade: **4**/31
– culposa: **4**/34
– dolosa: **4**/33, 35
– e terceirização: **4**/29, 32, 37
– na Constituição de 1988: **4**/30
– sanções: **4**/36

INFRAÇÃO ADMINISTRATIVA
– conceito: **3**/27

INSTRUMENTALIZAÇÃO ATRAVÉS DE RECURSOS HUMANOS E MATERIAIS
– conceito: **2**/12
– imprescindibilidade: **2**/45
– na Constituição de 1988: **5**/2, 32, 33
– recursos humanos: **2**/43; **5**/1
– recursos materiais: **2**/40, 42
– vedação à terceirização: **5**/7, 20, 22, 24, 29

INTERPRETAÇÃO SISTEMÁTICA
– conceito: **5**/8
– do art. 37, I, II e XXI, da CF de 1988: **5**/25

INTERVENÇÃO EM ATOS E FATOS DA VIDA PARTICULAR PARA LHES CONFERIR CERTEZA E SEGURANÇA JURÍDICAS: v. **ATIVIDADE CERTIFICADORA**

LICENÇA-CAPACITAÇÃO: **6**/24

PODER DE POLÍCIA
– conceito: **2**/8, 15
– definição legal: **2**/16

– sentidos amplo e estrito: **2**/14
– terceirização: **2**/17, 18; **5**/14

PRINCÍPIO DA DIGNIDADE DA PESSOA HUMANA: **3**/24

PRINCÍPIO DA EFICIÊNCIA
– aspectos: **6**/2
– conteúdo: **6**/1
– e terceirização: **6**/5, 9
– na Constituição de 1988: **6**/3
– no Estado Social: **6**/6
– *versus* princípio da legalidade: **6**/4

PRINCÍPIO DA HIERARQUIA: **5**/21

PRINCÍPIO DA ISONOMIA: **3**/41 e rodapé 43

PRINCÍPIO DA LEGALIDADE: **2**/5, 6; **6**/4

REGIME JURÍDICO
– conceito: **5**/2

REGIME JURÍDICO ÚNICO
– aplicação: **4**/34
– convivência com outros regimes: **4**/33

REQUISIÇÃO DE SERVIÇOS
– conceito: **5**/42
– distinção com a contratação temporária: **5**/43

RESPONSABILIDADE DA ADMINISTRAÇÃO PÚBLICA
– Ação Declaratória de Constitucionalidade/ADC 6/STF: **3**/34, 36, 43, 53
– como sanção: **3**/28
– condenação na Justiça do Trabalho: **3**/20, 21
– conforme a Súmula 331 do TST: **3**/19, 44
– dever de fiscalizar: **3**/25, 35, 37, 40, 43, 46, 50, 52

– irresponsabilidade: **3**/23, 39
– Lei de Improbidade Administrativa: **6**/37
– Lei de Responsabilidade Fiscal: **3**/54, 55, 56
– objetiva: **3**/48
– subjetiva: **3**/47, 49
– subsidiária: **3**/22, 38, 41, 42, 43, 45, 53

SANÇÃO ADMINISTRATIVA
– conceito: **3**/26
– na Lei de Improbidade Administrativa: **6**/36
– transmissibilidade: **3**/29, 31, 32, 38

SERVIÇOS PÚBLICOS
– autorização de: **2**/39
– conceito: **2**/11, 30
– concessão de: **2**/35
– distinção entre *uti singuli* e *uti universi*: **2**/29
– formas de prestação: **2**/33
– na Constituição de 1988: **2**/32
– parceria público-privada: **2**/36
– permissão de: **2**/38
– terceirização: **2**/31, 34
– usuário: **2**/rodapé 47

SÚMULA 331 DO TST
– concurso público: **3**/21
– condenação da Administração Pública: **3**/20
– e art. 71 da Lei 8.666/1993: **3**/23, 33, 36, 39, 45, 46
– limites para a terceirização: **3**/16
– nova redação: **3**/44
– responsabilidade da Administração Pública: **3**/19, 22, 23, 37, 38, 41, 42, 43, 53
– terceirização lícita: **3**/17
– trabalho temporário: **3**/18

TERCEIRIZAÇÃO
– atividade certificadora: **2**/28
– atividade-fim e atividade-meio: **3**/3, 5, 9
– atividades exclusivas do Estado: **2**/37; **3**/2
– de mão de obra: **3**/11
– de serviços: **3**/10
– efeitos para o trabalhador: **1**/12, 22
– escopos: **1**/14, 15
– evolução histórica: **1**/3, 5; **3**/14
– fomento: **2**/22, 23
– fordismo: **1**/6, 7
– formas: **1**/2
– ilícita: **3**/11
– Justiça do Trabalho: **3**/13, 15, 16, 20
– legislação: **3**/8, 9
– monopólio estatal: **2**/24
– na Administração Pública: v. **TERCEIRIZAÇÃO NA ADMINISTRAÇÃO PÚBLICA**
– na Constituição de 1988: **3**/1; **5**/6, 16
– no Brasil: **1**/10, 13
– origem: **1**/1
– poder de polícia: **2**/17, 18; **5**/14
– serviços públicos: **2**/31, 34, 35, 36, 38, 39
– Súmula 331 do TST: **3**/16, 17, 18, 19
– toyotismo: **1**/9
– volvismo: **1**/8

TERCEIRIZAÇÃO NA ADMINISTRAÇÃO PÚBLICA
– atividade certificadora: **2**/28
– atividade-fim e atividade-meio: **3**/3, 5, 9; **5**/48
– atividades exclusivas do Estado: **2**/37; **3**/2
– atividades externas e permanentes: **5**/37, 39

- atividades externas e temporárias: **5**/40, 41
- atividades internas: **5**/23
- atividades internas e atividades externas: **5**/11, 12, 15
- atividades internas e permanentes: **5**/19, 20, 22, 24, 25, 26, 34
- atividades internas e temporárias: **5**/32, 34, 35, 36
- atividades permanentes e atividades temporárias: **5**/10, 12, 15
- atividades terceirizáveis e atividades não terceirizáveis: **5**/13, 24, 31, 44, 47, 49; **6**/38
- autosserviços: **5**/27, 28, 29, 35, 46, 47
- conceito: **1**/21, 23, 24; **2**/40
- concurso público: **3**/6, 21; **5**/17
- consequências: **6**/28
- dados estatísticos: **1**/19
- de competências públicas: **4**/43
- de mão de obra: **3**/11
- de serviços: **3**/10
- dever de fiscalizar: **3**/25, 30, 35, 40, 45, 46, 47, 50, 52, 53 e rodapé 53
- direitos do trabalhador: **6**/10, 11, 13, 15
- discrímen constitucional: **5**/5, 6, 9, 11, 12, 45
- e art. 71 Lei 8.666/1993: **3**/23, 33, 36, 39
- efeitos: **1**/22; **6**/14, 16, 25, 26
- escola de governo: **6**/19, 20, 21, 22, 23
- especialização na atividade principal: **6**/18
- faculdade: **5**/38
- fomento: **2**/22, 23
- ilícita: **3**/11, 56
- improbidade administrativa: **6**/29, 30, 31, 32, 37
- Instrução Normativa MPOG-2/2008: **3**/51, 52
- instrumentalização de recursos humanos: **5**/7
- Justiça do Trabalho: **3**/13, 15, 16, 20
- legislação: **3**/8, 9
- Lei de Responsabilidade Fiscal: **3**/54, 55, 56
- monopólio estatal: **2**/24
- na Constituição de 1988: **3**/1; **5**/6, 16, 31
- objetivos: **6**/7, 18
- poder de polícia: **2**/14, 17, 18
- princípio da eficiência: **6**/5
- privatização: **1**/18
- redução do custo da mão de obra: **6**/8, 9, 17
- responsabilidade: **3**/19, 22, 23, 37, 38, 41, 42, 43, 47
- serviços públicos: **2**/31, 34, 35, 36, 38, 39
- Súmula 331 do TST: **3**/16, 17, 18, 19, 44, 45, 53
- surgimento: **1**/17

TOYOTISMO: **1**/9

VOLVISMO: **1**/8

* * *